Das Standardwerk
und Ger...

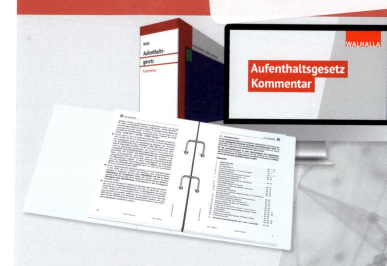

**Aufenthaltsgesetz – Kommentar
inklusive Online-Dienst
Der Kommentar für die Praxis**

Dr. Hans-Peter Welte, Stefan Sobotta
Boris Franßen-de la Cerda

**Ergänzbare Sammlung
ca. 5.000 Seiten, 3 Ordner A5**

ISBN 978-3-8029-3008-9
ca. 6. Aktualisierungen/Jahr

Rechtssicher arbeiten und entscheiden – Ihre Vorteile:
- Umfassende und praxisnahe Kommentierung
- Ausführliche Auswertung der Rechtsprechung und Literatur
- Nachsortieren leicht gemacht dank Ringbuch
- Alphabetische Stichwortsuche im Online-Dienst

www.WALHALLA.de/migrationsrecht

[Wissen für die Praxis]

Weiterführend empfehlen wir:

Aufenthaltsgesetz – Kommentar
ISBN 978-3-8029-3008-9

Das Aufenthaltsgesetz nach dem Migrationspaket
ISBN 978-3-8029-1845-2

Ausländerrecht, Migrations- und Flüchtlingsrecht
ISBN 978-3-8029-5265-4

Wir freuen uns über Ihr Interesse an diesem Buch. Gerne stellen wir Ihnen zusätzliche Informationen zu diesem Programmsegment zur Verfügung.

Bitte sprechen Sie uns an:

E-Mail: WALHALLA@WALHALLA.de
http://www.WALHALLA.de

Walhalla Fachverlag · Haus an der Eisernen Brücke · 93042 Regensburg
Telefon 0941 5684-0 · Telefax 0941 5684-111

Hans-Peter Welte

Das Fachkräfte-einwanderungs-gesetz

Leitfaden für die Praxis

Bibliografische Information der Deutschen Nationalbibliothek
Die Deutsche Nationalbibliothek verzeichnet diese Publikation in der Deutschen Nationalbibliografie; detaillierte bibliografische Daten sind im Internet über http://dnb.dnb.de abrufbar.

Zitiervorschlag:
Dr. Hans-Peter Welte, Das Fachkräfteeinwanderungsgesetz
Walhalla Fachverlag, Regensburg 2019

Hinweis: Unsere Werke sind stets bemüht, Sie nach bestem Wissen zu informieren. Alle Angaben in diesem Buch sind sorgfältig zusammengetragen und geprüft. Durch Neuerungen in der Gesetzgebung, Rechtsprechung sowie durch den Zeitablauf ergeben sich zwangsläufig Änderungen. Bitte haben Sie deshalb Verständnis dafür, dass wir für die Vollständigkeit und Richtigkeit des Inhalts keine Haftung übernehmen.
Bearbeitungsstand: September 2019

© Walhalla u. Praetoria Verlag GmbH & Co. KG, Regensburg
Alle Rechte, insbesondere das Recht der Vervielfältigung und Verbreitung sowie der Übersetzung, vorbehalten. Kein Teil des Werkes darf in irgendeiner Form (durch Fotokopie, Datentransfer oder ein anderes Verfahren) ohne schriftliche Genehmigung des Verlages reproduziert oder unter Verwendung elektronischer Systeme gespeichert, verarbeitet, vervielfältigt oder verbreitet werden.
Produktion: Walhalla Fachverlag, 93042 Regensburg
Printed in Germany
ISBN 978-3-8029-3009-6

Schnellübersicht

Einleitung	17
Fachkräfteeinwanderungsgesetz	27 I
Zugang zur Erwerbstätigkeit im Bundesgebiet	41 II
(Berufs-)Ausbildung und Studium	55 III
Erwerbsmigration	99 IV
Zentrale Ausländerbehörden – Verfahrensbeschleunigung	171 V
Literaturverzeichnis	183 VI
Stichwortverzeichnis	187 VII

Gesamtinhaltsübersicht

Einleitung	17
Vorwort	18
Abkürzungsverzeichnis	22
Änderungen zum 1.3.2020 im Überblick	25
I. Fachkräfteeinwanderungsgesetz	**27**
1. Inkrafttreten des Fachkräfteeinwanderungsgesetzes	28
2. Gesetzesziele	28
2.1 Einreise und Aufenthalt zu Arbeits- und Ausbildungszwecken	28
2.2 Deckung des Fachkräftebedarfs	32
3. Wesentliche Neuerungen durch das Fachkräfteeinwanderungsgesetz	34
3.1 Effizientere und transparentere Verwaltungsverfahren	34
3.2 Neuer Fachkräftebegriff	35
3.3 Wegfall der Vorrangprüfung	35
3.4 Wegfall der Begrenzung auf Mangelberufe bei qualifizierter Berufsausbildung	36
3.5 Möglichkeit für Fachkräfte zur Arbeitsplatzsuche	36
3.6 Möglichkeiten zum Aufenthalt für Qualifizierungsmaßnahmen mit dem Ziel der Anerkennung von beruflichen Qualifikationen	37
4. Rechtsänderungen/Neuregelungen	38
4.1 Rechtsänderungen	38
4.2 Neuregelungen – Neue Begriffsbestimmungen	39
II. Zugang zur Erwerbstätigkeit im Bundesgebiet	**41**
1. Neuregelung in § 4a AufenthG	42
1.1 Rechtsänderung	42

1.2	Einführung einer generellen Erlaubnis mit Verbotsvorbehalt	42
2.	Erwerbstätigkeit mit oder ohne Aufenthaltstitel	43
2.1	Zugang von Drittstaatsangehörigen zur Erwerbstätigkeit	43
2.2	Berechtigungsinhalt des Aufenthaltstitels	45
3.	Verbot und Beschränkung der Erwerbstätigkeit – Abweichungen	46
3.1	Erwerbstätigkeit mit gesetzlichem Verbots- oder Beschränkungsvorbehalt	46
3.2	Verbot der Erwerbstätigkeit	46
3.3	Beschränkung der Erwerbstätigkeit	48
3.4	Abweichung vom gesetzlichen Verbot oder von der Beschränkung der Beschäftigung	49
3.5	Erlangung einer Erlaubnis für die Ausübung einer Erwerbstätigkeit	50
4.	Inhalt des Aufenthaltstitels bei Zugang zur Erwerbstätigkeit	51
5.	Ausübung einer Erwerbstätigkeit ohne Aufenthaltstitel	52
6.	Prüf- und Sorgfaltspflichten des Arbeitgebers	53
III.	**(Berufs-)Ausbildung und Studium**	**55**
1.	Grundsatz des Aufenthalts zum Zweck der Ausbildung	58
2.	Sicherung des Lebensunterhalts	59
3.	Berufsausbildung; berufliche Weiterbildung	61
3.1	Regelungsbereich	61
3.2	Betriebliche Berufsausbildung	62
3.3	Wechsel des Aufenthaltszwecks während der betrieblichen Aus- und Weiterbildung	63
3.4	Teilnahme an einem Deutschsprachkurs	64
3.5	Schulische Berufsausbildung	65

3.6	Nebenbeschäftigung	66
3.7	Nachweis über ausreichende deutsche Sprachkenntnisse	66
3.8	Suche eines anderen Ausbildungsplatzes	67
4.	Studium im Bundesgebiet	67
4.1	Neukonzeption	67
4.2	Ablehnungsgründe	69
4.3	Erbringen von Sprachnachweisen	69
4.4	Geltungsdauer der Aufenthaltserlaubnis	69
4.5	Nebenbeschäftigung	70
4.6	Wechsel des Aufenthaltszwecks in besonderen Fällen	71
4.7	Ausschluss einer rechtlichen Verfestigung	72
4.8	Anspruch auf Verlängerung der Aufenthaltserlaubnis	72
4.9	Zulassung bei einer anderen Bildungseinrichtung	73
4.10	Arbeitsplatzsuche	73
4.11	Aufenthaltserlaubnis zum Zweck des Vollzeitstudiums gemäß Unionsrecht	74
4.12	Studium im Ermessensbereich	74
4.13	Studenten mit internationalem Schutz aus dem EU-Ausland	75
5.	Mobilität im Rahmen des Studiums	76
5.1	Rechtsänderungen	76
5.2	Mobilität während des Studiums im EU-Ausland	77
5.3	Erfüllung der Mitteilungspflicht	78
5.4	Visumfreie Einreise, erlaubnisfreier Aufenthalt	79
5.5	Auskunftsersuchen	79
5.6	Zuständigkeit für die Ablehnungsentscheidung	80
5.7	Positiventscheidung	80
5.8	Negativentscheidung	80
5.9	Verfahren	82

5.10	Rechtsfolge der Ablehnung der Einreise und des Aufenthalts	82
5.11	Besonderheiten im Verhältnis zu Schengen-Staaten	83
6.	Maßnahmen zur Anerkennung ausländischer Berufsqualifikationen	83
6.1	Neukonzeption	83
6.2	Gesetzeszweck	85
6.3	Regelungsinhalt	85
6.4	Neuerungen in § 16d AufenthG	86
6.5	Studienbezogenes Praktikum EU	91
7.	Sprachkurse und Schulbesuch	92
7.1	Rechtsänderungen	92
7.2	Teilnahme an Sprachkursen und internationaler Schüleraustausch	92
7.3	Besuch allgemeinbildender Schulen	92
7.4	Aufenthaltszweckwechselregelung	93
8.	Suche eines Ausbildungs- oder Studienplatzes	93
8.1	Neuregelung	93
8.2	Suche nach einem Ausbildungsplatz zur Durchführung einer qualifizierten Berufsausbildung	94
8.3	Studienbewerbung	96
8.4	Verbot der Erwerbstätigkeit	97
8.5	Wechsel des Aufenthaltszwecks	97
IV.	**Erwerbsmigration**	**99**
1.	Neustrukturierung der Regelungen über die Erwerbsmigration	104
2.	Begriff der Erwerbsmigration	104
3.	Ermessen, Rechtsansprüche	104
4.	Vorrangiges Recht	105
4.1	Unionsrecht für Drittstaatsangehörige	105

4.2	Grundgesetz	106
4.3	Völkerrechtliche Verträge	107
4.4	Allgemeine Erklärung der Menschenrechte	107
5.	Integrationsaspekte	108
6.	Aufenthaltszweck	108
7.	Vorliegen einer Erwerbstätigkeit	109
8.	Fachkräfteeinwanderung – Grundsatz	110
8.1	Regelungsinhalt	110
8.2	Grundsatz	110
8.3	Allgemeine Voraussetzungen bei Beschäftigung	112
8.4	Begriff der Fachkraft	117
8.5	Geltungsdauer des Aufenthaltstitels	117
9.	Zustimmungsverfahren der Arbeitsverwaltung zur Beschäftigung	118
9.1	Grundsatz der Zustimmungspflicht	118
9.2	Beschäftigungsverordnung	119
9.3	Zustimmung der BA zur Erteilung des Aufenthaltstitels für Fachkräfte	119
9.4	Zustimmung der BA in anderen Fällen	120
9.5	Regelungen zur Beschränkung der Zustimmung der BA	121
9.6	Auskunftspflicht des Arbeitgebers	121
9.7	Verordnungsermächtigung	121
10.	Aufenthaltserlaubnis für Fachkräfte mit Berufsausbildung	122
11.	Aufenthaltserlaubnis für Fachkräfte mit akademischer Ausbildung	123
11.1	Beschäftigung im akademischen Bereich	123
11.2	Beschäftigung im qualifizierten Beruf	124
11.3	Erteilung einer Blauen Karte EU	125
12.	Niederlassungserlaubnis für Fachkräfte	128

12.1	Rechtliche Verfestigung des Aufenthalts – Einwanderung	128
12.2	Voraussetzungen für die Erteilung einer Niederlassungserlaubnis	128
12.3	Begünstigter Personenkreis	128
12.4	Tatbestandliche Voraussetzungen – Neuregelung	129
12.5	Günstigerstellung von Fachkräften mit inländischem Abschluss	130
13.	Niederlassungserlaubnis für Inhaber einer Blauen Karte EU	130
13.1	Rechtsänderungen	130
13.2	Rechtsanspruch auf Erteilung einer Niederlassungserlaubnis	130
14.	Niederlassungserlaubnis für hoch qualifizierte Fachkräfte mit akademischer Ausbildung	131
14.1	Rechtsänderung	131
14.2	Erteilung der Niederlassungserlaubnis	131
15.	Aufenthaltserlaubnis zum Zweck der Forschung	134
15.1	Rechtsänderungen	134
15.2	Erteilung der Aufenthaltserlaubnis	135
15.3	Nachweis eines konkreten Arbeitsplatzangebots	135
15.4	Geltungsdauer der Aufenthaltserlaubnis	135
15.5	Ausübung einer Erwerbstätigkeit	136
16.	Kurzfristige Mobilität für Forscher	137
16.1	Befreiung von der Aufenthaltstitelpflicht	137
16.2	Rechtsänderungen	137
16.3	Befreiung von der Aufenthaltstitelpflicht während der kurzfristigen Mobilität	138
16.4	Mitteilungsverfahren zur kurzfristigen Mobilität	138
16.5	Zuständigkeit für die Entscheidung im Mitteilungsverfahren	138

16.6	Zuständigkeit der Ausländerbehörde für Entscheidungen nach Beendigung des Mitteilungsverfahrens	139
16.7	Ablehnung der Einreise und des Aufenthalts	139
16.8	Ablehnungsentscheidung – Verfahren	141
16.9	Rechtsfolge der Ablehnung der Einreise und des Aufenthalts	141
17.	Aufenthaltserlaubnis für mobile Forscher	142
17.1	Rechtsänderungen	142
17.2	Aufenthaltsrechte	142
17.3	Antragstellung – Erlaubnisfiktion	142
17.4	Anwendungsfälle	143
17.5	Erwerbstätigkeit	143
17.6	Antragsablehnung	143
18.	ICT-Karte für unternehmensintern transferierte Arbeitnehmer	144
18.1	Rechtsänderungen	144
18.2	Begünstigter Personenkreis im Bereich des unternehmerischen Transfers	144
18.3	Aufenthaltstitel	145
18.4	Einhaltung der Visumpflicht	146
19.	Kurzfristige Mobilität für unternehmensintern transferierte Arbeitnehmer	147
19.1	Regelungsinhalt	147
19.2	Befreiung von der Aufenthaltstitelpflicht	147
19.3	Rechtsänderungen	148
19.4	Ablehnungsentscheidung – Verfahren	151
19.5	Rechtsfolge der Ablehnung der Einreise und des Aufenthalts	152
19.6	Besonderheiten im Verhältnis zu Schengen-Staaten	152
20.	Mobiler-ICT-Karte für unternehmensintern transferierte Arbeitnehmer	153

20.1	Rechtsänderungen	153
20.2	Aufenthaltstitel	153
20.3	Aufenthaltsrecht	154
20.4	Antragstellung – Erlaubnisfiktion	154
20.5	Gültigkeitsdauer der Mobiler-ICT-Karte	156
20.6	Beschränkung der Beschäftigung	156
20.7	Änderungsanzeige	156
21.	Sonstige Beschäftigungszwecke – Beamte	157
21.1	Neuerungen	157
21.2	Beschäftigungsaufenthalte	157
21.3	Fachkräfte mit ausgeprägten berufspraktischen Kenntnissen	157
21.4	Zulassung zum Arbeitsmarkt im begründeten Einzelfall	158
21.5	Tätigkeit als Beamter	158
22.	Aufenthaltserlaubnis für qualifizierte Geduldete zum Zweck der Beschäftigung	159
22.1	Rechtsänderungen	159
22.2	Aufenthaltsrecht	159
23.	Teilnahme am europäischen Freiwilligendienst	160
23.1	Rechtsgrundlage	160
23.2	Rechtsänderungen	161
23.3	Aufenthaltsrecht	161
23.4	Erteilungsvoraussetzungen	162
23.5	Ausschluss der rechtlichen Verfestigung	162
23.6	Widerruf der Aufenthaltserlaubnis	162
24.	Ablehnungsgründe bei Aufenthalten nach den §§ 16b, 16c, 16e, 16f, 17, 18b Abs. 2, den §§ 18d, 18e, 18f und 19e AufenthG n. F.	163
24.1	Rechtsänderungen	163
24.2	Anwendungspraxis	164
25.	Arbeitsplatzsuche für Fachkräfte	165

25.1	Rechtsänderungen	165
25.2	Regelungsinhalt	166
25.3	Fachkraft mit Berufsausbildung	166
25.4	Fachkraft mit akademischer Ausbildung	168
25.5	Arbeitsplatzsuche für eine sonstige qualifizierte Beschäftigung	168
25.6	Erteilungsvoraussetzungen	169
25.7	Asylantrag bei erfolgloser Arbeitsplatzsuche	169

V. Zentrale Ausländerbehörden – Verfahrensbeschleunigung ... **171**

1.	Einrichtung zentraler Ausländerbehörden für Ausbildungs- und- Erwerbsmigration auf Landesebene.	172
1.1	Zentralisierung spezieller Aufgaben	172
1.2	Neuorganisation	172
2.	Beschleunigtes Fachkräfteverfahren	175
2.1	Neuerungen	175
2.2	Regelungszweck	176
2.3	Beschleunigtes Verfahren	177

VI. Literaturverzeichnis ... **183**

VII. Stichwortverzeichnis ... **187**

Einleitung

Vorwort 18
Abkürzungsverzeichnis 22
Änderungen zum 1.3.2020 im Überblick 25

Einleitung

Vorwort

In der Migrationspolitik wurde seit Längerem unter Verweis auf einen Fachkräftemangel in der deutschen Wirtschaft über eine Öffnung des deutschen Arbeitsmarkts für ausländische Arbeitnehmer diskutiert.[1] Auch Wohnungsmangel und hohe Mieten erschweren nach einer Umfrage die Anwerbung von Fachkräften[2] und können insoweit ein Standortrisiko in sich bergen.

2015 konnten mehr als eine Million Asylsuchende nach Deutschland kommen;[3] von einem „neuen Wirtschaftswunder" war überschwänglich die Rede. Auf dem regulären Arbeitsmarkt hatten jedoch die wenigsten eine Chance. Mehr als 80 Prozent scheiterten bereits an einfachen Sprachtests. Nur ein kleiner Teil hat eine in Deutschland anerkannte Ausbildung.[4]

Die ausländerrechtlichen Vorschriften im Bereich der Erwerbsmigration und Ausbildung von Ausländern wurden in der Vergangenheit

---

[1] Vgl. *Thym*, Migrationssteuerung im Einklang mit den Menschenrechten – Anmerkungen zu den migrationspolitischen Diskursen der Gegenwart, ZAR 2018, 193; *Strunden/Pasenow*, Fachkräfte gesucht! – Ausländerrecht fit?, ZAR 2011, 121; *Walter*, Hohenheimer Tage zum Ausländerrecht – „Arbeitsmarkt und Zuwanderung", ZAR 2009, 131; *Solka*, Zugang zum deutschen Arbeitsmarkt für Staatsangehörige aus den neuen Mitgliedstaaten der Europäischen Union, ZAR 2008, 87.

[2] Rund 96 Prozent der mittelständischen Betriebe klagen laut einer Umfrage über Probleme, Mitarbeiter zu finden. Steigende Mieten verschärften die Personalknappheit zusätzlich, berichtete „Die Welt am Sonntag" aus einer noch unveröffentlichten Untersuchung im Auftrag der genossenschaftlichen Banken (vgl. Südwest Presse – Wirtschaft v. 12.6.2019).

[3] „Ende 2018 ist die Zahl der Menschen, die in Deutschland Schutz vor Krieg oder Verfolgung suchen, auf knapp 1,8 Millionen gestiegen. Das teilte das Statistische Bundesamt mit." Quelle: WELT/Gerrit Seebald, https://www.welt.de/politik/deutschland/article197407725/Fluechtlinge-Regierung-und-Kirche-wollen-Patenschaften-Projekt-retten.html?wtrid=newsletter.politik..politik..%26pm_cat%5B%5D%3Dpolitik&promio=81501.1183882.5829198&r=-2716918838203782&lid=1183882&pm_ln=5829198 (Zuletzt aufgerufen am: 27.8.2019).

[4] Vgl. *Goffart*, Die-Job-Illusion: Höchstens die Hälfte der Migranten hat eine Chance, in Deutschland einen Job zu finden, Focus v. 7.4.2018, S. 20.

Vorwort

geändert,[5] was u. a. auf die Umsetzung von EU-Richtlinien in nationales Recht zurückzuführen war. Gesetzesänderungen sind jedoch nur eine von mehreren Bedingungen für eine erfolgreiche Fachkräftegewinnung. Die Bundesregierung plant daher eine Reihe von weiteren flankierenden Maßnahmen (z. B. Strategie zur gezielten Gewinnung von Fachkräften aus dem Ausland,[6] Ausweitung des Angebots von Deutschkursen im Ausland).[7] Sie hat am 12.6.2019 angekündigt, dem Fachkräftemangel eine breit angelegte „nationale Weiterbildungsinitiative" entgegenzusetzen.[8]

Das Fachkräfteeinwanderungsgesetz vom 15.8.2019, das am 1.3.2020 in Kraft tritt, ist die adäquate Antwort des Gesetzgebers auf den seit Jahren monierten Fachkräftemangel in Industrie, Handwerk, Handel, Dienstleistungsgewerbe und Sozialeinrichtungen. Das der Erwerbsmigration samt der Ausbildung von Fachkräften dienende Fachkräfteeinwanderungsgesetz, das zum Ziel hat, die Bedarfe des Wirtschaftsstandorts Deutschland und die Fachkräftesicherung durch eine gezielte und gesteuerte Zuwanderung von Fachkräften aus Drittstaaten zu flankieren, wurde unter Kapitel 2 Abschnitt 3 und 4 in das Aufenthaltsgesetz eingefügt. Mit diesem Regelwerk wird den zuständigen Stellen ein zukunftsorientiertes Instrumentarium an die Hand gegeben, als exportorientierter Staat im Migrationsbereich auf die von globalen Risiken abhängige Konjunktur reagieren zu können.

Außerdem verfestigt das Fachkräfteeinwanderungsgesetz im Interesse einer einheitlichen Rechtsanwendung in der Europäischen Union, die nach Art. 79 AEUV für die Entwicklung einer gemeinsamen Einwanderungspolitik zuständig ist, insbesondere die REST-

---

[5] *Kolb/Fellmer*, Vom „Bremser" zum „Heizer"? Deutschlands europäische Arbeitsmigrationspolitik, ZAR 2015, 105.
[6] Siehe § 421b SGB III.
[7] Vgl. BT-Drucks. 19/8285 v. 13.3.2018, S. 173.
[8] Vgl. Südwest Presse v. 13.6.2019, S. 1. Die gemeinsam mit dem Entwurf eines Fachkräfteeinwanderungsgesetzes vom Bundeskabinett am 19.12.2018 beschlossene Fachkräftestrategie der Bundesregierung ordnet die Maßnahmen der Bundesregierung zur Zuwanderung von Fachkräften aus Drittstaaten in den Gesamtansatz der Bundesregierung zur Fachkräftesicherung ein und stellt klar, dass es prioritär um die Nutzung inländischer sowie europäischer Potenziale geht, vgl. BT-Drucks. 19/8285 v. 13.3.2019, S. 167. Dazu *Offer*, Öffnen, Fördern & Fordern – Der Referentenentwurf zum neuen Fachkräfteeinwanderungsgesetz, jM 2019, 59; *Ritgen*, Vorschläge zur Optimierung des Migrations- und Integrationsmanagements, ZAR 2019, 7.

Einleitung

Richtlinie in Bezug auf Forschung, Studium und Ausbildung sowie die Hochqualifizierten-Richtlinie und die ICT-Richtlinie in Bezug auf den unternehmensinternen Transfer von Führungskräften, Spezialisten und Trainees im nationalen Recht.

In dem Praxishandbuch werden im Wesentlichen die Neuerungen im Ausbildungsbereich und in der Erwerbsmigration sowie die an den Aufenthaltstitel gebundene Einführung der allgemeinen Erlaubnis zur Ausübung einer Erwerbstätigkeit mit Verbotsvorbehalt erläutert.

Das Buch „Das Fachkräfteeinwanderungsgesetz" enthält in Bezug auf die Neuerungen und Rechtsänderungen u. a. Erläuterungen zu folgenden Themenbereichen:

- **Neuerungen im Überblick**
- **Neue Begriffsbestimmungen**
- **Zugang zur Erwerbstätigkeit** mit und ohne Aufenthaltstitel, neuer Erlaubnis mit Verbots- und Beschränkungsvorbehalt, Abweichungen
- **(Berufs-)Ausbildung und Studium**, Ausbildungs- und Studienplatzsuche, Praktikum, Sprachkurse und Schulbesuch, Anerkennung ausländischer Berufe
- **Erwerbsmigration**, Fachkräfteeinwanderung, berufliche und akademische Fachkräfte, Arbeitsplatzsuche, Forscher, unternehmensintern transferierte Arbeitnehmer, qualifizierte Geduldete
- **Zustimmung der Arbeitsverwaltung zur Beschäftigung**
- **Neue Verfahrenswege**, Kompetenzzentren, beschleunigtes Fachkräfteverfahren

Für das Verständnis und die Transparenz der Sachzusammenhänge ist eine Zusammenschau der praxisorientierten Erläuterungen mit den aktuellen ausländerrechtlichen Vorschriften unerlässlich. Zu empfehlen ist hier die Textausgabe „Ausländerrecht, Migrations- und Flüchtlingsrecht", ebenfalls im WALHALLA Fachverlag erschienen.

Bitte beachten Sie: Dieses Praxishandbuch behandelt selbstverständlich Problem- und Fallkonstellationen bei Erwerbsmigration und Ausbildung sowohl von Ausländern wie auch von Ausländerinnen und Intersexuellen.[9] Die im Buch verwendeten männlichen Bezeichnungen wurden lediglich zur Vereinfachung und besseren Lesbarkeit gewählt.

Dr. Hans-Peter Welte

---

[9] Biologisch weder als Mann noch als Frau einzustufen.

Einleitung

Abkürzungsverzeichnis

ABl. EU	Amtsblatt (der Europäischen Union)
Abs.	Absatz
Abschn.	Abschnitt
AEUV	Vertrag über die Arbeitsweise der Europäischen Union
a. F.	Alte Fassung
ANBA	Amtliche Nachrichten der Bundesagentur für Arbeit
ARB 1/80	Beschluss Nr. 1/80 des Assoziationsrats EWG-Türkei über die Entwicklung der Assoziation (ANBA 1981, 4)
Art.	Artikel
AS	Amtliche Sammlung
AsylG	Asylgesetz
AuAS	Ausländer- und Asylrecht Schnellbrief (Fachzeitschrift)
AufenthG	Aufenthaltsgesetz
AufenthV	Aufenthaltsverordnung
AZRG	Gesetz über das Ausländerzentralregister
BA	Bundesagentur für Arbeit
BAföG	Bundesausbildungsförderungsgesetz
BAMF	Bundesamt für Migration und Flüchtlinge
BQFG	Berufsqualifikationsfeststellungsgesetz
Beschl.	Beschluss
BeschV	Beschäftigungsverordnung
BGBl.	Bundesgesetzblatt
BMAS	Bundesministerium für Arbeit und Soziales
BR	Bundesrat
BR-Drucks.	Drucksache des Bundesrates
BT	Bundestag
BT-Drucks.	Drucksache des Bundestages
BVerfG	Bundesverfassungsgericht
BVerwG	Bundesverwaltungsgericht
bzw.	beziehungsweise
EG	Europäische Gemeinschaft
ENA	Europäisches Niederlassungsabkommen vom 13.9.1955 (Gesetz vom 13.9.1959, BGBl. II S. 997), in Kraft seit 23.2.1965 (Bekanntmachung vom 30.7.1965, BGBl. II S. 1099)
EU	Europäische Union
EuGH	Gerichtshof der Europäischen Gemeinschaften
ff.	die folgenden
FreizügG/EU	Freizügigkeitsgesetz/EU

Abkürzungsverzeichnis

GER	Gemeinsamer Europäischer Referenzrahmen für Sprache
GG	Grundgesetz für die Bundesrepublik Deutschland
ggf.	gegebenenfalls
GRCh	Grundrechtscharta der EU
ICT-Richtlinie	Richtlinie 2014/66/EU v. 15.5.2014 (ABl. L 157 v. 27.5.2014, S. 1)
i. d. F.	in der Fassung
InfAuslR	Informationsbrief Ausländerrecht (Fachzeitschrift)
i. S. d.	im Sinne des
i. S. v.	im Sinne von
i. V. m.	in Verbindung mit
n. F.	neue Fassung
NJOZ	Neue Juristische Online-Zeitschrift (Fachzeitschrift)
NJW	Neue Juristische Wochenschrift (Fachzeitschrift)
Nr.	Nummer
NVwZ	Neue Zeitschrift für Verwaltungsrecht (Fachzeitschrift)
OECD	Organisation for Economic Co-operation and Development (Organisation für wirtschaftliche Zusammenarbeit und Entwicklung)
OVG	Oberverwaltungsgericht
RdJB	Recht der Jugend und des Bildungswesens (Fachzeitschrift)
REST-Richtlinie	Richtlinie (EU) 2016/801 v. 11.5.2016 (ABl. L 132 v. 21.5.2016, S. 21)
RFRL	Richtlinie 2008/115/EG des Europäischen Parlaments und des Rates v. 16.12.2008 über gemeinsame Normen und Verfahren in den Mitgliedstaaten zur Rückführung illegal aufhältiger Drittstaatsangehöriger – Rückführungsrichtlinie – (ABl. EG 2008 Nr. L 348, S. 98)
RL	Richtlinie
SDÜ	Übereinkommen zur Durchführung des Übereinkommens von Schengen vom 14.6.1985 (Schengener Durchführungsübereinkommen) vom 19.6.1990 (BGBl. II 1993 S. 1010, 1013)
SGB (I–XII)	Sozialgesetzbuch (Erstes bis Zwölftes Buch)
SGK	Verordnung (EU) 2016/399 des Europäischen Parlaments und des Rates vom 9.3.2016 über einen Gemeinschaftskodex für das Überschreiten der Grenzen durch Personen (Schengener Grenzkodex) v. 23.3.2016 (ABl. EU L 77 vom 23.3.2016, S. 1)
StAG	Staatsangehörigkeitsgesetz
Urt.	Urteil

Einleitung

VerwArch	Verwaltungsarchiv (Fachzeitschrift)
VGH	Verwaltungsgerichtshof
vgl.	vergleiche
VO	Verordnung
VwGO	Verwaltungsgerichtsordnung
(L)VwVfG	(Landes-)Verwaltungsverfahrensgesetz
ZAR	Zeitschrift für Ausländerrecht und Ausländerpolitik (Fachzeitschrift)
z. B.	zum Beispiel
ZRP	Zeitschrift für Rechtspolitik

Änderungen zum 1.3.2020 im Überblick

Artikel 1	Aufenthaltsgesetz (AufenthG)
Artikel 2	Sozialgesetzbuch (SGB) Drittes Buch (III) – Arbeitsförderung – (SGB III)
Artikel 3	Berufsqualifikationsfeststellungsgesetz (BQFG)
Artikel 4	Bundesärzteordnung
Artikel 5	Approbationsordnung für Ärzte
Artikel 6	Bundes-Tierärzteordnung
Artikel 7	Verordnung zur Approbation von Tierärztinnen und Tierärzten
Artikel 8	Bundes-Apothekerordnung
Artikel 9	Approbationsordnung für Apotheker
Artikel 10	Gesetz über die Ausübung der Zahnheilkunde
Artikel 11	Approbationsordnung für Zahnärzte und Zahnärztinnen
Artikel 12	Krankenpflegegesetz (KrPflG)
Artikel 13	Ausbildungs- und Prüfungsverordnung für die Berufe in der Krankenpflege
Artikel 14	Altenpflegegesetz
Artikel 15	Altenpflege-Ausbildungs- und Prüfungsverordnung
Artikel 16	Pflegeberufegesetz
Artikel 17	Pflegeberufe-Ausbildungs- und -Prüfungsverordnung
Artikel 18	Psychotherapeutengesetz
Artikel 19	Ausbildungs- und Prüfungsverordnung für Psychologische Psychotherapeuten
Artikel 20	Ausbildungs- und Prüfungsverordnung für Kinder- und Jugendlichenpsychotherapeuten
Artikel 21	Masseur- und Physiotherapeutengesetz
Artikel 22	Ausbildungs- und Prüfungsverordnung für Physiotherapeuten
Artikel 23	Ausbildungs- und Prüfungsverordnung für Masseure und medizinische Bademeister
Artikel 24	Podologengesetz
Artikel 25	Ausbildungs- und Prüfungsverordnung für Podologinnen und Podologen
Artikel 26	Orthoptistengesetz
Artikel 27	Ausbildungs- und Prüfungsverordnung für Orthoptistinnen und Orthoptisten
Artikel 28	Gesetz über den Beruf des Logopäden
Artikel 29	Ausbildungs- und Prüfungsordnung für Logopäden
Artikel 30	Ergotherapeutengesetz
Artikel 31	Ergotherapeuten-Ausbildungs- und Prüfungsverordnung

Einleitung

Artikel 32	Gesetz über den Beruf des pharmazeutisch-technischen Assistenten
Artikel 33	Ausbildungs- und Prüfungsverordnung für pharmazeutisch-technische Assistentinnen und pharmazeutisch-technische Assistenten
Artikel 34	MTA-Gesetz
Artikel 35	Ausbildungs- und Prüfungsverordnung für technische Assistenten in der Medizin
Artikel 36	Hebammengesetz
Artikel 37	Ausbildungs- und Prüfungsverordnung für Hebammen und Entbindungspfleger
Artikel 38	Diätassistentengesetz
Artikel 39	Ausbildungs- und Prüfungsverordnung für Diätassistentinnen und Diätassistenten
Artikel 40	Notfallsanitätergesetz
Artikel 41	Ausbildungs- und Prüfungsverordnung für Notfallsanitäterinnen und Notfallsanitäter
Artikel 42	Fahrlehrergesetz
Artikel 43	Wohngeldgesetz
Artikel 44	Staatsangehörigkeitsgesetz (StAG)
Artikel 45	Asylgesetz (AsylG)
Artikel 46	Viertes Buch Sozialgesetzbuch (SGB IV) – Gemeinsame Vorschriften für die Sozialversicherung – (SGB IV)
Artikel 47	Zehntes Buch Sozialgesetzbuch (SGB X) – Sozialverwaltungsverfahren und Sozialdatenschutz – (SGB X)
Artikel 48	Arbeitnehmerüberlassungsgesetz (AÜG)
Artikel 49	Schwarzarbeitsbekämpfungsgesetz (SchwarzArbG)
Artikel 50	Aufenthaltsverordnung (AufenthV)
Artikel 51	Beschäftigungsverordnung (BeschV)
Artikel 52	Deutschsprachförderverordnung (DeuFöV)
Artikel 52a	AZR-Gesetz
Artikel 53	AZRG-Durchführungsverordnung (AZRG-DV)

I. Fachkräfteeinwanderungsgesetz

1.	Inkrafttreten des Fachkräfteeinwanderungsgesetzes	28
2.	Gesetzesziele	28
2.1	Einreise und Aufenthalt zu Arbeits- und Ausbildungszwecken..	28
2.2	Deckung des Fachkräftebedarfs......................................	32
3.	Wesentliche Neuerungen durch das Fachkräfteeinwanderungsgesetz..	34
3.1	Effizientere und transparentere Verwaltungsverfahren	34
3.2	Neuer Fachkräftebegriff...	35
3.3	Wegfall der Vorrangprüfung..	35
3.4	Wegfall der Begrenzung auf Mangelberufe bei qualifizierter Berufsausbildung......................................	36
3.5	Möglichkeit für Fachkräfte zur Arbeitsplatzsuche	36
3.6	Möglichkeiten zum Aufenthalt für Qualifizierungsmaßnahmen mit dem Ziel der Anerkennung von beruflichen Qualifikationen..............	37
4.	Rechtsänderungen/Neuregelungen	38
4.1	Rechtsänderungen	38
4.2	Neuregelungen – Neue Begriffsbestimmungen.............	39

I. Fachkräfteeinwanderungsgesetz

1. Inkrafttreten des Fachkräfteeinwanderungsgesetzes

Der Deutsche Bundestag hat am 7.6.2019 das Fachkräfteeinwanderungsgesetz vom 15.8.2019 (BGBl. I S. 1307), das in das Gesetzespaket zur Ordnung, Steuerung und Begrenzung von Migration (Migrationspaket) eingebunden wurde, verabschiedet. Diesem Regelwerk hat der Bundesrat am 28.6.2019 zugestimmt.[10] Nach Art. 54 Abs. 1 Satz 1 tritt das Fachkräfteeinwanderungsgesetz in wesentlichen Teilen, die das Aufenthaltsrecht betreffen, am 1.3.2020 in Kraft.

2. Gesetzesziele

2.1 Einreise und Aufenthalt zu Arbeits- und Ausbildungszwecken

Mit dem Fachkräfteeinwanderungsgesetz soll klar und verständlich geregelt werden, wer zu Arbeits- und Ausbildungszwecken nach Deutschland kommen darf. Ausschlaggebend ist der Bedarf der Wirtschaft an Fachkräften mit Hochschulabschluss sowie Fachkräften mit einer **qualifizierten Berufsausbildung** (§ 2 Abs. 12a AufenthG, zum Begriff), die eine **qualifizierte Beschäftigung** ausüben können (§ 2 Abs. 12b AufenthG, zum Begriff). Mit dem Fachkräfteeinwanderungsgesetz sollen die bestehenden Regelungen gezielt geöffnet sowie klarer und transparenter gestaltet werden. Der Schwerpunkt wird dabei auf der Gewinnung von Fachkräften mit qualifizierter Berufsausbildung liegen.[11]

Mit dem Fachkräfteeinwanderungsgesetz werden die Möglichkeiten

- zur Erteilung eines Aufenthaltstitels aus dem Ausland zur Aufnahme einer Erwerbstätigkeit i. S. v. § 2 Abs. 2 AufenthG,

- zur Arbeitsplatzsuche für Fachkräfte in einem gesteuerten Verfahren (vgl. § 20 AufenthG) weiter ausgebaut und

---

[10] Dazu *Klaus*, Fachkräfteeinwanderung – mit Einspruchs- oder Zustimmungsgesetz? NJOZ 2019, 753.
[11] Auszug aus Abschn. II Nr. 3.1 der Fachkräftestrategie der Bundesregierung v. 20.12.2018, BT-Drucks. 19/6889, S. 6; dazu *Welte*, Das neue Fachkräfteeinwanderungsgesetz – Überblick, InfAuslR 2019, 365.

2. Gesetzesziele

- das Einreiseverfahren für diese Fälle verbessert und transparenter gemacht (vgl. § 81a AufenthG, zum beschleunigten Fachkräfteverfahren).

Ausländern, die über die erforderlichen beruflichen Qualifikationen verfügen und die Aufnahme einer Beschäftigung in Deutschland beabsichtigen, ist somit der Weg über die **gesteuerte Zuwanderung** eröffnet. Zudem bietet die mit dem Fachkräfteeinwanderungsgesetz neu geschaffene Möglichkeit der **Arbeitsplatzsuche** (§ 20 AufenthG) auch den Ausländern eine Möglichkeit, einen Arbeitsplatz zu finden, die aufgrund der räumlichen Entfernung des Heimatstaates Schwierigkeiten haben, von dort mit hiesigen Arbeitgebern in Kontakt zu treten.

Daher schafft das Fachkräfteeinwanderungsgesetz[12] – in rechtlicher Abgrenzung zum Asylrecht[13] und der Aufenthaltsgewährung aus humanitären Gründen nach §§ 22 ff. AufenthG – den **Rahmen für eine gezielte und gesteigerte Zuwanderung von (qualifizierten)**

---

[12] ECKPUNKTE der Bundesregierung zur Fachkräfteeinwanderung aus Drittstaaten v. 2.10.2018: „Mit einem Fachkräfteeinwanderungsgesetz regeln wir klar und verständlich, wer zu Arbeits- und Ausbildungszwecken zu uns kommen darf und wer nicht. Wir setzen am Fachkräftebedarf unserer Wirtschaft an und werden die bestehenden Regelungen gezielt öffnen sowie klarer und transparenter gestalten. Den Fokus legen wir auf den Bedarf an Fachkräften mit qualifizierter Berufsausbildung. Wichtig bleibt, dass wir grundsätzlich an der Gleichwertigkeitsprüfung der Qualifikationen festhalten, um sicherzustellen, dass sich die Fachkräfte langfristig in den Arbeitsmarkt integrieren. Auch die Prüfung der Arbeitsbedingungen durch die Bundesagentur für Arbeit bleibt bestehen. Eine Zuwanderung in die Sozialsysteme werden wir verhindern."

[13] ECKPUNKTE der Bundesregierung zur Fachkräfteeinwanderung aus Drittstaaten v. 2.10.2018: „Am Grundsatz der Trennung von Asyl und Erwerbsmigration halten wir fest. Wir werden im Aufenthaltsrecht klare Kriterien für einen verlässlichen Status Geduldeter definieren, die durch ihre Erwerbstätigkeit ihren Lebensunterhalt sichern und gut integriert sind. Darüber hinaus werden wir uns verstärkt dafür einsetzen, dass mehr Personen eine qualifizierte Ausbildung absolvieren. ... Dazu gehören auch, die Potenziale der Personen mit Fluchthintergrund, die eine Beschäftigung infolge ihres Aufenthaltsstatus ausüben dürfen, für unseren Arbeitsmarkt zu nutzen. Auch sollen in Umsetzung des Koalitionsvertrages die einheitliche Anwendung der Ausbildungsduldung (3+2-Regelung) umgesetzt sowie die vereinbarten Ausbildungen in Helferberufen einbezogen werden. ..."

I. Fachkräfteeinwanderungsgesetz

Fachkräften (§ 18 Abs. 3 AufenthG, zum Begriff) aus Drittstaaten.[14] Das Gesetz hat zum Ziel, dass diejenigen Fachkräfte ein Aufenthaltsrecht erlangen können, die Unternehmen in Deutschland vor dem Hintergrund des großen Personalbedarfs und leerer Bewerbermärkte dringend benötigen. Das sind Hochschulabsolventinnen und -absolventen sowie Personen mit qualifizierter Berufsausbildung, die in einem geordneten und bedarfsgerechten Verfahren zur Erwerbsmigration einwandern können.[15]

Ziel des Gesetzes ist es daher, die Bedarfe des Wirtschaftsstandortes Deutschland und die Fachkräftesicherung durch eine gezielte und gesteuerte Zuwanderung von Fachkräften aus Drittstaaten zu flankieren und so einen Beitrag zu einem nachhaltigen gesellschaftlichen Wohlstand zu leisten. Im Rahmen der migrationspolitischen Gesamtstrategie wird die Fachkräftezuwanderung eingebunden in eine ausgewogene Balance zwischen der herausgeforderten Integrationsfähigkeit der Gesellschaft und dem wirtschaftlichen Interesse an Zuwanderung von Fachkräften. Zur Migrationssteuerung gilt es klar und transparent zu regeln, wer zu Arbeits- und Ausbil-

---

[14] Vgl. *Kluth*, Der Migrationspakt und seine Leitlinien für die bessere Ordnung und Ermöglichung der Fachkräftemigration, ZAR 2019, 125. Das dem Aufenthaltsgesetz innewohnende Prinzip der „Steuerung und Begrenzung der Zuwanderung" durch geeignete Kontrollmechanismen deckt sich mit dem am 10.12.2018 beschlossenen UN-Migrationspakt, der keinen völkerrechtlichen Vertrag darstellt, unverbindlich ist und keine unmittelbaren Rechtswirkungen in den unterzeichneten Staaten erzeugt (vgl. BVerfG, Beschl. v. 7.12.2018 – 2 BvQ 119/18, InfAuslR 2019, 77). So *Crépeau* zum Thema menschenrechtliche Perspektiven für die Entwicklung des Migrationsrechts: „Dabei spricht er sich ebenso wie der Global Compact – das ist der von den Vereinten Nationen vorgestellte Erste Entwurf für einen ‚Global Compact on Safe, Orderly and Regular Migration' – weder für einen Verzicht auf Kontrollen noch auf eine Begrenzung der Migration aus. Wichtig sei vor allem, dass es einen fairen und offenen Rahmen gibt, den jeder, der Interesse an einer Migration hat, diskriminierungsfrei in Anspruch nehmen kann. Auch im Rahmen der Fluchtmigration, die hält Crépeau eine durch Kontingente gesteuerte Lösung für sinnvoller, da anderenfalls staatliche und internationale Steuerung keine Wirkung entfalten könne. Eine Schließung von Grenzen mit Gewalt sei keine Lösung, die demokratische Gesellschaften auf Dauer durchhalten könnten." (vgl. http://kluth.jura.uni-halle.de/; zuletzt geöffnet: 27.8.2019).

[15] Zur Problematik vgl. *Kluth*, Einwanderungsgesetz – Entwürfe – Chancen – Kritik, NVwZ 2018, 1437.

2. Gesetzesziele

dungszwecken nach Deutschland kommen darf.[16] Der **Grundsatz der Trennung zwischen Asyl und Erwerbsmigration** wird beibehalten.[17]

Für eine gezielte und gesteuerte Steigerung der Zuwanderung von qualifizierten Fachkräften aus Drittstaaten bedarf es eines kohärenten Gesamtansatzes ineinander greifender und aufeinander abgestimmter Maßnahmen. Daher hat die Bundesregierung am 2.10.2018 Eckpunkte zur Einwanderung von Fachkräften aus Drittstaaten beschlossen, ohne jedoch einem „Punktesystem" den Weg zu öffnen.[18] Danach wird das Fachkräfteeinwanderungsgesetz, das den rechtlichen Rahmen für eine gezielte, an den Bedarfen orientierte Steuerung und Stärkung der Fachkräfteeinwanderung schafft, notwendig ergänzt durch Beschleunigungen bei der Anerkennung ausländischer Abschlüsse, eine verstärkte Förderung des Erwerbs der deutschen Sprache im Ausland, eine gemeinsam mit der Wirtschaft zu erarbeitende Strategie für eine gezielte Fachkräftegewinnung und ein verbessertes Marketing sowie effizientere und transparentere Verwaltungsverfahren. Dabei ist sich die Bundesregierung der internationalen Prinzipien für eine ethisch verantwortbare Gewinnung von Fachkräften bewusst, sie berücksichtigt diese und wird positive Effekte (z. B. Kapazitätsausbau, Stärkung lokaler wirtschaftlicher Entwicklung) fördern.[19]

---

[16] Dazu *Berlit*, Migration und ihre Folgen – Wie kann das Recht Zuwanderung und Integration in Gesellschaft, Arbeitsmarkt und Sozialordnung steuern? (Teil 1), ZAR 2018, 229; *Thym*, Migrationssteuerung im Einklang mit den Menschenrechten – Anmerkungen zu den migrationspolitischen Diskursen der Gegenwart, ZAR 2018, 193; *Bünte/Knödler*, Einwanderungsgesetz: Plädoyer für weitere Ausdifferenzierung, ZRP 2018, 102.

[17] Vgl. BT-Drucks. 19/8285 v. 13.3.2019, S. 1; zur Trennung der Regelungsbereiche im Unionsrecht vgl. Art. 78 und 79 AEUV.

[18] Auszug aus https://www.bmi.bund.de/SharedDocs/faqs/DE/themen/migration/fachkraefteeinwanderung/faqs-fachkraefteeinwanderungsgesetz.html;jsessionid=6C1F82007166EE1F0E315D4FD5B7BB15.1_cid373 (zuletzt geöffnet: 27.8.2019): Ein Punktesystem bedeutet lange Auswahlprozesse und neue Bürokratie; es ist das Gegenteil von Vereinfachung. Für eine tatsächliche Steigerung der Fachkräfteeinwanderung kommt es vielmehr auf eine gezielte Vermittlung in den hiesigen Arbeitsmarkt und eine verstärkte Sprachförderung im Ausland an. Die vor dem Hintergrund des wirtschaftlichen Bedarfs notwendigen Öffnungen für Fachkräfte mit einer qualifizierten Berufsausbildung schafft das Fachkräfteeinwanderungsgesetz; dazu *Kolb/Lehner*, Aus der Zeit gefallen: Warum ein Punktesystem kaum mehr Platz im deutschen Erwerbsmigrationsrecht hat, NVwZ 2018, 1181.

[19] Vgl. BT-Drucks. 19/8285 v. 13.3.2019, S. 2.

I. Fachkräfteeinwanderungsgesetz

2.2 Deckung des Fachkräftebedarfs

In Deutschland herrscht in manchen Branchen und Regionen bereits ein Fachkräftemangel, etwa im IT- und im Pflegebereich oder auch in ländlichen Gegenden. Die Arbeitgeber drängen deswegen darauf, mehr Zuwanderung von qualifizierten Arbeitskräften zuzulassen. Eine Studie der Bertelsmann Stiftung kommt zu dem Schluss, dass der deutsche Arbeitsmarkt bis 2060 jährlich rund 260.000 Zuwanderer brauche. Grund ist der demografisch bedingte Rückgang der Beschäftigten. Die Experten gehen dabei von rund 146.000 nötigen Fachkräften aus Nicht-EU-Staaten aus. Auf diese Gruppe zielt das Gesetz ab.[20]

Laut **Engpassanalyse der Bundesagentur für Arbeit** liegt in Deutschland derzeit zwar **kein umfassender Fachkräftemangel** vor; allerdings treten in Bezug auf bestimmte Qualifikationen, Regionen und Branchen deutliche Fachkräfteengpässe auf. Hierzu zählen vor dem Hintergrund des demografischen und digitalen Wandels insbesondere Gesundheits- und Pflegeberufe, das Handwerk und einzelne technische Berufsfelder. Im Vergleich zur letzten Engpassanalyse vom Dezember 2017 erhöhten sich in den meisten Engpassberufen außerdem die Vakanzzeiten. Hinzu kommen große regionale Unterschiede. So sind beispielsweise die ostdeutschen Länder schon deutlich früher mit starken Rückgängen im Erwerbspersonenpotenzial konfrontiert. Im vergangenen Jahr konnte hier jeder zweite Betrieb nicht oder nur teilweise seinen Bedarf an Fachkräften decken. Für die Zukunft bekräftigt das **Fachkräftemonitoring des BMAS** eine zunehmende Fachkräfteknappheit in einzelnen Branchen für die kommenden zehn bis zwanzig Jahre. Übereinstimmend mit der Engpassanalyse werden auch künftig die Gesundheits- und Pflegeberufe, einzelne Handwerksberufe und einige technische Berufsfelder von Fachkräfteknappheit betroffen sein. Gleichzeitig ist zu erwarten, dass Digitalisierung und technischer Fortschritt in anderen Bereichen zu Beschäftigungsabbau führen könnten. Zum B. werden in den Bereichen Einzelhandel, Textilverarbeitung sowie Rechnungswesen und Controlling weniger Arbeitsplätze zur Verfügung stehen, als Fachkräfte auf dem Arbeitsmarkt sind. Dies bedeutet jedoch nicht zwangsläufig, dass diese Fachkräfte von Erwerbslosigkeit betroffen sind, wenn sich entsprechend qualifizierte

---

[20] https://www.domradio.de/themen/kirche-und-politik/2019-02-15/fragen-und-antworten-zum-geplanten-einwanderungsgesetz (zuletzt aufgerufen: 27.8.2019).

2. Gesetzesziele

Einsatzmöglichkeiten in verwandten Tätigkeitsfeldern ergeben. Zudem werden im Zuge des Strukturwandels auch neue Arbeitsplätze entstehen. So wird sich beispielsweise der bereits länger zu beobachtende Trend neuer Beschäftigungsverhältnisse im Bereich der freiberuflichen, wissenschaftlichen und technischen Dienstleistungen wahrscheinlich auch in Zukunft fortsetzen.[21]

Fachkräfte aus dem EU-Ausland leisten schon heute einen wichtigen Beitrag zur Wettbewerbsfähigkeit der deutschen Wirtschaft. Der robuste deutsche Arbeitsmarkt zieht viele Arbeitskräfte an, die von der Arbeitnehmerfreizügigkeit in der Europäischen Union Gebrauch machen. Mit rund 20 Prozent der Fachkräfte bzw. 2,5 Millionen mobilen Arbeitnehmerinnen und Arbeitnehmern in 2017 ist Deutschland eines der Hauptzielländer innerhalb der EU. Hinzu kommen etwa 190.000 Grenzgänger, die aus den unterschiedlichen Anrainerstaaten zu ihrem Arbeitsplatz nach Deutschland pendeln. Diese Zuwanderung aus der EU trägt bereits heute zu einer Verbesserung der Fachkräftesituation bei. Sie sorgt dafür, dass die Bevölkerung im erwerbsfähigen Alter in Deutschland entgegen den natürlichen Veränderungen durch die Geburtenentwicklung der Vergangenheit weniger stark abnimmt. Damit tragen Fachkräfte aus EU-Mitgliedstaaten durch ihre Mobilität und ihre Qualifikationen nicht zuletzt auch zur Entlastung unserer sozialen Sicherungssysteme bei. Allerdings sind die Wanderungsströme innerhalb Europas auch in hohem Maße volatil. So könnte sich die positive Zuwanderung bei Veränderungen der Wirtschaftslage in den EU-Mitgliedstaaten, aber auch bei einer verringerten Dynamik der wirtschaftlichen Entwicklung in Deutschland schnell verändern. Zudem nehmen mittelfristig die Potenziale für die Zuwanderung aus anderen Ländern der Europäischen Union ab. Dort greift ebenfalls der demografische Wandel, so dass die Anzahl junger Erwachsener, die das europäische Wanderungsgeschehen zu einem großen Teil ausmachen, merklich zurückgehen könnte. Für die Fachkräftepolitik Deutschlands ergeben sich daraus vornehmlich zwei Ziele. Erstens muss der Arbeitsstandort Deutschland für Fachkräfte aus dem europäischen Ausland und ihre Familien attraktiv bleiben. Dies soll auch durch gezielte Informations- und Beratungsangebote in anderen Mitgliedstaaten flankiert werden. Zweitens müssen die vorhandenen Potenziale derer, die als qualifizierte Fachkräfte nach Deutschland kommen, noch besser

---

[21] Auszug aus Abschn. II der Fachkräftestrategie der Bundesregierung v. 20.12.2018, BT-Drucks. 19/6889, S. 2.

I. Fachkräfteeinwanderungsgesetz

ausgeschöpft werden. Damit ist nicht der Zugang zum deutschen Arbeitsmarkt und die Vermittlung sowie Förderung europäischer Arbeitnehmerinnen und Arbeitnehmer gemeint. Diese Aspekte sind durch die Arbeitnehmerfreizügigkeit, ein etabliertes Netzwerk der öffentlichen Arbeitsverwaltungen in den EU-Mitgliedstaaten und das EURES-Netzwerk umfassend geregelt.[22]

3. Wesentliche Neuerungen durch das Fachkräfteeinwanderungsgesetz

3.1 Effizientere und transparentere Verwaltungsverfahren

Moderne und effiziente Verwaltungsverfahren tragen zur **schnellen Gewinnung von Fachkräften** bei und sind Ausdruck der Willkommenskultur. Die Anregungen aus der Praxis zu Verbesserungen bei Kommunikation, Verfahrensdauer und Erreichbarkeit der Behörden greift der Bund auf, mit dem Ziel, die Zusammenarbeit zwischen Visastellen, Ausländerbehörden, Arbeitsverwaltung, zuständigen Stellen für die Anerkennung beruflicher Qualifikationen und dem Bundesamt für Migration und Flüchtlinge (BAMF) zu prüfen, um sie effizienter, transparenter und zukunftsorientiert zu gestalten.[23]

Um die Verwaltungsverfahren effizienter und serviceorientierter zu gestalten, soll die **ausländerbehördliche Zuständigkeit** für die Einreise von Fachkräften **bei zentralen Stellen (Kompetenzzentren) konzentriert** werden (§ 71 Abs. 1 Satz 5, § 81a AufenthG).[24] Für schnellere Verfahren wird ein **beschleunigtes Fachkräfteverfahren** geschaffen (§ 31a AufenthV).[25] Für die Inanspruchnahme des Verfahrens wird ein **neuer Gebührentatbestand** in § 47 Abs. 1 Nr. 15 AufenthV geschaffen; die Gebühr für die Durchführung des beschleunigten Fachkräfteverfahrens nach § 81a AufenthG beträgt 411 Euro.[26]

---

[22] Auszug aus Abschn. II Nr. 2 der Fachkräftestrategie der Bundesregierung v. 20.12.2018, BT-Drucks. 19/6889, S. 5.
[23] Auszug aus Abschn. II Nr. 3.5 der Fachkräftestrategie der Bundesregierung v. 20.12.2018, BT-Drucks. 19/6889, S. 7.
[24] Dazu *Klaus/Mävers/Offer*, „So geht Einwanderungsland": Zentralisierung, Automatisierung, Konsolidierung und Harmonisierung, ZRP 2018, 197.
[25] Vgl. BT-Drucks. 19/8285 v. 13.3.2019, S. 2.
[26] Dazu *Hammer/Klaus*, Fachkräfteeinwanderungsgesetz (FEG): Signal mit Fragezeichen oder echter Quantensprung?, ZAR 2019, 138, für jedes Individualverfahren 411 Euro.

3. Wesentliche Neuerungen durch das Fachkräfteeinwanderungsgesetz

3.2 Neuer Fachkräftebegriff

Von zentraler Bedeutung im Fachkräfteeinwanderungsgesetz ist die Deckung des wirtschaftlichen Bedarfs an qualifizierten Fachkräften durch Drittstaatsangehörige. Diese werden zentral und erstmals einheitlich definiert als

- Fachkräfte mit Berufsausbildung (§ 18a AufenthG) und
- Fachkräfte mit akademischer Ausbildung (§ 18b Abs. 1 AufenthG).

Normiert wird ein **einheitlicher Fachkräftebegriff** in Bezug auf **Hochschulabsolventen** und Beschäftigte mit **qualifizierter Berufsausbildung** (§ 2 Abs. 12a AufenthG, zum Begriff).

Diesen Fachkräften kann nach §§ 18a und 18b AufenthG eine Aufenthaltserlaubnis für eine **qualifizierte Beschäftigung** (§ 2 Abs. 12b AufenthG, zum Begriff) erteilt werden, wenn sie

1. eine inländische **qualifizierte Berufsausbildung** (§ 2 Abs. 12a AufenthG, zum Begriff) oder gemäß § 18 Abs. 2 Nr. 4 AufenthG eine mit einer inländischen qualifizierten Berufsausbildung gleichwertige ausländische Berufsqualifikation besitzen (Fachkräfte mit Berufsausbildung nach § 18a AufenthG) oder

2. einen deutschen **Hochschulabschluss** oder gemäß § 18 Abs. 2 Nr. 4 AufenthG einen anerkannten ausländischen oder einen einem inländischen Hochschulabschluss vergleichbaren ausländischen Hochschulabschluss haben (Fachkräfte mit akademischer Ausbildung nach § 18b Abs. 1 AufenthG).

3.3 Wegfall der Vorrangprüfung

Nach § 39 Abs. 2 Satz 2 AufenthG wird bei qualifizierten Fachkräften eine Vorrangprüfung der BA nicht durchgeführt, es sei denn, in der Beschäftigungsverordnung ist etwas anderes bestimmt.

Der Wegfall der Vorrangprüfung gemäß § 39 Abs. 2 Satz 2 AufenthG betrifft ausländische Fachkräfte, bei denen zumindest die Voraussetzungen des § 18 Abs. 2 Nr. 1 und 4 AufenthG (z. B. anerkannte Qualifikation und Arbeitsvertrag) vorliegen. Angesichts der noch guten Arbeitsmarktlage wird die Vorrangprüfung für eine qualifizierte Beschäftigung (§ 2 Abs. 12b AufenthG, zum Begriff) aufgehoben, sie gilt jedoch weiter für den Zugang zur Berufsausbildung. Damit muss – im Gegensatz zu den in § 39 Abs. 3 Nr. 3

I. Fachkräfteeinwanderungsgesetz

AufenthG genannten Fällen – nicht mehr vor jeder Einstellung einer Fachkraft aus einem Drittstaat festgestellt werden, ob Deutsche, Unionsbürger oder diesen gleichgestellte ausländische Bewerber zur Verfügung stehen.

Der **Vorrangprüfung** durch die BA unterfällt jedoch die Beschäftigung eines Ausländers unabhängig von seiner Qualifikation als Fachkraft nach § 39 Abs. 3 Nr. 3 AufenthG, soweit diese Prüfung durch die Beschäftigungsverordnung oder durch Gesetz vorgesehen ist. Gleiches gilt nach § 39 Abs. 6 AufenthG in Bezug auf die Erteilung einer Arbeitserlaubnis zum Zweck der Saisonbeschäftigung.

Hinweis:
Bei Ausländern mit Duldung oder Aufenthaltsgestattung ist – mit Ausnahme der in § 32 Abs. 2 BeschV genannten Fälle – zwar eine Zustimmung zur Ausübung einer Beschäftigung der BA erforderlich, nach § 32 Abs. 3 BeschV n. F. wird sie jedoch ohne Vorrangprüfung erteilt.

3.4 Wegfall der Begrenzung auf Mangelberufe bei qualifizierter Berufsausbildung

Wenn ein Arbeitsvertrag und eine anerkannte Qualifikation vorliegen, können Fachkräfte in allen Berufen, zu denen sie ihre Qualifikation befähigt, arbeiten. Die bisherige Beschränkung auf die Engpassbetrachtung in Bezug auf Mangelberufe entfällt.

3.5 Möglichkeit für Fachkräfte zur Arbeitsplatzsuche

Die Möglichkeiten des Aufenthalts zur Arbeitsplatzsuche für Fachkräfte werden in einer Norm zusammengefasst (§ 20 AufenthG). Für **Fachkräfte mit qualifizierter Berufsausbildung** i. S. v. § 2 Abs. 12a AufenthG wird entsprechend der bestehenden Regelung für Hochschulabsolventen (vgl. § 18c AufenthG a. F.) die Möglichkeit eingeräumt, für **bis zu sechs Monate zur Arbeitsplatzsuche** nach Deutschland zu kommen (Voraussetzung: deutsche Sprachkenntnisse und Lebensunterhaltssicherung nach § 20 Abs. 1 Satz 1 und Abs. 4 Satz 1 AufenthG).

Die Regelungen zur Ausbildungs- und zur Arbeitsplatzsuche für Fachkräfte mit Berufsausbildung nach § 20 Abs. 1 AufenthG werden mit Ablauf des 1.3.2025 außer Kraft treten, wobei zuvor getroffene

3. Wesentliche Neuerungen durch das Fachkräfteeinwanderungsgesetz

Maßnahmen wirksam bleiben (Art. 54 Abs. 2 Fachkräfteeinwanderungsgesetz, zum Außerkrafttreten).

Die Erteilung eines nationalen Visums zum Zweck der Suche eines **Ausbildungs- oder Studienplatzes** nach § 17 AufenthG oder **der Arbeitsplatzsuche** nach § 20 Abs. 1 bis 3 AufenthG wie auch zur **Ausbildung oder Beschäftigung** selbst setzt voraus, dass der Ausländer gemäß § 82 Abs. 1 AufenthG nachweist, dass er während seines Aufenthalts seinen Lebensunterhalt und ggf. den seiner mitreisenden Familienangehörigen sichern kann (§ 20 Abs. 4 Satz 1 bzw. § 5 Abs. 1 Nr. 1 AufenthG).

3.6 Möglichkeiten zum Aufenthalt für Qualifizierungsmaßnahmen mit dem Ziel der Anerkennung von beruflichen Qualifikationen

Das Fachkräfteeinwanderungsgesetz stellt darauf ab, dass vor der Einreise der ausländische Ausbildungs- und Berufsabschluss des Ausländers im sogenannten **Anerkennungsverfahren** auf seine **Gleichwertigkeit** geprüft und diese ggf. festgestellt wird (vgl. § 18 Abs. 2 Nr. 4 AufenthG).

Bei Vorliegen eines als gleichwertig anerkannten ausländischen Abschlusses werden **verbesserte Möglichkeiten zum Aufenthalt für Qualifizierungsmaßnahmen im Inland mit dem Ziel der Anerkennung von beruflichen Qualifikationen** in Kombination mit Verfahrensvereinfachungen durch eine Bündelung der Zuständigkeiten bei zentralen Ausländerbehörden und beschleunigte Verfahren für Fachkräfte geschaffen (§ 81a AufenthG; § 14a BQFG).

Der Aufenthalt zu ergänzenden Qualifizierungsmaßnahmen für Drittstaatsangehörige mit im Ausland abgeschlossener Berufsausbildung im Rahmen der Anerkennung ausländischer Berufsqualifikationen wird erweitert und attraktiver gestaltet und unter Einbindung der **Bundesagentur für Arbeit** (BA) eine begrenzte Möglichkeit geschaffen, unter bestimmten Voraussetzungen die **Anerkennung erst in Deutschland** durchzuführen.

Eine **Ausnahme** gibt es nur für **IT-Spezialisten** mit mindestens fünf Jahren Berufserfahrung sowie im Rahmen von Vermittlungsabsprachen der Bundesagentur für Arbeit, die den Kenntnisstand der Bewerber überprüft und bestimmt, welche Qualifizierungsmaßnahmen diese für die Anerkennung ihrer Qualifikation noch benötigen.

4. Rechtsänderungen/Neuregelungen

4.1 Rechtsänderungen

Um die Gesetzesziele zu verwirklichen, werden insbesondere die **Vorschriften des dritten Abschnitts** – Aufenthalt zum Zweck der Ausbildung – **und vierten Abschnitts** – Aufenthalt zum Zweck der Erwerbstätigkeit – **des Aufenthaltsgesetzes gänzlich neu strukturiert** und umfassend neu gefasst. Zudem wird die **Beschäftigungsverordnung** entsprechend **angepasst**.

§ 18 AufenthG enthält als **Grundsatznorm** in Absatz 2 auch allgemeine **Erteilungsvoraussetzungen**, die grundsätzlich für alle Aufenthalte zum Zweck der Beschäftigung gelten, und hält in Absatz 2 Nr. 2 am Prinzip der Zustimmungspflicht der BA fest. Erstmals wird in § 18 Abs. 3 AufenthG ein **einheitlicher Fachkräftebegriff** eingeführt und in § 18 Abs. 4 AufenthG die **Geltungsdauer der Aufenthaltstitel für Fachkräfte** auf vier Jahre festgelegt. Falls das Arbeitsverhältnis kürzer ist oder die Zustimmung der BA auf einen kürzeren Zeitraum befristet ist, wird der Aufenthaltstitel für Fachkräfte entsprechend befristet.

Die **Regelungen zur Berufsausbildung** werden **in einer Norm** (§ 16a AufenthG) zusammengefasst. Die bisher in verschiedenen Regelungen enthaltenen Möglichkeiten der **Suche eines Studien- und Ausbildungsplatzes bzw. eines Arbeitsplatzes** werden jeweils in einer Norm (§ 17 AufenthG, zur Suche eines Ausbildungs- oder Studienplatzes; § 20 AufenthG, zur Suche eines Arbeitsplatzes für Fachkräfte) zusammengefasst.

Der **Nachweis der Lebensunterhaltssicherung** wird für die Erteilung von Aufenthaltstiteln nach den §§ 16a bis 16f AufenthG sowie § 17 AufenthG pauschaliert (§ 2 Abs. 3 Sätze 5 und 6 AufenthG).

Gleichzeitig werden die **Regelungen über die Niederlassungserlaubnis für Fachkräfte zusammengefasst** und die Voraussetzungen erleichtert (§ 18c AufenthG).

Ablehnungsgründe für Aufenthalte, die auf unionsrechtlichen Richtlinien (z. B. REST-Richtlinie, ICT-Richtlinie, Hochqualifizierten-Richtlinie) beruhen, werden weitestgehend in einer Norm (§ 19f AufenthG) zusammengeführt.

Durch die **Übertragung des Mitteilungsverfahrens zur (kurzfristigen) Mobilität auf das BAMF** nach § 75 Nr. 5a AufenthG wird das

4. Rechtsänderungen/Neuregelungen

diesbezügliche Verwaltungsverfahren insoweit entschlackt, als die Ausländerbehörde erst zuständig wird, wenn das BAMF die entsprechenden Mitteilungen nach § 16c Abs. 1, § 18e Abs. 1, § 19a Abs. 1 AufenthG geprüft, die Bescheinigungen nach § 16c Abs. 4, § 18e Abs. 5 und § 19a Abs. 4 AufenthG ausgestellt oder die Einreise und den Aufenthalt abgelehnt hat.

Zudem werden eine **Zuständigkeitskonzentration bei zentralen Ausländerbehörden für die Einreise von Fachkräften** und ein **beschleunigtes Fachkräfteverfahren** geschaffen (§ 71 Abs. 1 Satz 5 und § 81a AufenthG).

4.2 Neuregelungen – Neue Begriffsbestimmungen

Aus Gründen der Rechtsklarheit wird die **Definition der qualifizierten Berufsausbildung**, die bislang in § 6 Abs. 1 Satz 2 BeschV enthalten war und nunmehr der Auslegung von Normen im Aufenthaltsgesetz dient, in den Katalog der Begriffsbestimmungen in § 2 AufenthG einbezogen (Abs. 12a).

§ 2 Abs. 12b AufenthG enthält eine **Legaldefinition der qualifizierten Beschäftigung** im Sinne des Aufenthaltsgesetzes. Dies dient der einheitlichen Handhabung der Normen in Kapitel 2 Abschnitt 4 des Aufenthaltsgesetzes (Aufenthalt zum Zweck der Erwerbstätigkeit). In Abgrenzung zu nicht qualifizierten Beschäftigungen liegt eine qualifizierte Beschäftigung vor, wenn die Art der arbeitsvertraglich vereinbarten Tätigkeiten üblicherweise von Personen mit Fertigkeiten, Kenntnissen und Fähigkeiten ausgeübt wird, die in einer (erfolgreichen) **qualifizierten Berufsausbildung oder akademischen Ausbildung** erworben werden. Dies umfasst sowohl berufsrechtlich reglementierte als auch nicht reglementierte Berufe.[27] §§ 18a und 18b Abs. 1 AufenthG setzen bei der Erteilung einer **Aufenthaltserlaubnis für Fachkräfte** die Ausübung einer **qualifizierten Beschäftigung** i. S. v. § 2 Abs. 12b AufenthG voraus.

---

[27] Reglementierte Berufe: In Deutschland gibt es „reglementierte Berufe". In diesen Berufen dürfen Deutsche und Personen mit ausländischer Nationalität nur dann arbeiten, wenn sie eine ganz bestimmte Qualifikation besitzen. Das gilt z. B. für Ärzte und Rechtsanwälte. Es gilt auch für bestimmte Meister im Handwerk, wenn sie als selbstständige Unternehmer tätig sind. Wenn der Ausländer in einem dieser reglementierten Berufe arbeiten möchte, dann benötigt er eine Anerkennung seines Berufsabschlusses in Deutschland. Die Internetseite „Reglementierte Berufe Datenbank" enthält eine Liste mit allen Berufen, die in Deutschland reglementiert sind.

I. Fachkräfteeinwanderungsgesetz

In § 2 Abs. 12c AufenthG wird der Begriff der **Bildungseinrichtung** definiert. Er umfasst die Einrichtungen, die bei Aufenthalten nach Kapitel 2 Abschnitt 3 des Aufenthaltsgesetzes Ausbildungen (Berufsausbildung, betriebliche Weiterbildung, Studium und Studienvorbereitung, Maßnahmen zur Anerkennung ausländischer Berufsqualifikationen, Schulbesuch, Sprachkurse) anbieten. Eine **Bildungseinrichtung** i. S. d. § 2 Abs. 12c AufenthG kann damit auch ein **Betrieb** sein, in dem z. B. betriebliche Aus- und Weiterbildungen oder rein betriebliche Maßnahmen zur Anerkennung ausländischer Berufsqualifikationen durchgeführt werden.

II. Zugang zur Erwerbstätigkeit im Bundesgebiet

1. Neuregelung in § 4a AufenthG 42
1.1 Rechtsänderung 42
1.2 Einführung einer generellen Erlaubnis mit Verbotsvorbehalt 42
2. Erwerbstätigkeit mit oder ohne Aufenthaltstitel 43
2.1 Zugang von Drittstaatsangehörigen zur Erwerbstätigkeit 43
2.2 Berechtigungsinhalt des Aufenthaltstitels 45
3. Verbot und Beschränkung der Erwerbstätigkeit – Abweichungen 46
3.1 Erwerbstätigkeit mit gesetzlichem Verbots- oder Beschränkungsvorbehalt 46
3.2 Verbot der Erwerbstätigkeit 46
3.3 Beschränkung der Erwerbstätigkeit 48
3.4 Abweichung vom gesetzlichen Verbot oder von der Beschränkung der Beschäftigung 49
3.5 Erlangung einer Erlaubnis für die Ausübung einer Erwerbstätigkeit 50
4. Inhalt des Aufenthaltstitels bei Zugang zur Erwerbstätigkeit 51
5. Ausübung einer Erwerbstätigkeit ohne Aufenthaltstitel 52
6. Prüf- und Sorgfaltspflichten des Arbeitgebers 53

II. Zugang zur Erwerbstätigkeit im Bundesgebiet

1. Neuregelung in § 4a AufenthG

1.1 Rechtsänderung

Bisher waren allgemeine Regelungen zur Erwerbstätigkeit unter der Überschrift „Erfordernis eines Aufenthaltstitels" in § 4 Abs. 2 und 3 AufenthG a. F. enthalten. Diese werden aufgehoben und zur besseren Sichtbarkeit in eine eigene Norm nach § 4a AufenthG überführt, neu strukturiert und neu gefasst.[28]

1.2 Einführung einer generellen Erlaubnis mit Verbotsvorbehalt

§ 4a Abs. 1 AufenthG enthält in Satz 1 die zentrale Vorschrift des bisherigen § 4 Abs. 3 Satz 1 AufenthG a. F. in geänderter Fassung. Er stellt klar, dass ein Ausländer, wenn er einen nach § 4 Abs. 1 AufenthG erforderlichen Aufenthaltstitel besitzt, im Bundesgebiet grundsätzlich einer Erwerbstätigkeit nachgehen darf (generelle **Erlaubnis mit Verbotsvorbehalt**). Damit geht gleichzeitig einher, dass eine Erwerbstätigkeit (§ 2 Abs. 2 AufenthG, zum Begriff) von Ausländern, die einen Aufenthaltstitel besitzen, generell gestattet ist, wenn sie nach den gesetzlichen Regelungen zu dem jeweiligen Aufenthaltstitel nicht verboten oder beschränkt ist (vgl. z. B. § 7 Abs. 1 Satz 4 AufenthG, zur Einzelerlaubnis nach § 4a Abs. 1 Satz 3 AufenthG).

Damit wird das Regel-Ausnahme-Verhältnis in der Frage, wann die Ausübung der Erwerbstätigkeit erlaubt ist, an die Veränderungen angepasst, die seit der Einführung von § 4 Abs. 2 Satz 1 AufenthG a. F. erfolgt sind. Anders als bei Einführung des § 4 Abs. 2 Satz 1 AufenthG a. F. ist mittlerweile in den allermeisten Fällen einer Aufenthaltserlaubnis die Erwerbstätigkeit kraft Gesetzes gestattet. Nur in wenigen Fällen sieht ein Gesetz (im materiellen Sinne – i. d. R. das AufenthG) für Inhaber eines Aufenthaltstitels noch ein Verbot der Erwerbstätigkeit (ggf. mit Erlaubnisvorbehalt) vor.

---

[28] Vgl. *Hammer/Klaus*, Fachkräfteeinwanderungsgesetz (FEG): Signal mit Fragezeichen oder echter Quantensprung?, ZAR 2019, 137, zum Paradigmenwechsel mit § 4a AufenthG.

2. Erwerbstätigkeit mit oder ohne Aufenthaltstitel

Da diese Verbote grundsätzlich bestehen bleiben, wurde in Kombination mit der an den Besitz eines Aufenthaltstitels gekoppelten generellen Beschäftigungserlaubnis, insbesondere in den Fällen der Nicht-Erwerbsmigration (z. B. Aufenthalte nach Kapitel 2 Abschnitt 5 des Aufenthaltsgesetzes), ein Verbotsvorbehalt, der im Wege der **Einzelerlaubnis** nach § 4a Abs. 1 Satz 3 AufenthG i. V. m. der Beschäftigungsverordnung (§ 31 BeschV) überwunden werden kann, eingeführt. Ob eine Zustimmung der Arbeitsverwaltung (mit Vorrangprüfung) erforderlich ist, richtet sich grundsätzlich nach der Beschäftigungsverordnung.

Der **Erlaubnisvorbehalt** der Behörden für eine **andere über eine Beschränkung hinausgehende Erwerbstätigkeit nach § 4a Abs. 3 Satz 4 AufenthG** bezieht sich nur auf Beschränkungen der Erwerbstätigkeit, die sich aus dem Aufenthaltstitel ergeben.[29] Sie bezieht sich mithin nicht auf eine gleichartige Erwerbstätigkeit bei demselben Arbeitgeber, sondern nur auf grundlegende Änderungen der Erwerbstätigkeit, wie etwa einen Arbeitgeberwechsel oder eine Änderung der Art der Erwerbstätigkeit als solche.

2. Erwerbstätigkeit mit oder ohne Aufenthaltstitel

2.1 Zugang von Drittstaatsangehörigen zur Erwerbstätigkeit

§ 4a AufenthG regelt den Zugang von Drittstaatsangehörigen[30] zur Erwerbstätigkeit im Bundesgebiet (§ 2 Abs. 2 AufenthG, zum Begriff), auch wenn diese sich nicht zum Zweck der Erwerbsmigration nach §§ 18 bis 21 AufenthG in Deutschland aufhalten und

- einen **gültigen Aufenthaltstitel** nach § 4 Abs. 1 Satz 2 AufenthG besitzen (§ 4a Abs. 1 bis 3; vgl. § 51 AufenthG, zum Erlöschen eines Aufenthaltstitels). Die Erteilung eines Aufenthaltstitels zum Zweck der Beschäftigung nach §§ 18 bis 20 AufenthG kann sich auch nach der Beschäftigungsverordnung richten, soweit die gesetzlichen Regelungen dafür materiell-rechtlich keine abschließende Handhabe enthalten.

- **keinen Aufenthaltstitel** besitzen (§ 4a Abs. 4 AufenthG) und

---

[29] Vgl. dazu Gesetzesbegründung, BR-Drucks. 7/19, S. 95.
[30] Zum Begriff Drittstaatsangehöriger vgl. Art. 2 Nr. 6 SGK: Jede Person, die nicht Unionsbürger i. S. d. Art. 20 Abs. 1 AEUV ist und die nicht unter Nr. 5 SGK fällt.

II. Zugang zur Erwerbstätigkeit im Bundesgebiet

- eine **Saisonbeschäftigung** auf der Grundlage einer für diesen Zweck erteilten Arbeitserlaubnis ausüben (vgl. § 39 Abs. 6 AufenthG, zur Zustimmung der BA) oder
- zur Ausübung einer **anderen Erwerbstätigkeit** aufgrund
  - einer zwischenstaatlichen Vereinbarung
  - eines **Gesetzes** (z. B. nach § 16c Abs. 2 Satz 3, § 18f Abs. 2, §§ 18e, 19a, 60c und 60d[31], § 81 Abs. 4, § 84 Abs. 2 Satz 2 AufenthG; § 61 Abs. 2 AsylG)
  - einer **Rechtsverordnung** (z. B. §§ 31, 32 BeschV, zur Beschäftigung bei Duldung oder Aufenthaltsgestattung)

berechtigt ist oder diese Tätigkeit von der zuständigen Behörde erlaubt wurde. Nur unter diesen Voraussetzungen darf der Ausländer von einem Arbeitgeber beschäftigt werden (§ 4a Abs. 5 Satz 2 AufenthG); insoweit besteht eine **Prüfpflicht des Arbeitgebers** (§ 4a Abs. 5 Satz 3 Nr. 1, vgl. dazu § 98 Abs. 2a Nr. 1, § 98a Abs. 1 Satz 1, Abs. 4, 5 und 6 AufenthG).

Die kurzfristige **Saisonbeschäftigung** gemäß § 15a Abs. 1 Satz 1 Nr. 1 BeschV und die Ausübung einer anderen Erwerbstätigkeit ohne Aufenthaltstitel setzen voraus, dass der Ausländer in Abweichung von § 4 Abs. 1 Satz 1 AufenthG vom Erfordernis eines Aufenthaltstitels befreit ist (z. B. nach § 17 Abs. 2 Satz 1 AufenthV, zur Befreiung bei kurzfristiger Tätigkeit nach § 30 Nr. 2 und 3 BeschV, § 17 Abs. 2 Satz 3 AufenthV, zur kurzfristigen Saisonbeschäftigung, § 17a AufenthV, zur Dienstleistungserbringung von langfristig Aufenthaltsberechtigten) und daher in dem bestimmten zeitlichen Rahmen bei

---

[31] Zur Ausbildungsduldung und Beschäftigungsduldung vgl. Gesetz über Duldung bei Ausbildung und Beschäftigung v. 8.7.2019 (BGBl. I S. 1021), das am 1.1.2020 in Kraft tritt. Nach Art. 3 Satz 2 dieses Gesetzes tritt § 60d AufenthG – Beschäftigungsduldung – am 31.12.2023 außer Kraft. Vgl. *Koehler/Rosenstein*, Die neue Ausbildungsduldung – eine notwendige Überarbeitung, InfAuslR 2019, 266. Das Fachkräfteeinwanderungsgesetz enthält keine Regelungen für Geduldete. Neuerungen ergeben sich durch das Gesetz über Duldung bei Ausbildung und Beschäftigung. Für diejenigen, bei denen die Ausreisepflicht nicht durchgesetzt werden kann und die durch lange Beschäftigung, deutsche Sprachkenntnisse und Gesetzestreue gut integriert sind, gibt es durch dieses Gesetz Rechtssicherheit mit einem neuen verlässlichen Status. Nach 30 Monaten und bei Vorliegen der Voraussetzungen kann diese neue Beschäftigungsduldung in eine Aufenthaltserlaubnis führen. Zudem wird die bereits bestehende Ausbildungsduldung auf staatlich anerkannte oder vergleichbar geregelte Helferberufe ausgeweitet.

2. Erwerbstätigkeit mit oder ohne Aufenthaltstitel

erlaubnisfreiem Aufenthalt keine Ausreisepflicht nach § 50 Abs. 1 AufenthG besteht.

Vor der Ersterteilung eines nationalen Aufenthaltstitels, der gemäß §§ 39, 41 AufenthV nach der Einreise in das Bundesgebiet eingeholt werden kann, darf – soweit kein von der Aufenthaltstitelpflicht befreiter Aufenthalt zu Erwerbszwecken vorgelagert ist (z. B. nach § 18e Abs. 1, § 19a Abs. 1 AufenthG; § 17 Abs. 2 AufenthV) – keine Erwerbstätigkeit im ausländerrechtlichen Sinne aufgenommen werden. In Verlängerungsfällen darf eine bisher auf der Grundlage eines Aufenthaltstitels erlaubte Erwerbstätigkeit nach Maßgabe der § 81 Abs. 4 und § 84 Abs. 2 Satz 2 AufenthG ausgeübt werden.

2.2 Berechtigungsinhalt des Aufenthaltstitels

Nach § 4a Abs. 1 Satz 1 AufenthG enthält jeder gültige Aufenthaltstitel, den der Ausländer besitzt, die **Berechtigung zur Ausübung einer Erwerbstätigkeit** i. S. v. § 2 Abs. 2 AufenthG (Automatik), es sei denn, dass ein **gesetzliches Verbot** entgegensteht (Erlaubnis mit Verbotsvorbehalt).

Nach § 4a Abs. 1 Satz 2 AufenthG kann die **Erwerbstätigkeit gesetzlich (sachlich und zeitlich) beschränkt** werden.

Mit Inkrafttreten des Fachkräfteeinwanderungsgesetzes ist nach § 4a Abs. 1 Satz 1 AufenthG zwar der bislang auf den Einzelfall bezogene Erlaubnisvorbehalt nach § 4 Abs. 2 AufenthG a. F. in Bezug auf die Ausübung einer Erwerbstätigkeit grundsätzlich weggefallen. Dennoch gehört nach wie vor zum **Berechtigungsinhalt eines Aufenthaltstitels**

- das **Aufenthaltsrecht** nach § 4 Abs. 1 AufenthG (Hauptbestimmung) und

- das sich daran anknüpfende **Recht auf Ausübung einer Erwerbstätigkeit** nach § 4a Abs. 1 Satz 1 AufenthG (Nebenbestimmung), worauf auch (der nicht geänderte) § 84 Abs. 1 Satz 1 Nr. 3 AufenthG hindeutet.

Durch die **aufenthaltszweckneutrale Öffnungsklausel** des § 4a Abs. 1 Satz 1 AufenthG, die zur Ausübung einer Erwerbstätigkeit den Besitz eines der in § 4 Abs. 1 Satz 2 AufenthG genannten Aufenthaltstitel voraussetzt, erübrigen sich die Regelungen in den einzelnen Erteilungstatbeständen, dass der entsprechende Aufenthaltstitel zur Ausübung einer Erwerbstätigkeit berechtigt. Diesbe-

II. Zugang zur Erwerbstätigkeit im Bundesgebiet

züglich sind die entsprechenden Passagen in betreffenden Normen (§ 22 Satz 3, § 23 Abs. 2 Satz 5, § 25 Abs. 1 Satz 4, § 25a Abs. 4, § 25b Abs. 5 Satz 2, § 27 Abs. 5, § 37 Abs. 1 Satz 2, § 38 Abs. 4 Satz 1 AufenthG) aufgehoben worden.

Ergänzend zu der **Umkehrung des Regel-Ausnahme-Verhältnisses** in § 4a Abs. 1 AufenthG ist als Folgeänderung in den Tatbeständen des Aufenthaltsgesetzes, in denen die Erwerbstätigkeit verboten ist, eine explizite diesbezügliche Regelung aufgenommen worden.

3. Verbot und Beschränkung der Erwerbstätigkeit – Abweichungen

3.1 Erwerbstätigkeit mit gesetzlichem Verbots- oder Beschränkungsvorbehalt

§ 4a Abs. 1 Satz 1 AufenthG verknüpft mit dem Besitz eines Aufenthaltstitels die generelle Erlaubnis zur Ausübung einer Erwerbstätigkeit mit gesetzlichem Verbots- oder Beschränkungsvorbehalt. Beim Zugang zur Erwerbstätigkeit darf daher ein gesetzliches Verbot oder eine Beschränkung der bestimmten Erwerbstätigkeit nicht bestehen oder muss im Wege einer gesetzlich fundierten (Einzel-)Erlaubnis (vgl. z. B. § 7 Abs. 1 Satz 4 AufenthG) überwunden werden können (§ 4a Abs. 1 Satz 3 und Abs. 2 AufenthG).

So kann auch in Fällen eines gesetzlichen Verbots oder einer gesetzlichen Beschränkung die Erwerbstätigkeit im Einzelfall durch die Ausländerbehörde im Wege einer Einzelerlaubnis ermöglicht werden (z. B. nach § 25 Abs. 4, 4a und 4b jeweils letzter Satz AufenthG). Wird dies von der Ausländerbehörde bei ihrer Entscheidung im Kontakt mit dem Ausländer vorgreiflich geprüft, lassen sich Rechtsstreitigkeiten vermeiden.

3.2 Verbot der Erwerbstätigkeit

Im Aufenthaltsgesetz i. d. F. des Fachkräfteeinwanderungsgesetzes, das nach Art. 54 Abs. 1 Satz 1 in wesentlichen Teilen am 1.3.2020 in Kraft tritt, sind gesetzliche Verbote hinsichtlich der Ausübung einer Erwerbstätigkeit i. S. v. § 2 Abs. 2 AufenthG normiert worden. Die Verbotsnorm umfasst jedoch nicht Tätigkeiten, die nicht als Erwerbstätigkeit i. S. v. § 2 Abs. 2 AufenthG einzustufen sind (vgl. dazu § 30 BeschV; § 17 Abs. 2, § 17a AufenthV).

3. Verbot und Beschränkung der Erwerbstätigkeit – Abweichungen

Der Eintritt dieses unmittelbar aus dem Gesetz resultierenden „gesetzlichen Verbots" der Erwerbstätigkeit hat nicht die Gestalt eines mit Widerspruch und Klage auf dem Verwaltungsrechtswege nach § 40 VwGO anfechtbaren Verwaltungsakts i. S. v. § 35 Satz 1 (L) VwVfG etwa in der Form einer **Auflage** nach § 12 Abs. 2 Satz 2 AufenthG. Zur Umsetzung des Verbots reicht ein entsprechender Hinweis auf die Gesetzeslage aus.

In diesen Fällen des gesetzlichen Verbotes kann eine Erwerbstätigkeit nicht erlaubt werden, es sei denn, aufgrund einer ebenfalls gesetzlichen Regelung darf von dem Verbotstatbestand abgewichen werden, was einer Erlaubnis im Einzelfall (= Einzelfallerlaubnis) bedarf – **Verbot mit Erlaubnisvorbehalt** (§ 4a Abs. 1 Satz 3 AufenthG).

Nach § 4a Abs. 1 AufenthG kann im Einzelfall eine Erwerbstätigkeit oder nach § 4a Abs. 2 AufenthG eine Beschäftigung (z. B. im Ermessenswege) erlaubt werden, auch wenn ein generelles gesetzliches Verbot eingreift. Für diese Abweichung in der Form einer Einzelerlaubnis bedarf es einer **gesetzlichen Ermächtigung** für die Abweichung vom Verbotstatbestand und grundsätzlich der **Zustimmung der BA**.

Eine über das **gesetzliche Verbot der Erwerbstätigkeit hinausgehende Erwerbstätigkeit** bedarf der (Einzel-)Erlaubnis (§ 4a Abs. 1 Satz 3 AufenthG), für die es ebenfalls einer gesetzlichen Regelung bedarf – **Erlaubnisvorbehalt** (§ 4a Abs. 1 Satz 3 AufenthG); handelt es sich in diesen Fällen um eine Beschäftigung, findet § 4a Abs. 2 AufenthG speziell Anwendung.

Sofern die Ausübung einer **Beschäftigung gesetzlich verboten** ist (Fälle außerhalb der Erwerbsmigration wie z. B. nach § 7 Abs. 1 Satz 4, § 23 Abs. 1 Satz 4, § 23a Abs. 1 Satz 5, § 24 Abs. 6 Satz 2, § 25 Abs. 4 Satz 3, Abs. 4a Satz 4 und Abs. 4b Satz 4 AufenthG), bedarf die über dieses Verbot hinausgehende Beschäftigung nach § 4a Abs. 2 Satz 1 AufenthG einer speziellen (Beschäftigungs-)Erlaubnis, die dem Vorbehalt der Zustimmung durch die BA nach § 39 AufenthG (i. V. m. der Beschäftigungsverordnung) unterliegen und beschränkt erteilt werden kann.

Die Regelungen in § 24 Abs. 6, § 25 Abs. 4a Satz 4 und § 25 Abs. 4b Satz 4 AufenthG ermöglichen die Erteilung einer **Aufenthaltserlaubnis zum vorübergehenden Aufenthalt**. Da mit der Ausübung einer Erwerbstätigkeit mitunter eine faktische Aufenthaltsverfestigung einhergeht, soll mit den jeweiligen Regelungen den Ausländer-

II. Zugang zur Erwerbstätigkeit im Bundesgebiet

behörden die Möglichkeit gegeben werden, unter Berücksichtigung der besonderen Gegebenheiten des Einzelfalles die Erwerbstätigkeit zu erlauben.[32]

Bei der Erteilung eines **Schengen-Visums**[33] nach § 6 Abs. 1 Nr. 1 AufenthG, dessen Geltungsdauer bis zu 90 Tage je Zeitraum von 180 Tagen betragen darf, bleibt es nach § 6 Abs. 2a AufenthG bei dem Grundsatz des **Verbots einer Erwerbstätigkeit**, es sei denn, es wurde von der zuständigen Auslandsvertretung zum Zweck der Erwerbstätigkeit erteilt (vgl. dazu § 17 Abs. 1 AufenthV, zum Nichtbestehen der Befreiung vom Erfordernis eines Aufenthaltstitels bei Erwerbstätigkeit während eines Kurzaufenthalts).

Bei einer vom gesetzlichen Verbot abweichenden **Erlaubnis** handelt es sich – im Gegensatz zum gesetzlichen Verbot – um einen **begünstigenden Verwaltungsakt** i. S. v. § 35 Satz 1 (L)VwVfG, gegen dessen Änderung oder Aufhebung Widerspruch und Klage keine aufschiebende Wirkung haben (§ 84 Abs. 1 Satz 1 Nr. 3 AufenthG).

3.3 Beschränkung der Erwerbstätigkeit

Die Ausübung einer Erwerbstätigkeit kann daher nach § 4a Abs. 1 Satz 2 AufenthG von Gesetzes wegen und – soweit es sich um eine Beschäftigung handelt – im Einzelfall nach § 4a Abs. 2 Satz 1 AufenthG gemäß der Zustimmung der BA nach § 39 AufenthG (sachlich und zeitlich) beschränkt werden (§§ 34 und 35 BeschV, zur Beschränkung und Reichweite der Zustimmung). Dies muss der Aufenthaltstitel erkennen lassen (§ 4a Abs. 3 Satz 1 und 2 AufenthG).

Eine über die **gesetzliche Beschränkung der Erwerbstätigkeit hinausgehende Erwerbstätigkeit** bedarf der (Einzel-)Erlaubnis (§ 4a Abs. 1 Satz 3 AufenthG), für die es ebenfalls einer gesetzlichen Regelung bedarf – **Erlaubnisvorbehalt** (§ 4a Abs. 1 Satz 3 AufenthG); handelt es sich in diesen Fällen um eine Beschäftigung, findet § 4a Abs. 2 AufenthG speziell Anwendung.

Sofern die Ausübung einer **Beschäftigung gesetzlich beschränkt** ist (vgl. z. B. § 20 Abs. 1 Satz 4 AufenthG, zur Probebeschäftigung wäh-

---

[32] Vgl. BT-Drucks. 19/8285 v. 13.3.2019, S. 173.
[33] Die Vergabe der Schengen-Visa wird an die Zusammenarbeit des jeweiligen Drittstaats bei der Rücknahme abgelehnter Asylbewerber geknüpft. Ausländer aus nicht kooperativen Drittstaaten können daher bald länger auf die Erteilung des Schengen-Visums oder mit höheren Gebühren rechnen müssen (vgl. Südwest Presse v. 7.6.2019).

3. Verbot und Beschränkung der Erwerbstätigkeit – Abweichungen

rend der Arbeitsplatzsuche), bedarf die über diese Beschränkung hinausgehende Beschäftigung nach § 4a Abs. 2 Satz 1 AufenthG einer speziellen (Beschäftigungs-)Erlaubnis, die dem Vorbehalt der Zustimmung durch die BA nach § 39 AufenthG (i. V. m. der Beschäftigungsverordnung) unterliegen und beschränkt erteilt werden kann.

So berechtigt die Aufenthaltserlaubnis in den **Fällen der Arbeitsplatzsuche** für Fachkräfte mit Berufsausbildung oder mit akademischer Ausbildung nach § 20 Abs. 1 Satz 4 und Abs. 2 AufenthG nur zur **Ausübung einer Probebeschäftigung** bis zu zehn Stunden pro Woche, zu deren Ausübung die erworbene Qualifikation die Fachkraft befähigt. Diese Einschränkung gilt jedoch nicht für die Aufenthaltserlaubnis zur Arbeitsplatzsuche der in § 20 Abs. 3 Nr. 1 bis 4 AufenthG genannten Fachkräfte. Begünstigt sind wie bisher z. B. Ausländer nach erfolgreichem **Abschluss eines Hochschulstudiums** im Bundesgebiet oder Ausländer nach erfolgreichem **Abschluss einer qualifizierten Berufsausbildung.**

Türkische Staatsangehörige können auch nach Art. 7 Satz 2 ARB 1/80, der Anwendungsvorrang hat (vgl. Art. 288 AEUV), begünstigt sein. Die mit dem erfolgreichen Abschluss einer Berufsausbildung verbundene aufenthaltsrechtliche Begünstigung des türkischen Kindes bewirkt nach Art. 7 Satz 2 ARB 1/80 ein Bewerbungsrecht, das die Gewährung eines Aufenthaltsrechts nach § 4 Abs. 5 Satz 1 AufenthG erfordert.

Bei der **„gesetzlichen" Beschränkung** der Erwerbstätigkeit handelt es sich nicht um eine **Auflage** nach § 12 Abs. 2 Satz 2 AufenthG; sie kann daher im Gegensatz zur Versagung einer gesetzlich vorgesehenen Beschäftigungserlaubnis nicht auf dem Verwaltungsrechtswege nach § 40 VwGO mit Widerspruch und Klage angefochten werden.

Bei dieser **Erlaubnis** handelt es sich um einen **begünstigenden Verwaltungsakt** i. S. v. § 35 Satz 1 (L)VwVfG, gegen dessen Änderung oder Aufhebung Widerspruch und Klage keine aufschiebende Wirkung haben (§ 84 Abs. 1 Satz 1 Nr. 3 AufenthG).

3.4 Abweichung vom gesetzlichen Verbot oder von der Beschränkung der Beschäftigung

§ 4a Abs. 2 AufenthG verdeutlicht, dass auch bei einer grundsätzlichen Erlaubnis der Erwerbstätigkeit nach § 4a Abs. 1 Satz 3 AufenthG an die **Ausübung einer konkreten Beschäftigung** weitere **Voraussetzungen** geknüpft sein können. Zum einen kann die Aus-

II. Zugang zur Erwerbstätigkeit im Bundesgebiet

übung einer Beschäftigung einem gesetzlichen Verbot oder gesetzlichen Beschränkungen unterliegen, z. B. hinsichtlich ihres Umfangs oder ihrer Dauer.

Die Erlaubnis kann nach § 4a Abs. 1 Satz 1 AufenthG daher auch dann erforderlich werden, wenn die Ausübung einer Beschäftigung in der Sache zwar erlaubt wäre, das Verbot oder die **Beschränkung** jedoch **in quantitativer Hinsicht** eingreift (z. B. die Stundenzahl wird überschritten).

Außerdem kann die Erteilung der Beschäftigungserlaubnis dem Vorbehalt der **Zustimmung durch die BA** unterliegen – die Beschäftigung darf nur dann erlaubt werden, wenn sie ihre Zustimmung nach § 39 AufenthG zur Erteilung des Aufenthaltstitels erteilt hat (§ 4a Abs. 1 Satz 1 Halbsatz 1 AufenthG). Diese Zustimmung kann mit Beschränkungen in Bezug auf die Ausübung der Beschäftigung verbunden werden (§ 4a Abs. 1 Satz 1 Halbsatz 1 AufenthG; § 34 BeschV), die in den Aufenthaltstitel zu übernehmen sind (§ 4a Abs. 3 Satz 2 AufenthG).

In Fällen, in denen die **Erlaubnis nicht der Zustimmung der BA** bedarf – was im Aufenthaltsgesetz oder der Beschäftigungsverordnung geregelt ist (z. B. nach § 31 BeschV) –, kann die Erlaubnis dennoch versagt werden, wenn ein Sachverhalt vorliegt, bei dem auch die BA zur Versagung der Zustimmung berechtigt wäre (§ 4a Abs. 1 Satz 3 i. V. m. § 40 Abs. 2 oder 3 AufenthG). Diese Regelung macht deutlich, dass sie für alle Fälle der Erteilung einer Erlaubnis zur Beschäftigung durch die Ausländerbehörden oder Auslandsvertretungen gilt.

3.5 Erlangung einer Erlaubnis für die Ausübung einer Erwerbstätigkeit

Die Erlangung einer über das gesetzliche Verbot oder die gesetzliche Beschränkung hinausgehenden Erlaubnis für die Ausübung einer Erwerbstätigkeit nach § 4a Abs. 1 Satz 3 und Abs. 2 AufenthG setzt eine Entscheidung der zuständigen Behörde (mit Widerspruch und Klage angreifbarer Verwaltungsakt) voraus.

Bei dieser Erlaubnis handelt es sich um eine begünstigende selbstständige Nebenbestimmung (vgl. § 84 Abs. 1 Satz 1 Nr. 3 AufenthG) als rechtlicher Bestandteil des Aufenthaltstitels, der nicht die Merkmale einer Auflage nach § 36 Abs. 2 Nr. 4 (L)VwVfG erfüllt.

Der mit einem strikten gesetzlichen Verbot der Erwerbstätigkeit verbundene Hinweis „**Erwerbstätigkeit nicht gestattet**" ist im verwaltungsgerichtlichen Verfahren grundsätzlich nicht anfechtbar, da es sich nicht um einen Verwaltungsakt, sondern um einen Hinweis auf die Gesetzeslage handelt.

Hingegen kann im Wege der **Verpflichtungsklage** eine Einzelerlaubnis für die Ausübung einer Erwerbstätigkeit nach § 4a Abs. 1 Satz 3 AufenthG erstritten werden. **Vorläufiger Rechtsschutz** gegenüber der Versagung einer Erlaubnis kann nach dem Regelungssystem des Aufenthaltsgesetzes nur über § 123 VwGO erlangt werden.

4. Inhalt des Aufenthaltstitels bei Zugang zur Erwerbstätigkeit

§ 4a Abs. 3 Satz 1 AufenthG regelt im Interesse einer geordneten und auch für den Ausländer transparenten Erwerbsmigration, dass jeder Aufenthaltstitel, der das Aufenthaltsrecht nach § 4 Abs. 1 AufenthG konkretisiert, auch erkennen lassen muss, ob und ggf. unter welchen Beschränkungen die Ausübung einer bestimmten Erwerbstätigkeit i. S. v. § 2 Abs. 2 AufenthG erlaubt ist. Dies geschieht durch einen einzelfallbezogenen Eintrag in den Aufenthaltstitel. In Fällen, in denen die Ausübung einer Erwerbstätigkeit einem **gesetzlichen Verbot** nach § 4a Abs. 1 Satz 1 AufenthG unterliegt, ist dies im Aufenthaltstitel ausdrücklich zu erwähnen (Hinweis auf die Gesetzeslage).

Nach § 4a Abs. 3 Satz 2 AufenthG sind die im Rahmen der Zustimmung der BA nach § 39 AufenthG auferlegten **Beschränkungen der Arbeitsverwaltung für die Ausübung der Beschäftigung** in den Aufenthaltstitel zu übernehmen.

Eine **Änderung einer Beschränkung** im Aufenthaltstitel bedarf einer Erlaubnis der Ausländerbehörde (§ 4a Abs. 3 Satz 3 AufenthG), die bei zustimmungspflichtigen Beschäftigungen das Einvernehmen der BA erfordern. In § 18b Abs. 2 Satz 4 AufenthG erfolgt ein abgrenzender Verweis auf § 4a Abs. 3 Satz 3 AufenthG, wonach jeder, jedoch nicht der Inhaber einer Blauen Karte EU nach Ablauf von zwei Jahren der Beschäftigung, einer behördlichen Erlaubnis bedarf. Die Blaue Karte EU wird in den ersten zwei Jahren der Beschäftigung erteilt (Anspruch), wenn die Voraussetzungen dafür vorliegen. Ein Arbeitgeberwechsel ist insoweit unschädlich.

II. Zugang zur Erwerbstätigkeit im Bundesgebiet

Eine Beschäftigung, die nicht durch den Aufenthaltstitel gedeckt ist (z. B. bei einem anderen Arbeitgeber), ist verboten und darf nur nach Erteilung einer dafür erforderlichen Erlaubnis ausgeübt werden (§ 4a Abs. 3 Satz 4 AufenthG), ansonsten kann der Straftatbestand des § 95 Abs. 3 Nr. 2 AufenthG erfüllt werden.

Ein **Arbeitgeberwechsel** ist jedoch nach § 4a Abs. 3 Satz 5 AufenthG erlaubnisfrei, wenn sich der Arbeitgeber aufgrund eines Betriebsübergangs nach § 613a BGB ändert oder sein Unternehmen aufgrund eines Formwechsels eine andere Rechtsform erhält, da sich in diesen Fällen in der Sache am Arbeitsverhältnis des Ausländers nichts ändert.

Hinweis:
Diese Regelung kann auch in den Fällen des Art. 6 Abs. 1 erster Spiegelstrich ARB 1/80 in Bezug auf die Auslegung des Merkmals der ordnungsgemäßen Beschäftigung beim gleichen Arbeitgeber richtungsweisend sein.

5. Ausübung einer Erwerbstätigkeit ohne Aufenthaltstitel

Ausländer ohne erforderlichen Aufenthaltstitel, die sich abweichend von § 4 Abs. 1 AufenthG erlaubnisfrei im Bundesgebiet aufhalten dürfen, unterliegen hinsichtlich der Ausübung einer Erwerbstätigkeit i. S. v. § 2 Abs. 2 AufenthG einem **Verbot mit Erlaubnisvorbehalt** (vgl. dazu § 17 Abs. 2 und § 17a AufenthV, zur Erlaubnisfreiheit von bestimmten Tätigkeiten).

Demgemäß kann sich nach § 4a Abs. 4 AufenthG eine Berechtigung zur Erwerbstätigkeit auch aus einer behördlichen Erlaubnis (z. B. Beschäftigungserlaubnis, Arbeitserlaubnis bei Saisonbeschäftigung nach § 15a Abs. 1 Satz Nr. 1 BeschV) ergeben. Soweit bereits nach geltender Rechtslage auch ohne Besitz eines Aufenthaltstitels die Erwerbstätigkeit durch die Ausländerbehörde erlaubt werden kann (z. B. Duldung nach § 32 BeschV, Aufenthaltsgestattung nach § 61 Abs. 2 AsylG i. V. m. § 32 BeschV), gilt dies auch nach der Rechtsänderung.

6. Prüf- und Sorgfaltspflichten des Arbeitgebers

An den bisher dem Arbeitgeber auferlegten Prüf- und Sorgfaltspflichten, unter welchen Voraussetzungen ein Ausländer beschäftigt oder mit anderen entgeltlichen Dienst- oder Werkleistungen beauftragt werden darf, hat sich nach § 4a Abs. 5 AufenthG nichts geändert. Die nach § 4a Abs. 5 AufenthG, eine Regelung mit Kontrollfunktion, übernommenen Regelungen des bisherigen § 4 Abs. 3 Satz 2 bis 5 AufenthG a. F. sind sprachlich an die neue Systematik (**generelle Erlaubnis mit Verbotsvorbehalt**) angepasst worden.

Die Beschäftigungsstelle (Arbeitgeber) hat eine Kopie

- des Aufenthaltstitels,
- der Arbeitserlaubnis zum Zweck der Saisonbeschäftigung nach § 15a Abs. 1 Satz 1 Nr. 1 BeschV,
- der Bescheinigung über die Aufenthaltsgestattung nach § 63 AsylG (auch Ankunftsnachweis nach § 63a AsylG) oder
- über die Aussetzung der Abschiebung (Duldung)

samt entsprechender Beschäftigungserlaubnis in elektronischer Form oder Papierform zu Kontrollzwecken (vgl. § 90 AufenthG; §§ 2 und 5 Schwarzarbeitsbekämpfungsgesetz) aufzubewahren.

In § 4a Abs. 5 Satz 3 Nr. 3 AufenthG wird neu geregelt, dass Arbeitgeber verpflichtet sind, der zuständigen Ausländerbehörde innerhalb von zwei Wochen ab Kenntniserlangung mitzuteilen, zu welchem Zeitpunkt die **Beschäftigung**, für die der Aufenthaltstitel erteilt wurde, **vorzeitig beendet** wird. Für eine kurze Mitteilungsfrist spricht das Interesse der Ausländerbehörden, möglichst schnell vom Wegfall des Beschäftigungsverhältnisses und damit des Aufenthaltszwecks zu erfahren, um daraufhin ggf. Maßnahmen einleiten zu können.

§ 4a Absatz 5 Satz 3 Nr. 3 AufenthG soll es den zuständigen Behörden insbesondere ermöglichen, bei Aufenthalten zum Zweck der Erwerbstätigkeit zu überprüfen, ob eine **Verkürzung des Aufenthaltstitels** (§ 7 Abs. 2 Satz 2 AufenthG) oder dessen **Nichtverlängerung** (§ 8 Abs. 1 AufenthG) angezeigt ist, wenn das **Arbeitsverhältnis vorzeitig beendet** wird und daher der gesetzliche Zweck des Aufenthalts wegfällt. Auch wenn nach § 82 Abs. 6 Satz 1 AufenthG zusätzlich der Ausländer zur Mitteilung über die vorzeitige Beendigung verpflichtet ist, gibt es ein praktisches Bedürfnis für

II. Zugang zur Erwerbstätigkeit im Bundesgebiet

eine derartige Mitteilungspflicht für die Fälle, in denen Ausländer ihrer Mitteilungspflicht nicht nachkommen.

Die Ausländerbehörde würde in diesen Fällen ohne die Mitteilung durch den Arbeitgeber nicht oder nur mit erheblicher Verzögerung von der Beendigung eines Arbeitsverhältnisses erfahren. Die Arbeitgeber sind ohnehin verpflichtet, eine Kopie des Aufenthaltstitels aufzubewahren – sie wissen also um den Aufenthaltsstatus des Ausländers und können ohne weitere Recherche die zuständige Ausländerbehörde informieren. Hinzu kommt, dass sie verpflichtet sind, die Beendigung des Arbeitsverhältnisses den Sozialversicherungsträgern mitzuteilen, sie sind also ohnehin mit dem Vorgang befasst; es muss lediglich diese Mitteilung an eine zweite Stelle gesandt werden.

Dies flankiert die **Pflicht der Ausländer** nach § 82 Abs. 6 Satz 1 AufenthG, die **vorzeitige Beendigung der Beschäftigung** der Ausländerbehörde mitzuteilen. Insoweit wird eine **weitere Kontrollmöglichkeit** hinsichtlich des Bestehens eines Arbeitsverhältnisses geschaffen.

III. (Berufs-)Ausbildung und Studium

1.	Grundsatz des Aufenthalts zum Zweck der Ausbildung.	58
2.	Sicherung des Lebensunterhalts	59
3.	Berufsausbildung; berufliche Weiterbildung	61
3.1	Regelungsbereich	61
3.2	Betriebliche Berufsausbildung	62
3.3	Wechsel des Aufenthaltszwecks während der betrieblichen Aus- und Weiterbildung	63
3.4	Teilnahme an einem Deutschsprachkurs	64
3.5	Schulische Berufsausbildung	65
3.6	Nebenbeschäftigung	66
3.7	Nachweis über ausreichende deutsche Sprachkenntnisse	66
3.8	Suche eines anderen Ausbildungsplatzes	67
4.	Studium im Bundesgebiet	67
4.1	Neukonzeption	67
4.2	Ablehnungsgründe	69
4.3	Erbringen von Sprachnachweisen	69
4.4	Geltungsdauer der Aufenthaltserlaubnis	69
4.5	Nebenbeschäftigung	70
4.6	Wechsel des Aufenthaltszwecks in besonderen Fällen	71
4.7	Ausschluss einer rechtlichen Verfestigung	72
4.8	Anspruch auf Verlängerung der Aufenthaltserlaubnis	72
4.9	Zulassung bei einer anderen Bildungseinrichtung	73
4.10	Arbeitsplatzsuche	73
4.11	Aufenthaltserlaubnis zum Zweck des Vollzeitstudiums gemäß Unionsrecht	74
4.12	Studium im Ermessensbereich	74
4.13	Studenten mit internationalem Schutz aus dem EU-Ausland	75

5.	Mobilität im Rahmen des Studiums	76
5.1	Rechtsänderungen	76
5.2	Mobilität während des Studiums im EU-Ausland	77
5.3	Erfüllung der Mitteilungspflicht	78
5.4	Visumfreie Einreise, erlaubnisfreier Aufenthalt	79
5.5	Auskunftsersuchen	79
5.6	Zuständigkeit für die Ablehnungsentscheidung	80
5.7	Positiventscheidung	80
5.8	Negativentscheidung	80
5.9	Verfahren	82
5.10	Rechtsfolge der Ablehnung der Einreise und des Aufenthalts	82
5.11	Besonderheiten im Verhältnis zu Schengen-Staaten	83
6.	Maßnahmen zur Anerkennung ausländischer Berufsqualifikationen	83
6.1	Neukonzeption	83
6.2	Gesetzeszweck	85
6.3	Regelungsinhalt	85
6.4	Neuerungen in § 16d AufenthG	86
6.5	Studienbezogenes Praktikum EU	91
7.	Sprachkurse und Schulbesuch	92
7.1	Rechtsänderungen	92
7.2	Teilnahme an Sprachkursen und internationaler Schüleraustausch	92
7.3	Besuch allgemeinbildender Schulen	92
7.4	Aufenthaltszweckwechselregelung	93
8.	Suche eines Ausbildungs- oder Studienplatzes	93
8.1	Neuregelung	93
8.2	Suche nach einem Ausbildungsplatz zur Durchführung einer qualifizierten Berufsausbildung	94
8.3	Studienbewerbung	96

| 8.4 | Verbot der Erwerbstätigkeit | 97 |
| 8.5 | Wechsel des Aufenthaltszwecks | 97 |

III. (Berufs-)Ausbildung und Studium

1. Grundsatz des Aufenthalts zum Zweck der Ausbildung

Kapitel 2 Abschnitt 3 des Aufenthaltsgesetzes, in dem der Aufenthalt zum Zweck der Ausbildung geregelt wird, ist in § 16 AufenthG eine **Grundsatznorm vorangestellt** worden.[34] Danach dient im Aufenthaltsrecht der Zugang zur Ausbildung

- der allgemeinen Bildung,
- der internationalen Verständigung sowie
- der Sicherung des Bedarfs des deutschen Arbeitsmarktes an Fachkräften,
- der Stärkung der wirtschaftlichen Beziehungen Deutschlands in der Welt,
- der internationalen Entwicklung.

Bei der Ausgestaltung der entsprechenden Regelungen werden auch die **Interessen der öffentlichen Sicherheit** beachtet. Dem wird insbesondere durch die Prüfung entgegenstehender Sicherheitsaspekte vor Einreise im Rahmen des § 5 Abs. 1 Nr. 2 und Abs. 4 AufenthG Rechnung getragen.

§ 16 AufenthG verdeutlicht, warum Aufenthalte zum Zweck der Ausbildung in der Bundesrepublik Deutschland zugelassen werden, und enthält **ermessenslenkende Aspekte** für die nach § 71 Abs. 1 und 2 AufenthG zuständigen Behörden (Ausländerbehörden, deutsche Auslandsvertretungen). Auch wenn der Zugang von Ausländern zu Bildung und Ausbildung zentral auf den Erwerb von Wissen und Kompetenzen angelegt ist, geht es daneben auch um die Beförderung des gegenseitigen Verständnisses über Länder- und

---

[34] Durch das in Art. 12 Abs. 1 GG verankerte Recht auf freie Wahl der Ausbildungsstätte werden sowohl der Zugang zu wie die Aktivitäten in Einrichtungen der berufsbezogenen Ausbildung geschützt (BVerfG, Urt. v. 16.7.1972 – 1 BvL 32/70 und 25/71, BVerfGE 33, 303, 329). Nach Art. 14 Abs. 1 GRCh hat „jede Person" das Recht auf Bildung sowie auf Zugang zur beruflichen Ausbildung und Weiterbildung. Dies setzt jedoch voraus, dass der Drittstaatsangehörige auch ein Aufenthaltsrecht hat, das diese Möglichkeit einräumt.

Kulturgrenzen (Völkerverständigung) hinweg und die Stärkung des Wissenschaftsstandortes Deutschland.

Gleichzeitig eröffnet die Ausbildung und Qualifizierung von Ausländern in Deutschland nach erfolgreichem Abschluss den Weg in die Erwerbstätigkeit in Deutschland (Erwerbsmigration nach §§ 18 ff. AufenthG) und dient so der Fachkräftesicherung durch Personen, die über einen deutschen Abschluss verfügen sowie gute Sprachkenntnisse[35] besitzen und bei denen die Chancen für eine gesellschaftliche Integration erfolgversprechend sind. Bei einer Rückkehr in ihr Herkunftsland können sie zur dortigen wirtschaftlichen und gesellschaftlichen Entwicklung beitragen (entwicklungspolitische Gesichtspunkte).[36]

2. Sicherung des Lebensunterhalts

Die bereits für **Studierende an Hochschulen** nach § 16b AufenthG bestehende Möglichkeit, das Erfordernis der **Lebensunterhaltssicherung** nach § 2 Abs. 3 Satz 5 i. V. m. § 5 Abs. 1 Nr. 1 AufenthG **pauschalierend durch Ermittlung eines Richtwerts** zu bestimmen, wird im Fachkräfteeinwanderungsgesetz auf die **Personengruppe der beruflich Auszubildenden** (§ 16a AufenthG) ausgeweitet. Gleiches gilt für die **Teilnehmer an Maßnahmen zur Anerkennung ausländischer Berufsqualifikationen** (§ 16d AufenthG), an einem **studienbezogenen Praktikum** (§ 16e AufenthG) sowie an **Sprachkursen und Schulbesuch** (§ 16f AufenthG) sowie diejenigen, die einen **Ausbildungs- oder Studienplatz suchen** (§ 17 AufenthG).

Damit entfallen für die Ausländerbehörden sowie die Auslandsvertretungen aufwendige Berechnungen zur Ermittlung des sozialhilferechtlichen Bedarfs. Mit der Neuregelung soll eine Vereinfachung der Verwaltungspraxis erreicht werden, zugleich aber sichergestellt werden, dass ein **Zuzug in die sozialen Sicherungssysteme vermieden** wird.[37]

Für Ausländer, die einen Aufenthaltstitel nach den §§ 16a bis 16f sowie § 17 AufenthG beantragen, wird – wie bei den Studierenden nach § 16b AufenthG bereits nach geltender Rechtslage – auf die

---

[35] Gute deutsche Sprachkenntnisse entsprechen nach der Definition des § 2 Abs. 11a AufenthG dem Niveau B2 des Gemeinsamen Europäischen Referenzrahmens für Sprachen (GER).
[36] BT-Drucks. 19/8285 v. 13.3.2019, S. 89.
[37] BT-Drucks. 19/8285 v. 13.3.2019, S. 85.

III. (Berufs-)Ausbildung und Studium

einschlägigen Sätze nach dem Bundesausbildungsförderungsgesetz (BAföG) Bezug genommen. Eine Bezugnahme auf das BAföG ist sachgerecht, weil die Lebenssachverhalte zwischen diesen beiden Personengruppen ähnlich sind.

Die **Referenz auf das BAföG** spiegelt die Tatsache wider, dass in der Ausbildungsphase – ähnlich wie bei Hochschulstudenten – grundsätzlich niedrigere Lebenshaltungskosten anfallen. Bei Ausländern, die einen Antrag auf einen Aufenthaltstitel nach den § 16d und § 17 AufenthG stellen, wird jedoch zusätzlich zu den monatlichen Mitteln, über die der Betreffende nach den §§ 13 und 13a Abs. 1 BAföG verfügen muss, ein **Aufschlag von 10 Prozent** gefordert. Dies gilt auch für Ausländer, die eine Aufenthaltserlaubnis zur **Teilnahme an Sprachkursen** nach § 16f Abs. 1 AufenthG beantragen, sofern es sich um Teilnehmer an Sprachkursen handelt, die nicht der Studienvorbereitung (§ 16b Abs. 5 Satz 1 Nr. 2 AufenthG) dienen.

Damit wird den **spezifischen Besonderheiten dieser Personengruppe** Rechnung getragen, die im Vergleich zu Schülern, Auszubildenden oder Studierenden in der Regel keine Vergünstigungen geltend machen kann. Für die von der Pauschalierung betroffenen Personengruppen bleibt in einer Sondersituation die Möglichkeit der **individuellen Prüfung der Lebensunterhaltssicherung** i. S. v. § 5 Abs. 1 Nr. 1 AufenthG unberührt, so dass auch bei Nicht-Erreichen der Einkommensschwelle aufgrund geringen sozialhilferechtlichen Bedarfs im Ausnahmefall das Erfordernis der ausreichenden Lebensunterhaltssicherung dennoch erfüllt sein kann.

3. Berufsausbildung; berufliche Weiterbildung

3.1 Regelungsbereich

In § 16a AufenthG sind die Regelungen zur Berufsausbildung[38] und beruflichen Weiterbildung – bislang in § 16b a. F. und § 17 a. F. AufenthG enthalten – zusammengefasst worden.

Besitzt der Ausländer eine Aufenthaltserlaubnis für einen anderen Aufenthaltszweck (z. B. nach Kapitel 2 Abschnitt 5 oder 6 des Aufenthaltsgesetzes), schließt der entsprechend zweckgebundene Aufenthaltstitel eine entsprechende Ausbildung grundsätzlich nicht aus. Ausländern, die aufgrund ihres aufenthaltsrechtlichen Werdegangs bereits eine Aufenthaltserlaubnis zu einem anderen nationalen (Haupt-)Aufenthaltszweck (z. B. Familiennachzug, Aufenthaltsrecht als anerkannter Flüchtling) besitzen oder ein eigenständiges oder rechtlich verfestigtes Aufenthaltsrecht (§§ 9, 9a, 26 Abs. 3 und 4, §§ 31, 34 Abs. 2 AufenthG) erlangt haben, ist der Zugang zu den Bildungseinrichtungen (§ 2 Abs. 12c AufenthG, zum Begriff) im Bundesgebiet ausländerrechtlich grundsätzlich nicht verwehrt.

---

[38] Berufsausbildung ist jede Ausbildung, die auf eine Qualifikation für einen bestimmten Beruf oder eine bestimmte Beschäftigung gerichtet ist oder die die besondere Befähigung zur Ausübung eines solchen Berufes oder einer solchen Beschäftigung verleiht. Entspricht das Ausbildungsziel diesen Anforderungen, ist es unerheblich, ob der Lehrplan allgemein bildenden Unterricht enthält. Der Begriff der Ausbildung hängt nicht vom Alter oder Ausbildungsniveau der Schüler oder Studenten ab (vgl. OVG Koblenz, Urt. v. 11.6.1999 – 10 A 12674/98, InfAuslR 1999, 385, zum Magisterstudiengang). Der Begriff der Berufsausbildung umfasst sowohl den anerkannten Lehrberuf als auch ein abgeschlossenes Fachschul-, Fachhochschul- oder Hochschulstudium, das den Absolventen befähigt, einen Beruf auszuüben (z. B. Diplom-Ingenieur für Elektrotechnik; vgl. BVerwG, Urt. v. 12.12.1995 – 1 C 35.94, InfAuslR 1996, 165; VGH Mannheim, Urt. v. 14.9.1994 – 11 S 772/94, InfAuslR 1995, 51).

III. (Berufs-)Ausbildung und Studium

3.2 Betriebliche Berufsausbildung

§ 16a Abs. 1 Satz 1 AufenthG regelt die **betriebliche Berufsaus- und -weiterbildung**[39]**im Ermessensbereich.** Bei der Erteilung der Aufenthaltserlaubnis für diesen Zweck sind auch die allgemeinen Erteilungsvoraussetzungen nach § 5 Abs. 1, 2 und 4 AufenthG zu berücksichtigen.[40] Bei der Erteilung des Aufenthaltstitels wird die Zustimmung der Arbeitsverwaltung mit Vorrangprüfung nach § 39 AufenthG i. V. m. § 8 Abs. 1 BeschV vorausgesetzt, es sei denn, dass Zustimmungsfreiheit nach vorrangigem Recht (z. B. dem ARB 1/80) besteht.[41]

Es ist rechtlich und tatsächlich nicht geboten, gesetzlich auf die **Vorrangprüfung** (vgl. § 39 Abs. 3 Nr. 3 AufenthG) bei betrieblichen

---

[39] Ausbildungsaufenthalte können sein:

- Ausbildungen nach dem Berufsbildungsgesetz bzw. Handwerksordnung

- Ausbildungsgänge in berufsbildenden Schulen, die einem Beschäftigungsverhältnis gleichzusetzen sind, da sie durch die Bezahlung einer Ausbildungsvergütung den Charakter eines Beschäftigungsverhältnisses haben. Hierbei sind insbesondere die Ausbildungsgänge im Bereich der Kranken-, Entbindungs- und Altenpflege gemeint.

[40] Absolventen einer betrieblichen qualifizierten Berufsausbildung werden i. d. R. aufgrund der mindestens zweijährigen Berufsausbildung Anspruch auf Arbeitslosengeld I nach § 136 SGB III für einen Zeitraum von mindestens zwölf Monaten haben, womit der mögliche Zeitraum für die Arbeitsplatzsuche abgedeckt wird. Da sich die Höhe des Arbeitslosengeldes I aus einem bestimmten Prozentsatz der Ausbildungsvergütung ergibt, ist im Einzelfall zu prüfen, ob die daraus zur Verfügung stehenden Mittel zur Sicherung des Lebensunterhalts der Höhe nach gemäß § 2 Abs. 3 AufenthG ausreichen (§ 5 Abs. 1 Nr. 1 AufenthG).

[41] Die Zustimmung zur Erteilung der Aufenthaltserlaubnisse zur betrieblichen Aus- und Weiterbildung kann auf die vorgesehene Tätigkeit, den Arbeitgeber und den Bezirk der Agentur für Arbeit beschränkt werden. Die Zustimmung wird für die Dauer der Ausbildung bzw. im Falle der betrieblichen Weiterbildung für die Dauer erteilt, die zur Erreichung des Qualifizierungszieles notwendig ist. Beschränkungen der Zustimmung der Bundesagentur für Arbeit sind in die Aufenthaltserlaubnis zu übernehmen. Wird die Ausbildung im Rahmen eines entwicklungshilfepolitischen Programms finanziell gefördert, kann die Aufenthaltserlaubnis mit einer Nebenbestimmung gemäß § 8 Abs. 2 AufenthG versehen werden (Verlängerungsausschluss).

3. Berufsausbildung; berufliche Weiterbildung

Berufsausbildungen zu verzichten. Das Bundesministerium für Arbeit und Soziales ist gemäß § 42 Abs. 2 Nr. 3 AufenthG ermächtigt, per Rechtsverordnung Ausnahmen von der Vorrangprüfung zu bestimmen. Dies entspricht der bisherigen Rechtslage. Dementsprechend wird in § 8 BeschV geregelt, dass für die Zustimmung zu einer betrieblichen Berufsausbildung – wie bereits nach bisheriger Rechtslage – eine Vorrangprüfung durchgeführt werden muss. Ziel ist es, auch bei einer hohen Nachfrage einiger Betriebe nach Ausbildungsbewerbern einen Vorrang für die Förderung der Potenziale von in Deutschland lebenden Ausbildungssuchenden zu ermöglichen.[42]

3.3 Wechsel des Aufenthaltszwecks während der betrieblichen Aus- und Weiterbildung

§ 16a Abs. 1 Satz 2 AufenthG lässt die Erteilung einer Aufenthaltserlaubnis für einen anderen als den in Satz 1 genannten Zweck während eines Aufenthalts zum Zweck der betrieblichen Aus- und Weiterbildung unter bestimmten Voraussetzungen zu. Insbesondere ist ein **Wechsel in eine andere qualifizierte Berufsausbildung und zum Studium** nach § 16b AufenthG (z. B. bei Vorliegen eines Rechtsanspruchs) möglich.

Ein Zweckwechsel nach Maßgabe des § 16a Abs. 1 Satz 2 AufenthG ist während eines Aufenthalts nach Satz 1 bis zu einem erfolgreichen Ausbildungsabschluss bzw. bis zur Aushändigung des entsprechenden Abschlusszeugnisses möglich. Dem Zweckwechsel kann der Umstand, dass die bisherige Aus- oder Weiterbildung abgebrochen oder nicht erfolgreich beendet wird (z. B. wegen Krankheit, Unfallfolgen), zugrunde liegen. Ein Zweckwechsel vor erfolgreichem Abschluss der Ausbildung ist lediglich in den in § 16a Abs. 1 Satz 2 AufenthG genannten Fällen zulässig.

Der Wechsel des Aufenthaltszwecks nach § 16a Abs. 1 Satz 2 AufenthG hängt davon ab, ob der Ausländer

- die materiell-rechtlichen Voraussetzungen für die Erteilung der von ihm beantragten Aufenthaltserlaubnis
  - zum Zweck einer anderen **qualifizierten Berufsausbildung** (§ 2 Abs. 12a AufenthG, zum Begriff) oder
  - zum Zweck der Ausübung einer **Beschäftigung als Fachkraft** (§ 18a und § 18b Abs. 1 AufenthG) erfüllt.

---
[42] Vgl. BT-Drucks. 19/8285 v. 13.3.2019, S. 174.

III. (Berufs-)Ausbildung und Studium

- einen gesetzlichen Anspruch [43] auf Erteilung eines Aufenthaltstitels hat.

Bei einer **Ermessensentscheidung** darf im Blick auf den bisherigen Werdegang darauf abgestellt werden, ob der Ausländer persönlich in der Lage ist, den angestrebten Aufenthaltszweck erfolgreich zu verwirklichen (Prognoseentscheidung).

In den Fällen des § 16a Abs. 4 AufenthG, in denen der Ausländer die Gründe für den Wegfall des Aufenthaltszwecks nicht zu vertreten hat, besteht für die Dauer von bis zu sechs Monaten für ihn die Möglichkeit, sich einen anderen **Ausbildungsplatz** zum Zweck einer qualifizierten Berufsausbildung zu **suchen** (Rechtsanspruch).

3.4 Teilnahme an einem Deutschsprachkurs

§ 16a Abs. 1 Satz 3 AufenthG regelt – in ähnlicher Weise wie beim Hochschulstudium in Bezug auf studienvorbereitende Sprachkurse, die bei Studierenden zum Aufenthaltszweck Studium zählen –, dass ein der Berufsausbildung vorgelagerter Deutschsprachkurs zum Aufenthaltszweck der Berufsausbildung zählt und damit von der Aufenthaltserlaubnis nach § 16a Abs. 1 AufenthG umfasst ist. Mit der Einbeziehung dieser Deutschsprachkurse in den Aufenthaltstitel zur Berufsausbildung entfällt der ansonsten notwendige Aufenthaltszweckwechsel und die damit ansonsten verbundene Entscheidung der Ausländerbehörde erübrigt sich (Verwaltungsvereinfachung).

Insbesondere zählt dazu auch der berufsbezogene Deutschsprachkurs nach der Deutschsprachförderverordnung (DeuFöV), der der sprachlichen Vorbereitung zur Aufnahme einer Berufsausbildung dient (vgl. auch § 16a Abs. 3 Satz 2 AufenthG). Nach § 4 Abs. 1 Satz 6 DeuFöV wird für den Besuch des berufsbezogenen Deutschsprachkurses auf der Grundlage des § 16a Abs. 1 Satz 3 AufenthG die nach § 39 AufenthG i. V. m. § 8 BeschV erforderliche Zustimmung der BA vorausgesetzt.

---

[43] Das Vorliegen eines gesetzlichen Anspruchs wird durch eine gesetzliche Muss-Vorschrift charakterisiert. Ausdruck eines Anspruchs sind Formulierungen wie „… ist zu erteilen, wenn …" oder „… wird erteilt, wenn …". Dabei müssen alle regelhaften Voraussetzungen (z. B. auch nach § 5 AufenthG) uneingeschränkt erfüllt sein (vgl. BVerwG, Urt. v. 17.12.2015 – 1 C 31.14, InfAuslR 2016, 133 = ZAR 2016, 147).

3. Berufsausbildung; berufliche Weiterbildung

Die Berufssprachkurse sollten in Vollzeit mit **mindestens 18 Unterrichtsstunden pro Woche** durchgeführt werden und grundsätzlich eine **Dauer von einem halben Jahr** nicht überschreiten. Da die Aufenthaltserlaubnis nach § 16a Abs. 1 Satz 1 AufenthG grundsätzlich nur erteilt werden kann, wenn die Arbeitsverwaltung nach § 39 AufenthG zugestimmt hat, muss bereits vor dem Deutschsprachkurs ein **Berufsausbildungsvertrag** abgeschlossen und dieser in das Verzeichnis der Berufsausbildungsverhältnisse bei der zuständigen Stelle eingetragen worden sein oder die Zustimmung einer staatlichen oder staatlich anerkannten Bildungseinrichtung zu dem Ausbildungsvertrag vorliegen.

Für den Besuch eines berufsbezogenen Deutschsprachkurses nach der DeuFöV ist die Ausstellung einer Teilnahmeberechtigung für die berufsbezogene Deutschsprachförderung erforderlich. Diese setzt nach § 4 Abs. 1 Satz 6 DeuFöV voraus, dass die Arbeitsverwaltung die Zustimmung nach § 39 AufenthG zur Erteilung eines Aufenthaltstitels nach § 16a AufenthG erteilt hat, soweit diese erforderlich ist.

Die Zustimmung der Arbeitsverwaltung kann dafür als **Vorabzustimmung nach § 36 Abs. 3 BeschV** erteilt werden. Bei der **Beantragung eines nationalen Visums** nach § 6 Abs. 3 AufenthG sind die Vorabzustimmung der Arbeitsverwaltung und die Teilnahmeberechtigung für die berufsbezogene Deutschsprachförderung vorzulegen.

3.5 Schulische Berufsausbildung

Die **schulische Berufsausbildung**,[44] die bislang als Unterkategorie des Schulbesuchs in § 16b AufenthG a. F. durch die Allgemeine Verwaltungsvorschrift zum Aufenthaltsgesetz (AVwV) näher konkretisiert wurde, ist in § 16a Abs. 2 AufenthG n. F. als eigenständi-

---

[44] Bei der schulischen Berufserstausbildung handelt es sich um Ausbildungsgänge, die

- im Rahmen eines anerkannten Ausbildungsplans ohne Ausübung einer Erwerbstätigkeit durchgeführt werden,
- zu einem in Deutschland anerkannten Berufsausbildungsabschluss als qualifizierte Fachkraft führen und
- Grundlage für einen Einstieg in das Berufsleben sind.

III. (Berufs-)Ausbildung und Studium

ger gesetzlicher Regelungssachverhalt ausgestaltet. Dabei werden die wesentlichen Anforderungen der AVwV an den Bildungsgang übernommen. Die Regelungen in § 16a Abs. 1 Satz 2 und 3 AufenthG hinsichtlich des Zweckwechsels und der Teilnahme an einem **Deutschsprachkurs** gelten entsprechend.

3.6 Nebenbeschäftigung

§ 17 Abs. 2 AufenthG a. F. wurde hinsichtlich der **Zulassung einer Nebenbeschäftigung während der qualifizierten Berufsausbildung** i. S. v. § 2 Abs. 12a AufenthG nach § 16a Abs. 3 Satz 1 AufenthG n. F. übernommen.

Die Regelung hat zum Inhalt, dass Auszubildende während der qualifizierten Berufsausbildung die Möglichkeit erhalten, nebenher **bis zu zehn Stunden pro Woche** einer Beschäftigung nachzugehen, die in keinem Zusammenhang mit dieser Ausbildung steht. Dies gilt auch in Bezug auf die berufliche Schulausbildung. Die Nebentätigkeit bedarf nicht der Zustimmung der Arbeitsverwaltung. Die zeitliche Beschränkung ist in die Aufenthaltserlaubnis als Nebenbestimmung aufzunehmen (deklaratorische Nebenbestimmung).

3.7 Nachweis über ausreichende deutsche Sprachkenntnisse

In § 16a Abs. 3 Satz 2 AufenthG wurde – in gleicher Weise wie bei den Studierenden – eine Regelung zu den erforderlichen Sprachkenntnissen bei einer qualifizierten Berufsausbildung (§ 2 Abs. 12a AufenthG, zum Begriff) aufgenommen.

Ein Nachweis über ausreichende deutsche Sprachkenntnisse (Niveau B1 des Gemeinsamen Europäischen Referenzrahmens für Sprachen – GER) wird bei einer qualifizierten Berufsausbildung verlangt, wenn

- die für die konkrete qualifizierte Berufsausbildung erforderlichen Sprachkenntnisse nicht von der Bildungseinrichtung bei dem Ausländer geprüft worden sind oder

- diese Sprachkenntnisse nicht von ihm durch einen vorbereitenden Deutschsprachkurs nach § 16a Abs. 1 Satz 3 AufenthG erworben werden sollen.

Deutsche Sprachkenntnisse unterhalb des Niveaus B1 des GER für Sprachen können z. B. genügen, wenn der Ausbildungsbetrieb be-

4. Studium im Bundesgebiet

stätigt, dass die Sprachkenntnisse für die Absolvierung der konkreten qualifizierten Berufsausbildung ausreichend sind.

3.8 Suche eines anderen Ausbildungsplatzes

§ 16a Abs. 4 AufenthG ermöglicht es den Auszubildenden für die Dauer von bis zu **sechs Monaten** einen anderen Ausbildungsplatz in den Fällen zu suchen, in denen die Ausbildung aus Gründen, die die Bildungseinrichtung, nicht aber der Auszubildende zu vertreten hat, nicht abgeschlossen werden konnte (Rechtsanspruch). In allen anderen Fällen, insbesondere bei einem von dem Auszubildenden zu vertretenden Abbruch der Berufsausbildung, gelten die allgemeinen Bestimmungen des Aufenthaltsrechts.

Diese Regelung schützt den Ausländer für die Dauer von bis zu sechs Monaten vor der Rücknahme, dem Widerruf oder der nachträglichen zeitlichen Verkürzung der Aufenthaltserlaubnis nach § 7 Abs. 2 Satz 2 AufenthG und bewahrt ihn insoweit vor aufenthaltsbeendenden Maßnahmen.

4. Studium im Bundesgebiet

4.1 Neukonzeption

Der Regelungsbereich des § 16 AufenthG a. F., in dem die REST-Richtlinie[45] umgesetzt wurde, ist im Wesentlichen § 16b AufenthG n. F. zugeordnet worden. Die Umsetzung der REST-Richtlinie in nationales Recht im Bereich des Hochschulstudiums wurde in § 16b Abs. 1 bis 4 und 6 AufenthG realisiert (§ 16b Abs. 8 AufenthG).

Der bisherige § 16 Abs. 5 AufenthG, welcher die Arbeitsplatzsuche nach erfolgreichem Abschluss des Studiums regelte, wurde in § 20 AufenthG n. F. übernommen. Der bisherige § 16 Abs. 7 AufenthG a. F., der eine Regelung zur Studienbewerbung enthielt, wurde in § 17 AufenthG n. F. übernommen. Der bisherige § 16 Abs. 8 AufenthG a. F. wird § 16b Abs. 6 AufenthG n. F. Klarstellend wurde aufgenommen, dass die Möglichkeit einer Suche nach einem neuen

---

[45] Richtlinie (EU) 2016/801 des Europäischen Parlaments und des Rates v. 11.5.2016 über die Bedingungen für die Einreise und den Aufenthalt von Drittstaatsangehörigen zu Forschungs- oder Studienzwecken, zur Absolvierung eines Praktikums, zur Teilnahme an einem Freiwilligendienst, Schüleraustauschprogrammen oder Bildungsvorhaben und zur Ausübung einer Aupair-Tätigkeit (ABl. L 132 v. 21.5.2016, S. 21). Vgl. dazu § 16b Abs. 8 AufenthG.

III. (Berufs-)Ausbildung und Studium

Studienplatz in den Fällen des neuen § 16b Abs. 6 AufenthG für höchstens neun Monate gewährt wird. Der bisherige § 16 Abs. 10 AufenthG a. F. wird in die Regelungen zur Handlungsfähigkeit des § 80 AufenthG als Absatz 5 eingefügt.

§ 16b AufenthG, der an einigen Stellen sprachlich neu gefasst und gestrafft wurde, regelt die Erteilung einer Aufenthaltserlaubnis zum Zweck des Studiums

- an einer staatlichen Hochschule,
- an einer staatlich anerkannten Hochschule oder
- an einer vergleichbaren Bildungseinrichtung (§ 2 Abs. 12c AufenthG, zum Begriff der Bildungseinrichtung).[46]

§ 16b Abs. 1, 5 und 7 AufenthG regeln **unterschiedliche Möglichkeiten des Studiums** an einer staatlichen Hochschule, an einer staatlich anerkannten Hochschule oder an einer vergleichbaren Ausbildungseinrichtung.[47]

Das Studium umfasst **studienvorbereitende Maßnahmen** (§ 16b Abs. 1 Satz 3 AufenthG, zum Begriff) und das **Absolvieren eines Pflichtpraktikums** (§ 16b Abs. 1 Satz 2 AufenthG).

---

[46] Unter „vergleichbaren Ausbildungseinrichtung" i. d. S. können nicht Einrichtungen ohne (deutsche) staatliche Zulassung verstanden werden. Das Merkmal „Vergleichbarkeit" bezieht sich nur auf staatliche oder staatlich anerkannte Ausbildungseinrichtungen, die ein Ausbildungsniveau wie eine staatliche Hoch- oder Fachhochschule haben. Es knüpft also an Art und Form der Bildungseinrichtung an. Beim Begriff „vergleichbare Ausbildungseinrichtung" handelt es sich um einen Sammelbegriff, der zum Ziel hat, den Besonderheiten im Bildungssystem der Länder, insbesondere der ihrer Bildungshoheit unterliegenden Einrichtungen Rechnung zu tragen. Selbst wenn an dieser Auslegung nicht festgehalten würde, können nur solche Einrichtungen als „vergleichbare Ausbildungseinrichtungen" akzeptiert werden, die einen Standard aufweisen, der dem einer staatlich anerkannten (deutschen) Hochschule weitestgehend entspricht. Dies ergibt sich zunächst aus dem begrifflichen Kontext („an staatlichen oder staatlich anerkannten Hochschulen [Universitäten, Pädagogischen Hochschulen, Kunsthochschulen und Fachhochschulen] oder an vergleichbaren Ausbildungseinrichtungen").

[47] Vgl. *Diest*, Neue Regelungen zur regulären Migration – das Gesetz zur Umsetzung aufenthaltsrechtlicher Richtlinien der EU zur Arbeitsmigration im Überblick, ZAR 2017, 251.

4. Studium im Bundesgebiet

4.2 Ablehnungsgründe

Bei der Entscheidung über die Erteilung einer Aufenthaltserlaubnis ist **vorgreiflich zu prüfen**, ob der Erteilung nach

- § 16b Abs. 1, 5 und 7 AufenthG die in § 19f Abs. 3 und 4 AufenthG,
- § 16b Abs. 1 und 5 AufenthG die in § 19f Abs. 1 AufenthG

genannten **Ablehnungsgründe** entgegenstehen.

4.3 Erbringen von Sprachnachweisen

§ 16b Abs. 1 Satz 4 AufenthG enthält nunmehr eine klarstellende Regelung, wann Sprachnachweise zu erbringen sind. Diese Regelung gilt auch in den Fällen des § 16b Abs. 5 AufenthG.

Die **Festlegung und Prüfung der Studienvoraussetzungen** inklusive der für den konkreten Studiengang erforderlichen **Kenntnisse der Ausbildungssprache** obliegt den staatlichen Hochschulen, staatlich anerkannten Hochschulen und den vergleichbaren Bildungseinrichtungen. Soweit die Sprachkenntnisse ausnahmsweise nicht im Rahmen der Zulassungsentscheidung geprüft worden sind und auch nicht im Rahmen einer studienvorbereitenden Maßnahme erworben werden sollen, ist der Nachweis der erforderlichen Sprachkenntnisse (z. B. durch einschlägige Sprachtests wie TestDAF, DSH, TOEFL, IELTS) im Visumverfahren nach § 31 AufenthV gegenüber der Auslandsvertretung zu erbringen. Hier dürften in der Regel mindestens Sprachkenntnisse auf dem Niveau B2 des Gemeinsamen Europäischen Referenzrahmens (GER) für Sprachen erforderlich sein.

4.4 Geltungsdauer der Aufenthaltserlaubnis

In § 16b Abs. 2 AufenthG wird die bisherige Regelung zur Geltungsdauer des Aufenthaltstitels übernommen, die auch in den Ermessensfällen des § 16b Abs. 5 AufenthG Anwendung findet.

Bei der Ersterteilung der Aufenthaltserlaubnis zu studienvorbereitenden Maßnahmen oder des Absolvierens eines Pflichtpraktikums etwa im Anschluss an die erfolgreiche Studienbewerbung nach bis zu neun Monaten nach § 17 Abs. 2 AufenthG ist die Aufenthaltserlaubnis in gleicher Weise zu befristen wie in den Fällen des grundständigen Studiums. Die Geltungsdauer des Aufenthaltstitels beträgt bei der Ersterteilung und bei der Verlängerung mindestens

III. (Berufs-)Ausbildung und Studium

ein Jahr und soll zwei Jahre nicht übersteigen (§ 16b Abs. 2 Satz 1 AufenthG), es sei denn, das Studium dauert weniger als zwei Jahre (§ 16b Abs. 2 Satz 3 AufenthG). Diese Flexibilisierung der Geltungsdauer der Aufenthaltserlaubnis gehört zu den sicherheitsrelevanten Änderungen des EU-Richtlinienumsetzungsgesetzes v. 19.8.2007.[48] Die Regelung einer maximalen Geltungsdauer der Aufenthaltserlaubnis von zwei Jahren im Regelfall soll dazu dienen, im Einzelfall und bei besonderen Fallgruppen auch eine kürzere Geltungsdauer vorsehen zu können. Damit wird eine größere Flexibilität ermöglicht und die Möglichkeit einer besseren Kontrolle und Begleitung durch die Ausländerbehörden gewährleistet.

Die Geltungsdauer der Aufenthaltserlaubnis beträgt nach § 16b Abs. 2 Satz 2 AufenthG **mindestens zwei Jahre** in Fällen, in denen

- ein Ausländer an einem **Unions- oder multilateralen Programm mit Mobilitätsmaßnahmen** teilnimmt, oder
- für ihn eine **Vereinbarung zwischen zwei oder mehr Hochschuleinrichtungen** gilt.

4.5 Nebenbeschäftigung

Während des Studiums darf auf der Grundlage der nach § 4a Abs. 1 AufenthG entsprechend beschränkten Aufenthaltserlaubnis eine **Nebenbeschäftigung** in dem in § 16b Abs. 3 AufenthG genannten zeitlichen Rahmen (insgesamt 120 Tage oder 240 halbe Tage im Jahr) ausgeübt werden, ohne dass dadurch der Hauptaufenthaltszweck „Studium" berührt wird. Eine Zustimmung der BA nach § 39 AufenthG ist nicht erforderlich.

Während **studienvorbereitender Maßnahmen** im ersten Jahr des Aufenthalts wird die Möglichkeit der Beschäftigung **nur während der Ferien** eingeräumt (§ 16b Abs. 3 Satz 2 AufenthG). Dies dient insbesondere einer zügigen Absolvierung der studienvorbereitenden Maßnahmen, die innerhalb von zwei Jahren abgeschlossen sein sollen. Dieses Beschäftigungsverbot während der Studienvorbereitung nach § 4a Abs. 1 AufenthG gilt damit nicht für Studenten, die ohne studienvorbereitende Maßnahmen unmittelbar nach der Einreise das Studium aufnehmen.

---

[48] BGBl. I S. 1970. *Breitkreuz/Franßen-de la Cerda/Hübner*, Das Richtlinienumsetzungsgesetz und die Fortentwicklung des deutschen Aufenthaltsrechts ZAR 2007, 341, 344.

4. Studium im Bundesgebiet

In den Fällen des § 16b Abs. 5 Satz 1 Nr. 2 und 3 AufenthG (Teilnahme an einem studienvorbereitenden Sprachkurs oder Absolvieren eines studienvorbereitenden Praktikums) berechtigt die Aufenthaltserlaubnis zur Beschäftigung nur in der Ferienzeit sowie zur Ausübung des Praktikums; diese Beschränkung ist nach § 4a Abs. 1 und 3 Satz 1 AufenthG in den Aufenthaltstitel aufzunehmen.

4.6 Wechsel des Aufenthaltszwecks in besonderen Fällen

Ein Wechsel des Studiengangs ist grundsätzlich mit einem Wechsel des bisher erlaubten und durch Auflage bestimmten Aufenthaltszwecks (Studium in einem oder mehreren konkreten Studiengängen oder Studienfächern) verbunden. Wird das **Studium nicht (erfolgreich) abgeschlossen**, darf nach § 16b Abs. 4 Satz 2 AufenthG die **Aufenthaltserlaubnis zu einem anderen Zweck** als dem in § 16b Abs. 1 AufenthG genannten Zweck nur erteilt werden

- für eine **qualifizierte schulische oder betriebliche Berufsausbildung** (§ 16a AufenthG),
- für die Ausübung einer **Beschäftigung als Fachkraft** (§§ 18a und 18b Abs. 1 AufenthG),
- für die Ausübung einer **Beschäftigung mit ausgeprägten berufspraktischen Kenntnissen** nach § 19c Abs. 2 AufenthG oder
- in Fällen eines **gesetzlichen Anspruchs**,[49] der nicht bei einer Ermessensreduzierung „auf null" vorliegt.[50]

Diese Möglichkeit besteht in den Fällen des § 16 Abs. 1 und 5 AufenthG. Die Regelung gilt insbesondere auch für Fälle, in denen das Studium ohne Abschluss beendet wird (Studienabbrecher). Der **Studiengang- oder Studienortwechsel** fällt in der Regel ebenfalls unter § 16b Abs. 4 AufenthG, z. B. wenn die Hochschule den Antragsteller bereits zu einem anderen Studiengang zugelassen hat. In diesen Fällen muss eine Aufenthaltserlaubnis zwar neu beantragt werden, auf die Erteilung dürfte jedoch regelmäßig ein Anspruch bestehen (§ 16b Abs. 1 AufenthG).

Ein über diesen Rahmen hinausgehender Wechsel des Aufenthaltszwecks ist ausgeschlossen.

---

[49] Vgl. BVerwG, Urt. v. 17.12.2015 – 1 C 31.14, InfAuslR 2016, 133 = ZAR 2016, 147, mit Anmerkung *Pfersich*, zum Vorliegen eines gesetzlichen Anspruchs.
[50] Vgl. OVG Lüneburg, Beschl. v. 25.4.2019 –, AuAS 2019, 137, zum Wechsel des Aufenthaltszwecks im Rahmen des Studiums.

III. (Berufs-)Ausbildung und Studium

4.7 Ausschluss einer rechtlichen Verfestigung

Während des Studiums auf der Grundlage einer zweckgebundenen Aufenthaltserlaubnis nach § 16b AufenthG ist eine **rechtliche Verfestigung** des Aufenthalts gemäß § 9 oder § 9a AufenthG nach wie vor **ausgeschlossen**. Dies gilt in den Fällen des § 16 Abs. 1, 5 und 7 AufenthG (§ 9a Abs. 3 Nr. 4, § 16b Abs. 4 Satz 2, Abs. 5 Satz 2, Abs. 7 Satz 4 AufenthG).

4.8 Anspruch auf Verlängerung der Aufenthaltserlaubnis

Im unmittelbaren Anschluss an die Studienvorbereitung beginnt das grundständige Studium, für das dem Ausländer eine Aufenthaltserlaubnis für regelmäßig zwei Jahre erteilt werden soll und die nach § 16b Abs. 2 Satz 4 AufenthG, der auch in den Fällen des § 16b Abs. 5 AufenthG Anwendung findet, dann verlängert wird, wenn der Aufenthaltszweck „Studium" noch nicht erreicht ist und dieser Zweck in einem angemessenen Zeitraum noch verwirklicht werden kann (Prognoseentscheidung).

Die Erreichbarkeit des Studienziels in angemessener Dauer ist grundsätzlich zu bejahen, wenn nach dem bisherigen Studienverlauf konkrete Anhaltspunkte dafür vorliegen (§ 82 Abs. 1 AufenthG, zum Nachweis), dass die durchschnittliche Studiendauer in dem mit Auflage bestimmten Studiengang nicht mehr als drei Semester überschritten wird (vgl. Nr. 16.1.1.6.1 AVwV-AufenthG).[51]

Als Bemessungsgrundlage für die Auslegung des unbestimmten Rechtsbegriffs „in einem angemessenen Zeitraum" dient die an der betreffenden Hochschule festgelegte durchschnittliche Studiendauer plus drei Semester für das Studium, an dem der Ausländer teilnimmt. Bei der Berechnung der Fachsemesterzahl bleiben Zeiten der Studienvorbereitung (z. B. Sprachkurse, Studienkollegs, Praktika) außer Betracht.

---

[51] Der Grundsatz der Verhältnismäßigkeit kann es jedoch unter Berücksichtigung der Umstände des Einzelfalls rechtfertigen, trotz Überschreitung dieser Studiendauer einen weitergehenden Aufenthalt für einen erfolgreichen Abschluss des Studiengangs zu ermöglichen (vgl. OVG Bremen, Beschl. v. 30.6.2008 – 1 B 272/08). Ob diese Voraussetzungen im Einzelfall vorliegen, ist gerichtlich voll nachprüfbar. Eine maximale Gesamtstudiendauer von zehn Jahren zur Ausschöpfung sämtlicher Studienmöglichkeiten darf jedoch nicht überschritten werden (vgl. VGH München, Urt. v. 5.5.2010 – 19 BV 09.3103).

4. Studium im Bundesgebiet

Es ist gemäß § 16b Abs. 2 Satz 5 Aufgabe der Ausländerbehörde, sich bei der Hochschule hinsichtlich der Frage der (tatsächlichen) durchschnittlichen Studiendauer zu vergewissern, da der Studierende diesbezüglich regelmäßig nicht über zuverlässige Erkenntnisse verfügt.[52]

4.9 Zulassung bei einer anderen Bildungseinrichtung

§ 16b Abs. 6 AufenthG ermöglicht es den Studenten, für die Dauer von bis zu neun Monaten eine andere in Absatz 1 genannte Bildungseinrichtung in den Fällen zu suchen, in denen das Studium aus Gründen, die die Bildungseinrichtung, nicht aber der Student zu vertreten hat, nicht abgeschlossen werden konnte (Rechtsanspruch).

In allen anderen Fällen, insbesondere bei einem von dem Studenten zu vertretenden Abbruch des Studiums, gelten die allgemeinen Bestimmungen des Aufenthaltsrechts (vgl. § 16b Abs. 2 Satz 4 AufenthG).

Diese Regelung findet in den Fällen des § 16b Abs. 1 und 5 AufenthG Anwendung. Sie schützt den Ausländer für die Dauer von bis zu neun Monaten vor der Rücknahme, dem Widerruf oder der nachträglichen zeitlichen Verkürzung der Aufenthaltserlaubnis nach § 7 Abs. 2 Satz 2 AufenthG und bewahrt ihn insoweit vor aufenthaltsbeendenden Maßnahmen.

4.10 Arbeitsplatzsuche

§ 20 Abs. 3 Nr. 1 AufenthG räumt dem Studienabsolventen durch Verlängerung der Aufenthaltserlaubnis nach erfolgreichem Studium im Rahmen des Aufenthalts nach § 16b AufenthG die Möglichkeit ein, sich einen **Arbeitsplatz**, der seiner Qualifikation entspricht, **zu suchen**, sofern der Arbeitsplatz nach den Bestimmungen der §§ 18a, 18b, 18d, 19c und 21 AufenthG besetzt werden darf. Dies gilt auch in den Fällen des Studiums nach § 16b Abs. 5 und 7 AufenthG. Auf diese Weise besteht vor einer Ausreise aus dem Bundesgebiet die Möglichkeit, in die Erwerbsmigration zu wechseln.

---

[52] Vgl. OVG Lüneburg, Beschl. v. 7.6.2004 – 7 ME 114/04.

III. (Berufs-)Ausbildung und Studium

> **Hinweis:**
> Bei der Arbeitsplatzsuche Rahmen des Aufenthalts nach § 16b AufenthG handelt es sich nicht um einen Wechsel des bisherigen Aufenthaltszwecks „Studium".

4.11 Aufenthaltserlaubnis zum Zweck des Vollzeitstudiums gemäß Unionsrecht

Gemäß der REST-Richtlinie normiert § 16b Abs. 1 Satz 1 AufenthG einen **Rechtsanspruch** des Ausländers auf Erteilung einer Aufenthaltserlaubnis zum Zweck des **Vollzeitstudiums** an einer

- staatlichen Hochschule,
- staatlich anerkannten Hochschule oder
- an einer vergleichbaren Ausbildungseinrichtung,

wenn er von der Ausbildungseinrichtung **uneingeschränkt bzw. ohne Bedingungen zugelassen** worden ist.

Das Vorliegen eines **Anspruchs** nach § 16b Abs. 1 Satz 1 AufenthG setzt daher – im Gegensatz zu § 16b Abs. 5 Satz 1 Nr. 1 AufenthG – eine **bedingungslose Zulassung** zum Vollzeitstudium durch die entsprechende Ausbildungseinrichtung voraus.

4.12 Studium im Ermessensbereich

Die Aufenthaltserlaubnis kann im Ermessenswege erteilt werden

- nach § 16b Abs. 5 Satz 1 Nr. 1 Buchst. a bis c AufenthG für ein **Vollzeitstudium,** bei dem die **Zulassung mit Bedingungen** verbunden ist, oder für ein Teilzeitstudium sowie
- nach § 16 Abs. 6 Satz 1 Nr. 2 AufenthG zur Teilnahme an einem **studienvorbereitenden Sprachkurs** oder
- nach § 16 Abs. 6 Satz 1 Nr. 3 AufenthG für das **Absolvieren eines studienvorbereitenden Praktikums.**

4. Studium im Bundesgebiet

4.13 Studenten mit internationalem Schutz aus dem EU-Ausland

Der bisherige § 16 Abs. 9 AufenthG a. F. wird § 16b Abs. 7 AufenthG n. F. Er enthält weiterhin eine Regelung für Ausländer, die in einem anderen Mitgliedstaat der Europäischen Union internationalen Schutz genießen, dort bereits seit zwei Jahren studieren und einen Teil ihres Studiums in Deutschland absolvieren möchten.

Die Regelung wurde im Verglich zum Altrecht wesentlich kürzer gefasst und verweist nunmehr auf die Voraussetzungen für die Mobilität von Studenten in § 16c AufenthG, da es sich in tatsächlicher Hinsicht um Fälle handelt, die denen der Mobilität vergleichbar sind.

Die Ermessensregelung des § 16b Abs. 7 AufenthG dient sozusagen der **Mobilität von Studenten, die in einem anderen EU-Mitgliedstaat internationalen Schutz** (§ 1 Abs. 1 Nr. 2 AsylG, zum Begriff) genießen und einen Teil des Studiums in Deutschland unter den Voraussetzungen des § 16c Abs. 1 Satz 1 Nr. 2 und 3 AufenthG absolvieren. Die entsprechende Aufenthaltserlaubnis nach § 16b Abs. 7 AufenthG kann nicht nach der Einreise ohne **Einhaltung der Visumpflicht** eingeholt werden (§ 5 Abs. 2 Satz 1 AufenthG).

Ausländer, die in einem anderen EU-Mitgliedstaat als Deutschland internationalen Schutz genießen, sind nicht vom Anwendungsbereich der REST-Richtlinie erfasst und kommen daher nicht in den Genuss des § 16b Abs. 1 AufenthG. Dieser Personenkreis ist auch von der Anwendung des § 16b Abs. 5 AufenthG ausgenommen (vgl. § 19f Abs. 1 Nr. 1 AufenthG, zum Ablehnungsgrund). Die Arbeitsplatzsuche für bis zu 18 Monate ist nach § 20 Abs. 3 Nr. 1 AufenthG nicht beschränkt.

Dennoch kann ihnen nach § 16 Abs. 7 Satz 1 AufenthG eine Aufenthaltserlaubnis zum Zweck des Studiums in Deutschland im Ermessenswege erteilt werden, wenn sie seit mindesten zwei Jahren ein Studium in einem anderen EU-Mitgliedstaat vor der Einreise in das Bundesgebiet betrieben haben und bei ihnen die Voraussetzungen des § 16c Abs. 1 Satz 1 Nr. 2 und 3 AufenthG vorliegen (nationale Begünstigung). Die Aufenthaltserlaubnis wird für die Dauer des Studienteils, der im Bundesgebiet durchgeführt wird, erteilt.

III. (Berufs-)Ausbildung und Studium

5. Mobilität im Rahmen des Studiums

5.1 Rechtsänderungen

Der bisherige § 16a AufenthG a. F. wird § 16c AufenthG n. F. und regelt weiterhin die **Mobilität von Studenten**, die einen von einem anderen EU-Mitgliedstaat ausgestellten Aufenthaltstitel zum Zweck des Studiums nach der REST-Richtlinie [53] besitzen.

§ 16c AufenthG enthält wesentliche Vorgaben in Bezug auf die Mitteilung, die an die Behörden zu richten ist, wenn Mobilität in den zweiten EU-Mitgliedstaat geplant ist.

§ 16c Abs. 1 Satz 1 AufenthG enthält im Vergleich zum Altrecht eine Ergänzung; diese dient der vollständigen Umsetzung des Art. 31 Abs. 2 Satz 1 REST-Richtlinie. Dieser sieht neben der Mitteilung an den zweiten EU-Mitgliedstaat, in welchen die Mobilität erfolgt, auch die Mitteilung an den ersten EU-Mitgliedstaat, der den Aufenthaltstitel ausgestellt hat, vor. Die Pflicht, auch den ersten EU-Mitgliedstaat über die Mobilität zu informieren, fehlte im bisherigen § 16a Abs. 1 AufenthG a. F. So konnte der jeweils erste EU-Mitgliedstaat nicht Kenntnis von der Mobilität des Ausländers und über dessen aufenthaltsrechtliche Situation erlangen.

Das **Mitteilungsverfahren zur Mobilität** wird künftig **vollständig durch das BAMF durchgeführt**, um eine Handhabung innerhalb der kurzen Ablehnungsfrist von bis zu 30 Tagen zu gewährleisten. Der bisherige § 16a Abs. 3 AufenthG wird deshalb aufgehoben.

Der neue § 16c Abs. 6 AufenthG regelt im Interesse der Verfahrensverkürzung, dass erst nach Prüfung der Mitteilung nach § 16c Abs. 1 AufenthG sowie Ausstellung der Bescheinigung über die Berechtigung zu Einreise und Aufenthalt nach § 16c Abs. 4 AufenthG oder Ablehnung der Einreise und des Aufenthalts durch das nach § 75 Nr. 5a AufenthG im Mitteilungsverfahren zuständige BAMF die **Zuständigkeit für weitere Entscheidungen über die Mobilität** auf die **Ausländerbehörde** übergeht (Satz 1). Hierbei handelt es sich um eine deklaratorische Regelung, welche die Zuständigkeitsverteilung nach geltendem Recht (§ 71 Abs. 1 AufenthG) aus Klarstellungsgründen erwähnt; eine zusätzliche Aufgabenzuweisung an die Ausländerbehörden ist damit nicht verbunden.

---
[53] RL (EU) 2016/801 v. 11.5.2016 (ABl. L 132 v. 21.5.2016, S. 21).

5. Mobilität im Rahmen des Studiums

Die Ausländerbehörde ist nach Durchführung des Mitteilungsverfahrens im Rahmen des § 75 Nr. 5a AufenthG nach § 71 Abs. 1 AufenthG für alle weiteren aufenthaltsrechtlichen Maßnahmen und Entscheidungen in Bezug auf den Ausländer zuständig. Deshalb sind der Ausländer und die Bildungseinrichtung nach dem Übergang der Zuständigkeit auf die Ausländerbehörde auch verpflichtet, dieser die Änderungen in Bezug auf die Voraussetzungen der Mobilität mitzuteilen (bisher § 16a Abs. 3 AufenthG a. F.).

5.2 Mobilität während des Studiums im EU-Ausland

Für **Studenten** wurden aufgrund der REST-Richtlinie vereinfachte Möglichkeiten geschaffen, sich mit dem nach dieser Richtlinie erteilten Aufenthaltstitel eines anderen EU-Mitgliedstaats im Bundesgebiet zum Zweck des Studiums vorübergehend aufzuhalten (Mobilität im Rahmen des Studiums). Diese kurzfristige Mobilität zum Zweck der Durchführung eines Teils des Studiums im Bundesgebiet für bis zu 360 Tage erfordert nach § 16c Abs. 1 AufenthG keinen Aufenthaltstitel nach § 4 Abs. 1 AufenthG. Diese Befreiung von der Aufenthaltstitelpflicht wird durch die Ausstellung einer Bescheinigung des BAMF bestätigt (§ 16c Abs. 4 AufenthG).

§ 16c AufenthG räumt die Möglichkeit ein, einem Ausländer, der einen gültigen Aufenthaltstitel eines anderen EU-Mitgliedstaats nach der REST-Richtlinie besitzt, einen **erlaubnisfreien Aufenthalt, der 360 Tage nicht überschreitet**, zum Zweck des **Studiums** in Deutschland unter bestimmten Voraussetzungen zu gewähren, wenn die aufnehmende Bildungseinrichtung im Bundesgebiet dem BAMF und der zuständigen Behörde des anderen EU-Mitgliedstaats mitgeteilt hat, dass der Ausländer beabsichtigt, einen Teil seines Studiums im Bundesgebiet durchzuführen. Außerdem hat die aufnehmende Ausbildungseinrichtung im Bundesgebiet gegenüber dem BAMF ihrer gesetzlichen Mittelungs- und Vorlagepflicht nach § 16c Abs. 1 Satz 1 Nr. 1 bis 5 AufenthG vollständig nachzukommen.

§ 16c Abs. 1 Satz 1 AufenthG **befreit den Ausländer**, der einen gültigen Aufenthaltstitel eines anderen EU-Mitgliedstaats zum Zweck des Studiums nach der REST-Richtlinie besitzt und sich für die Absolvierung eines Teils seines im anderen EU-Mitgliedstaat begonnenen Studiums bis zu 360 Tage im Bundesgebiet aufhält, **von der gesetzlichen Aufenthaltstitelpflicht** nach § 4 Abs. 1 Satz 1

III. (Berufs-)Ausbildung und Studium

AufenthG (Mobilität im Rahmen des Studiums). Die **Passpflicht** nach § 3 AufenthG bleibt jedoch unberührt.

Die **Befreiung von der gesetzlichen Aufenthaltstitelpflicht** nach § 4 Abs. 1 Satz 1 AufenthG ist damit verbunden, dass der Ausländer während der zeitlichen bis zu 360 Tage begrenzten Mobilität einen **gültigen Aufenthaltstitel eines anderen EU-Mitgliedstaats nach der REST-Richtlinie** besitzt und dies in der Mitteilung an das BAMF durch die aufnehmende Bildungseinrichtung im Bundesgebiet nachgewiesen wird (§ 16 Abs. 1 Satz 1 Nr. 1 AufenthG). Den Ausländer trifft insoweit keine Kontakt- und Nachweispflicht gegenüber einer öffentlichen Stelle. Verpflichtungen nach dem Melderecht bleiben unberührt.

Bei dem Aufenthaltstitel des anderen EU-Mitgliedstaats, der während der Mobilität im Bundesgebiet gültig sein muss, handelt es sich nicht um einen Aufenthaltstitel nach § 4 Abs. 1 Satz 2 AufenthG, sondern mit diesem wird lediglich eine Teilvoraussetzung für die Befreiung von der nationalen Aufenthaltstitelpflicht nach § 16c Abs. 1 Satz 1 AufenthG erfüllt. Dieser Aufenthaltstitel des anderen EU-Mitgliedstaats kann jedoch als Einreisedokument gemäß Art. 21 SDÜ dienen.

5.3 Erfüllung der Mitteilungspflicht

Die aufnehmende Bildungseinrichtung im Bundesgebiet hat gemäß § 16c Abs. 1 Satz 1 Nr. 1 bis 5 AufenthG die entsprechenden Nachweise dem BAMF vollständig vorzulegen. Zur ordnungsgemäßen Aufgabenerledigung sind auch folgende Daten erforderlich (vgl. auch Datenerhebung nach § 91d Abs. 3 AufenthG):

- Adresse/Kontaktdaten des Ausländers,
- Nachweis über den durch den anderen Mitgliedstaat ausgestellten Aufenthaltstitel zum Zweck des Studiums (durch Kopie),
- Nachweis über Teilnahme an Unions- oder multilateralem Programm mit Mobilitätsmaßnahmen oder Vereinbarung zwischen zwei oder mehr Hochschulen, die für ihn gilt,
- Zulassungsbescheid/Nachweis über Zulassung durch Ausbildungseinrichtung,
- (beglaubigte) Pass- oder Passersatzkopie,

5. Mobilität im Rahmen des Studiums

- Nachweis über Lebensunterhaltssicherung i. S. v. § 2 Abs. 3 AufenthG,
- geplanter Aufenthaltsort.

Die genannten Dokumente und Angaben müssen nach den allgemeinen verwaltungsverfahrensrechtlichen Bestimmungen grundsätzlich in **deutscher Sprache** vorgelegt werden (§ 23 (L)VwVfG). Dies entspricht auch Art. 5 Abs. 2 REST-Richtlinie.

Sollte die Mitteilung nicht vollständig sein, teilt das BAMF dies der aufnehmenden Bildungseinrichtung im Bundesgebiet umgehend mit. Ebenso teilt es der aufnehmenden Bildungseinrichtung nach § 23 Abs. 2 (L)VwVfG mit, wenn noch Übersetzungen von Dokumenten nachzureichen sind.

Liegen vollständige Unterlagen nicht vor, besteht nicht die Befreiung von der Aufenthaltstitelpflicht nach § 4 Abs. 1 Satz 1 AufenthG und eine visumfreie Einreise im Rahmen des § 16a Abs. 2 AufenthG ist daher unabhängig von einer Ablehnungsentscheidung des BAMF nach § 19f Abs. 5 AufenthG nicht zulässig.

5.4 Visumfreie Einreise, erlaubnisfreier Aufenthalt

Liegen die tatbestandlichen Voraussetzungen nach § 16c Abs. 1 Satz 1 Nr. 1 AufenthG in Bezug auf den Besitz des nach der REST-Richtlinie erforderlichen gültigen Aufenthaltstitels des anderen EU-Mitgliedstaats vor, wurden die Mitteilungspflichten nach § 16c Abs. 1 Satz 2 und 3 AufenthG vollständig und zeitgemäß erfüllt und liegt keine Ablehnung des Aufenthalts durch das BAMF nach § 19f Abs. 5 Satz 1 Nr. 1 bis 4 AufenthG innerhalb von 30 Tagen nach Zugang der vollständigen Mitteilung vor, darf der Ausländer nach Maßgabe des § 16c Abs. 2 AufenthG visumfrei in das Bundesgebiet einreisen und sich während der Gültigkeitsdauer des Aufenthaltstitels des anderen EU-Mitgliedstaats darin aufhalten. In diesem Rahmen erübrigt sich eine Kontaktaufnahme mit der Ausländerbehörde.

5.5 Auskunftsersuchen

Auskunftsersuchen der Auslandsvertretungen oder der Ausländerbehörden können kann § 91c Abs. 3 AufenthG über das BAMF in seiner Mittlerfunktion an die zuständigen Stellen anderer EU-Mitgliedstaaten gerichtet werden.

III. (Berufs-)Ausbildung und Studium

5.6 Zuständigkeit für die Ablehnungsentscheidung

Das BAMF prüft im Einzelfall, ob Ablehnungsgründe nach § 19f Abs. 5 Satz 1 Nr. 1 bis 4 AufenthG vorliegen. Für die Ablehnung des erlaubnisfreien Aufenthalts während des Mitteilungsverfahrens ist nach § 19f Abs. 5 AufenthG das BAMF zuständig (§ 75 Nr. 5a AufenthG).

Die **30-Tages-Frist** für die **Ablehnung der Einreise und des Aufenthalts** nach § 19f Abs. 5 Satz 2 AufenthG beginnt ab dem Datum des Zugangs der vollständigen Mitteilung in deutscher Sprache zu laufen (vgl. § 23 Abs. 3 (L)VwVfG).

5.7 Positiventscheidung

Erfolgt innerhalb von 30 Tagen nach Zugang der in § 16c Abs. 1 Satz 1 AufenthG genannten Mitteilung keine Ablehnung der Einreise und des Aufenthalts nach § 19f Abs. 5 AufenthG, stellt das BAMF dem Ausländer, der in diesem Fall nicht der Aufenthaltstitelpflicht nach § 4 Abs. 1 Satz 1 AufenthG unterliegt, eine **Bescheinigung über die Berechtigung zu Einreise und Aufenthalt** im Rahmen der Mobilität zum Zweck des Studiums aus (§ 16c Abs. 4 AufenthG).

Diese kann direkt an die aufnehmende Ausbildungseinrichtung im Inland zur Übergabe an den Ausländer übersandt werden. Das BAMF übermittelt das Datum der Ausstellung der Bescheinigung an die Registerbehörde.

Bei dieser Bescheinigung handelt es sich lediglich um den Hinweis, dass der Ausländer nicht aufenthaltstitelpflichtig ist. Sie hat nicht die Qualität eines Aufenthaltstitels nach § 4 Abs. 1 Satz 2 AufenthG und dient dem Ausländer als Nachweis des erlaubnisfreien Aufenthalts für den in § 16c Abs. 1 AufenthG genannten Aufenthaltszweck.

Der Ausländer ist nach § 16c Abs. 2 Satz 3 AufenthG berechtigt, eine Beschäftigung (Rahmen: 1/3 der Aufenthaltsdauer) oder eine studentische Nebentätigkeit auszuüben. Die Bescheinigung hat die zeitliche bzw. sachliche Beschränkung der Tätigkeit erkennen zu lassen (§ 4a Abs. 1 Satz 2 und Abs. 3 Satz 1 AufenthG).

5.8 Negativentscheidung

Nach § 19f Abs. 5 Satz 1 AufenthG werden Einreise und Aufenthalt zum Zweck des Studiums nach § 16c Abs. 1 AufenthG aus den in Nr. 1 bis 5 genannten Gründen durch das BAMF abgelehnt. Diese

5. Mobilität im Rahmen des Studiums

Entscheidung hat kein Einreise- und Aufenthaltsverbot nach § 11 Abs. 1 AufenthG zur Folge und lässt andere gesetzliche Einreisemöglichkeiten unberührt.

Das nach § 75 Nr. 5a AufenthG zuständige BAMF prüft, ob **Ablehnungsgründe** der Einreise und dem Aufenthalt des Ausländers im Bundesgebiet entgegenstehen. Die Entscheidung über das Vorliegen eines der Ablehnungsgründe nach § 19f Abs. 5 Satz 1 Nr. 1 und 2 AufenthG ist innerhalb von 30 Tagen nach Zugang der vollständigen Mitteilung zu treffen.

Eine gesonderte **Anhörung des Ausländers** ist nicht erforderlich, da bereits im Rahmen der Mitteilung ausreichend Gelegenheit besteht, alle entscheidungserheblichen Tatsachen vorzutragen und Nachweise vorzulegen. Die 30-Tages-Frist für die Ablehnung der Einreise und des Aufenthalts nach § 19f Abs. 5 Satz 2 AufenthG wird nicht dadurch gehemmt, dass Rückfragen (vgl. § 91d Abs. 3 AufenthG) gestellt oder Dokumente nachgefordert werden.

Die **30-Tages-Frist gilt nicht** für das Eingreifen von Ablehnungsgründen nach § 19f Abs. 5 Satz 1 Nr. 3 AufenthG, der auf Absatz 4 verweist. Gleiches gilt für die in § 19f Abs. 5 Satz 1 Nr. 4 AufenthG genannten Gründe hinsichtlich des Vorliegens eines Ausweisungsinteresses nach § 54 AufenthG. In beiden Fällen kann daher auch die nach § 71 Abs. 1 AufenthG zuständige Ausländerbehörde während des Aufenthalts des Ausländers im Bundesgebiet entscheiden.

Für weitere aufenthaltsrechtliche Entscheidungen nach der Ablehnung der Einreise und des Aufenthalts bzw. nach Wegfall der Zuständigkeit des BAMF nach § 75 Nr. 5a AufenthG ist die Ausländerbehörde gemäß § 71 Abs. 1 AufenthG zuständig (§ 16c Abs. 5 AufenthG). Mit diesem Zuständigkeitswechsel geht auch die Pflicht der aufnehmenden Bildungseinrichtung und des Ausländers einher, der Ausländerbehörde Änderungen in Bezug auf die in § 16c Abs. 1 AufenthG genannten Voraussetzungen anzuzeigen (§ 16c Abs. 5 Satz 2 AufenthG).

Die Ausländerbehörde hat zu prüfen, ob und welche aufenthaltsrechtlichen Maßnahmen (z. B. Abschiebungsandrohung als Rückkehrentscheidung i. S. v. Art. 6 RFRL) nach Wegfall der Befreiung von der Aufenthaltstitelpflicht und dem Eintritt der vollziehbaren Ausreisepflicht nach § 58 Abs. 2 Satz 1 Nr. 2 AufenthG zu ergreifen sind. Reist der vollziehbar ausweispflichtige Ausländer nicht freiwillig aus, kommt eine Rückführung grundsätzlich in den anderen

III. (Berufs-)Ausbildung und Studium

EU-Mitgliedstaat, der den gültigen Aufenthaltstitel nach der REST-Richtlinie erteilt hat, in Betracht (§ 50 Abs. 3 AufenthG).

5.9 Verfahren

5.9.1 Bekanntgabe der Ablehnungsentscheidung

Kommt das BAMF nach Zugang der Mitteilung nach § 16c Abs. 1 Satz 1 AufenthG oder die Ausländerbehörde nach der Einreise des Ausländers zu dem Ergebnis, dass Ablehnungsgründe nach § 19f Abs. 5 Satz 1 AufenthG vorliegen, so geben diese nach § 19f Abs. 5 Satz 4 AufenthG die Ablehnungsentscheidung

- dem Ausländer,
- der zuständigen Behörde des anderen EU-Mitgliedstaats und
- der mitteilenden Bildungseinrichtung im Bundesgebiet

bekannt.

5.9.2 Form der Ablehnungsentscheidung

Die **Ablehnungsentscheidung** ist schriftlich bekanntzugeben und daher nach § 39 (L)VwVfG zu **begründen**; ihr ist eine **Rechtsbehelfsbelehrung** nach § 37 Abs. 6 (L)VwVfG beizufügen.

5.9.3 Datenübermittlung

Die Ausländerbehörde übermittelt die erfolgte Ablehnung an das Ausländerzentralregister – Registerbehörde.

5.9.4 Unterrichtungspflicht

Das BAMF hat die zuständige Behörde des anderen EU-Mitgliedstaats über den Inhalt und den Tag der **Entscheidung über die Ablehnung** der nach § 16c Abs. 1 AufenthG mitgeteilten Mobilität zu unterrichten (§ 91d Abs. 4 Satz 1 AufenthG). Darüber hinaus finden die allgemeinen Verfahrensvorschriften des Verwaltungsverfahrensgesetzes des Bundes Anwendung.

5.10 Rechtsfolge der Ablehnung der Einreise und des Aufenthalts

Die **Ablehnung der Einreise und des Aufenthalts** durch das BAMF oder die Ausländerbehörde hat den Wegfall des aufenthaltstitelfreien Aufenthalts und somit Eintritt der vollziehbaren Ausreise-

6. Maßnahmen zur Anerkennung ausländischer Berufsqualifikationen

pflicht kraft Gesetzes zur Folge (§ 16c Abs. 3 Satz 2 und § 58 Abs. 2 Satz 1 Nr. 2 AufenthG). Das Studium ist unverzüglich einzustellen (§ 16c Abs. 3 Satz 1 AufenthG).

5.11 Besonderheiten im Verhältnis zu Schengen-Staaten

Handelt es sich bei dem EU-Mitgliedstaat, der den Aufenthaltstitel zum Zweck des Studiums erteilt hat, nicht um einen Schengen-Staat (vgl. § 2 Abs. 5 AufenthG, zum Begriff) und erfolgt die Einreise über einen Staat, der nicht Schengen-Staat ist, hat der Ausländer bei der Einreise eine Kopie der Mitteilung über die kurzfristige Mobilität, die beim BAMF eingereicht wurde, mit sich zu führen. Diese muss er den zuständigen Behörden auf Verlangen vorlegen – Vorlagepflicht – (§ 16c Abs. 1 Satz 4 AufenthG).

6. Maßnahmen zur Anerkennung ausländischer Berufsqualifikationen

6.1 Neukonzeption

§ 16d AufenthG n. F. übernimmt und erweitert die bestehenden Regelungen von § 17a AufenthG a. F. hinsichtlich der Maßnahmen zur Anerkennung ausländischer Berufsqualifikationen. Nach Altrecht kann ein Aufenthaltstitel nach § 17a AufenthG a. F. im Ermessenswege erteilt werden, wenn Anpassungsmaßnahmen oder weitere Qualifikationen (Abs. 1) oder eine Prüfung (Abs. 5) in einem im Inland reglementierten Beruf für die Erteilung der Befugnis zur Berufsausübung oder für die Erteilung der Erlaubnis zum Führen der Berufsbezeichnung erforderlich sind. Im neuen § 16d AufenthG werden diese beiden Konstellationen mit Blick auf eine bessere Verständlichkeit des Aufenthaltsgesetzes unter dem Begriff „Erteilung der Berufsausübungserlaubnis" zusammengefasst. Diesbezüglich liegt jedoch keine Erweiterung des Regelungsgehalts vor.

Zum einen werden die Aufenthaltstitel nach den Absätzen 1, 3 und 4 des § 16d AufenthG für die Durchführung einer Qualifizierungsmaßnahme ausdrücklich **„zum Zweck der Anerkennung"** ausländischer Berufsqualifikationen erteilt. Zum anderen wird auch in der Gesetzesbegründung darauf hingewiesen, dass Ziel des Aufenthalts die **Feststellung der Gleichwertigkeit** oder die **Erteilung einer Berufsausübungserlaubnis** ist.[54]

---

[54] Vgl. dazu Gesetzesbegründung, BR-Drucks. 7/19, S. 101.

III. (Berufs-)Ausbildung und Studium

Im Jahr **2018** wurden bundesweit **36.400 im Ausland erworbene berufliche Abschlüsse anerkannt** – 20 Prozent mehr als im Vorjahr. Dieser deutliche Anstieg kommt vor allem dem Gesundheitswesen zugute: Drei Fünftel des Anstiegs betreffen Krankenpfleger und Ärzte.[55]

Voraussetzungen, Dauer und Möglichkeiten der Erwerbstätigkeit sind so ausgestaltet, dass das Ziel der Anerkennung der im Ausland erworbenen beruflichen Qualifikation erreicht werden kann. Auch die Soll-Vorschrift des § 16d Abs. 3 AufenthG setzt voraus, dass innerhalb des **Rahmens von bis zu zwei Jahren** ein Ausgleich der im Ankerkennungsverfahren festgestellten Unterschiede und eine Anerkennung der im Ausland erworbenen Berufsqualifikation angestrebt werden. Der Arbeitgeber muss arbeitsvertraglich zusichern, dass er dies ermöglicht.

Zu den **Maßnahmen** zählen

- **Anpassungs- und Ausgleichsmaßnahmen** in theoretischer und praktischer Form,
- **Vorbereitungskurse** auf Prüfungen und **Sprachkurse**.

Mit dem **Begriffspaar „Anpassungs- oder Ausgleichsmaßnahme"** wird im Rahmen des § 16d AufenthG klargestellt, dass sowohl der reglementierte als auch der nicht reglementierte Bereich erfasst ist. Die Regelung soll, wie auch in der Gesetzesbegründung dargestellt, das Absolvieren von Ausgleichsmaßnahmen (sowohl in Form von Anpassungslehrgängen als auch Prüfungen einschließlich entsprechender Vorbereitungskurse), von Anpassungsqualifizierungen im nicht reglementierten Bereich sowie das Erlangen weiterer Qualifikationen, wie z. B. durch Sprachkurse, ermöglichen.

> **Hinweis:**
> - **Reglementierte Berufe:** In Deutschland gibt es „reglementierte Berufe". In diesen Berufen dürfen Deutsche und Personen mit ausländischer Nationalität nur dann arbeiten, wenn sie eine ganz bestimmte Qualifikation besitzen. Das gilt z. B. für Ärzte und Rechtsanwälte. Es gilt auch für bestimmte Meister im Handwerk, wenn sie als selbstständige Unternehmer tätig sind. Wenn der Ausländer in einem dieser reglementierten Berufe arbeiten möchte, benötigt

---

[55] Siehe Südwest Presse – Wirtschaft – v. 22.8.2019.

6. Maßnahmen zur Anerkennung ausländischer Berufsqualifikationen

er eine Anerkennung seines Berufsabschlusses in Deutschland. Die Internetseite „Reglementierte Berufe Datenbank" enthält eine Liste mit allen Berufen, die in Deutschland reglementiert sind.

- **Nicht-reglementierte Berufe:** Die meisten Berufe sind nicht reglementiert. Um z. B. die Tätigkeit eines Betriebswirts, Informatikers oder Bäckers auszuüben, ist ein entsprechender Berufsabschluss nicht zwingend erforderlich.

Qualifizierungsmaßnahmen können auch rein betrieblich durchgeführt werden, wenn beispielsweise nur noch bestimmte praktische Fertigkeiten, Kenntnisse und Fähigkeiten nachgewiesen werden müssen. Zu den **Bildungseinrichtungen** gehören nach § 2 Abs. 12c Nr. 1 AufenthG auch Ausbildungsbetriebe bei einer betrieblichen Berufsaus- oder -weiterbildung.

6.2 Gesetzeszweck

Die Steigerung der Zuwanderung von Fachkräften in Ausbildungsberufen ist ein Schwerpunktanliegen des Fachkräfteeinwanderungsgesetzes; gleichzeitig erfüllen ausländische Ausbildungsabschlüsse häufig nicht die für eine Anerkennung erforderlichen Anforderungen. Dieser Zwiespalt wird durch den neuen § 16d AufenthG aufgelöst, der nach Feststellung der „teilweisen" Gleichwertigkeit eines ausländischen Abschlusses oder der Feststellung von notwendigen Ausgleichsmaßnahmen bei reglementierten Berufen die Möglichkeiten der Einreise und des Aufenthalts zu Qualifizierungsmaßnahmen mit dem **Ziel der Feststellung der Gleichwertigkeit oder Erteilung der Berufsausübungserlaubnis** erweitert und praxistauglicher gestaltet.

6.3 Regelungsinhalt

Die Erteilung eines Aufenthaltstitels nach **§ 16d Abs. 1, 3 und 5 AufenthG** setzt voraus, dass bereits vor der Einreise das Verfahren zur Feststellung der Gleichwertigkeit oder, soweit erforderlich, zur Erteilung der Berufsausübungserlaubnis begonnen wurde und die für die berufliche Anerkennung zuständige Stelle festgestellt hat, dass Anpassungs- oder Ausgleichsmaßnahmen oder weitere Qualifikationen erforderlich sind. Hingegen ermöglicht die Regelung des **§ 16d**

III. (Berufs-)Ausbildung und Studium

Abs. 4 AufenthG einem Ausländer einen Aufenthalt zum Zweck der Anerkennung seiner im Ausland erworbenen Berufsqualifikation. Nach § 16d Abs. 1 und 3 AufenthG besteht auf die Erteilung einer Aufenthaltserlaubnis ein **Regelanspruch**. In den Fällen des § 16d Abs. 4 und 5 AufenthG liegt die Entscheidung im **Ermessen** der Behörde.

Im Regelungsbereich des § 16d Abs. 4 Satz 1 AufenthG wird bei der neu geschaffenen Möglichkeit des Aufenthalts für Maßnahmen zur Anerkennung ausländischer Berufsqualifikationen im Zuge von Vermittlungsabsprachen wird ebenfalls und systemgerecht Ermessen eröffnet. Stellt die zuständige Stelle durch Bescheid fest, dass die im Ausland erworbene Berufsqualifikation nicht gleichwertig ist, die Gleichwertigkeit aber durch eine Qualifizierungsmaßnahme im Bundesgebiet erreicht werden kann, kann das **beschleunigte Verfahren nach § 81a AufenthG** mit dem Ziel der Einreise zum Zweck des § 16d Abs. 4 AufenthG – Maßnahmen zur Anerkennung ausländischer Berufsqualifikationen – fortgeführt werden (§ 81a Abs. 3 Satz 2 AufenthG).

6.4 Neuerungen in § 16d AufenthG

Im Vergleich zu § 17a AufenthG a. F. enthält die **Neufassung des § 16d AufenthG** folgende Neuerungen, die nach der Gesetzesbegründung die Anwendbarkeit und Nutzung der Norm forcieren sollen:

- Für die Aufenthalte im Rahmen des § 16d AufenthG sind bei der **Qualifizierungsmaßnahme** entsprechende deutsche Sprachkenntnisse erforderlich, in der Regel mindestens **hinreichende deutsche Sprachkenntnisse** (Niveau A2 GER, § 2 Abs. 10 AufenthG, zum Begriff). Für die Anwendung des § 16d Abs. 3 Nr. 1 AufenthG gilt dieses Sprachniveau im Regelfall.

  Die Sprachkenntnisse sind erforderlich, um die Qualifizierungsmaßnahmen neben den erweiterten Beschäftigungsmöglichkeiten in der gebotenen Zeit erfolgreich absolvieren zu können. Niedrigere Sprachkenntnisse können ausreichend sein, wenn der weitere Spracherwerb Bestandteil der geplanten Maßnahmen ist.

- **§ 16d Abs. 1 AufenthG** wurde zur besseren Übersicht klarer strukturiert. Vom Aufenthaltszweck der Anerkennung einer im

6. Maßnahmen zur Anerkennung ausländischer Berufsqualifikationen

Ausland erworbenen Berufsqualifikation ist auch die Erteilung der Berufsausübungserlaubnis bei reglementierten Berufen erfasst. Die Berufsausübungserlaubnis umfasst die berufsrechtliche Befugnis zur Berufsausübung sowie die Erteilung der Erlaubnis zum Führen der Berufsbezeichnung.

In § 16d Abs. 1 Satz 3 AufenthG wurde die bisherige **Geltungsdauer der Aufenthaltserlaubnis** von 18 Monaten beibehalten und **zusätzlich eine Verlängerungsmöglichkeit** um sechs Monate bis zu einem **Höchstzeitraum von zwei Jahren** festgelegt. Verlängerungen kommen insbesondere in Betracht, wenn den Prüfungen lange Wartezeiten vorausgehen und sich diese dadurch verzögern. Durch die Verlängerungsmöglichkeit soll auch ermöglicht werden, dass eine nicht bestandene Prüfung wiederholt werden kann.

Die bislang in § 16a Abs. 2 AufenthG geregelte **Nebenbeschäftigung von bis zu zehn Stunden je Woche** wird in § 16d Abs. 1 Satz 4 AufenthG normiert.

- Der bisherige § 16a Abs. 3 AufenthG a. F. wird zum neuen § 16d Abs. 2 AufenthG n. F. Das Erfordernis eines „engen" Zusammenhangs wurde aufgegeben, um berufspraktischen Bedürfnissen insbesondere der medizinischen Berufe besser entsprechen zu können. Darüber hinaus wurde der Absatz redaktionell gekürzt, ohne dass dadurch weitere Rechtsänderungen eintreten. Insbesondere gilt weiterhin, dass eine Beschäftigung im berufsfachlichen Zusammenhang nach § 16d Abs. 2 AufenthG keine Qualifizierungsmaßnahme nach Absatz 1 darstellt, sondern nur ergänzend zur Durchführung einer Qualifizierungsmaßnahme nach Absatz 1 ausgeübt werden kann.

  Das Erfordernis des berufsfachlichen Zusammenhangs nach § 16d Abs. 2 AufenthG ist bei **nicht reglementierten Berufen** auch gegeben, wenn bereits eine qualifizierte Beschäftigung in dem Beruf, für den die Gleichwertigkeit festgestellt werden soll, neben der Qualifizierungsmaßnahme ausgeübt wird.

- Der neue **§ 16d Abs. 3 AufenthG** ermöglicht für nicht reglementierte Berufe einen Aufenthalt zur **Feststellung der Gleichwertigkeit** der ausländischen Berufsqualifikation mit bereits paralleler Beschäftigung im anzuerkennenden Beruf, wenn die zuständige Stelle als Ergebnis des Anerkennungsverfahrens festgestellt hat, dass schwerpunktmäßig Fertigkeiten, Kenntnisse und Fähigkei-

III. (Berufs-)Ausbildung und Studium

ten in der betrieblichen Praxis fehlen, gleichzeitig aber die Befähigung zu einer vergleichbaren beruflichen Tätigkeit wie bei der entsprechenden inländischen Berufsausbildung gegeben ist.

Bei dieser **„teilweisen" Gleichwertigkeit** ist gewährleistet, dass der Ausländer eine hinreichende berufliche Handlungsfähigkeit besitzt. Voraussetzung ist, dass eine abgeschlossene ausländische Berufsbildung mit einer Ausbildungsdauer von üblicherweise mindestens zwei Jahren vorliegt. Damit ist sichergestellt, dass die vorhandenen beruflichen Qualifikationen einen ausreichenden Teil eines inländischen Referenzberufs abdecken, so dass die berufliche Tätigkeit von der ausländischen Fachkraft grundsätzlich ausgeübt werden kann.

Weitere Voraussetzung ist, dass innerhalb eines Rahmens von bis zu zwei Jahren ein Ausgleich der festgestellten wesentlichen Unterschiede angestrebt wird. Hierzu ist die **arbeitsvertragliche Zusicherung** erforderlich, dass der Arbeitgeber dies ermöglichen wird. Daher ist auch Voraussetzung für die Erteilung eines Aufenthaltstitels nach § 16d Abs. 3 Nr. 4 AufenthG, dass sich der Arbeitgeber verpflichtet hat, den Ausgleich der von der zuständigen Stelle festgestellten Unterschiede innerhalb der Gültigkeitsdauer des Aufenthaltstitels zu ermöglichen. Die Verbindlichkeit für Arbeitgeber und Arbeitnehmer ist damit gegeben.

Hinweis:

Die konkrete Ausgestaltung dieser Zusicherung im Einzelnen ist nicht durch eine generell-abstrakt zu fassende Gesetzesnorm zu bestimmen. Beabsichtigt ist jedoch, diese Problematik im Rahmen von Anwendungshinweisen aufzugreifen.[56]

Praxis-Tipp:

Im Rahmen der **Prüfung des Aufenthaltszwecks** ist darzulegen, auf welche Weise die für die **Feststellung der Gleichwertigkeit** der ausländischen Berufsqualifikation mit einer inländischen Referenzausbildung noch fehlenden Fertigkeiten, Kenntnisse

---

[56] Das Bundesministerium des Innern, für Bau und Heimat plant, bis zum Inkrafttreten des Fachkräfteeinwanderungsgesetzes Anwendungshinweise für die Praxis zu erstellen.

6. Maßnahmen zur Anerkennung ausländischer Berufsqualifikationen

und Erfahrungen ausgeglichen werden sollen (§ 16d Abs. 1 Satz 1 Nr. 1 AufenthG).

Ein zeitlich und sachlich gegliederter Weiterbildungsplan, in dem die einzelnen Schritte, durch die die wesentlichen Unterschiede ausgeglichen werden sollen, enthalten sind, und der jeweils die für den Weiterbildungsabschnitt verantwortliche Bildungseinrichtung bzw. den Betrieb ausweist, kann dabei weiterführend sein. Dazu kann auch gehören, dass der **Nachweis des Vorhandenseins weiterer maßgeblicher beruflicher Fertigkeiten,** Kenntnisse und Fähigkeiten im Rahmen sonstiger Verfahren nach § 14 des Berufsqualifikationsfeststellungsgesetzes (BQFG) erfolgt.

III

- **§ 16d Abs. 4 AufenthG** ermöglicht einen **Aufenthalt zur Anerkennung von im Ausland erworbenen Berufsqualifikationen** im Rahmen von sogenannten Vermittlungsabsprachen zwischen der Bundesagentur für Arbeit (BA) und der Arbeitsverwaltung des Herkunftslandes. Die Regelung ermöglicht einem Ausländer einen Aufenthalt zum Zweck der Anerkennung seiner im Ausland erworbenen Berufsqualifikation, wenn dieser aufgrund einer Absprache der BA mit der Arbeitsverwaltung des Herkunftsstaates in eine Beschäftigung vermittelt worden ist. Sie trägt dem Bedürfnis der Praxis nach Heranführen der ausländischen Fachkräfte an die hiesige Arbeitswelt und parallelem Erwerb weiterer beruflicher Qualifikationen zur **Feststellung der Gleichwertigkeit mit dem inländischen Referenzberuf** Rechnung.

Das **Verfahren,** die Auswahl, die Vermittlung und die Durchführung des Verfahrens zur Feststellung der Gleichwertigkeit der ausländischen Berufsqualifikation und – soweit erforderlich – zur Erteilung der Berufsausübungserlaubnis werden im Einzelnen durch die Absprache geregelt.

Die **Zustimmung der BA** ist nach § 2 BeschV erforderlich. Danach kann die Zustimmung u. a. erteilt werden, wenn der betreffende Ausländer erklärt, nach der Einreise im Inland bei der nach den Regelungen des Bundes oder der Länder für die berufliche Anerkennung zuständigen Stelle das Verfahren zur Feststellung

III. (Berufs-)Ausbildung und Studium

der Gleichwertigkeit und – soweit erforderlich – zur Erteilung der Berufsausübungserlaubnis durchzuführen. Nach § 2 Abs. 3 BeschV wird die **Zustimmung der BA für ein Jahr** erteilt. Eine erneute Zustimmung kann nur erteilt werden, wenn das Verfahren zur Feststellung der Gleichwertigkeit der ausländischen Berufsqualifikation oder – soweit erforderlich – zur Erteilung der Berufsausübungserlaubnis bei der nach den Regelungen des Bundes oder der Länder für die berufliche Anerkennung zuständigen Stelle betrieben wird. Die Bundesagentur für Arbeit begleitet das Verfahren im Inland, um zu gewährleisten, dass die Anerkennung tatsächlich erlangt wird.

– § **16d Abs. 4 Nr. 1 AufenthG** bezieht sich auf reglementierte Berufe im Gesundheits- und Pflegebereich, in denen aktuell ein großer Fachkräftebedarf besteht. Vorbild ist die Vermittlung von Pflegekräften im Rahmen des Programms Triple Win.[57]

– Zudem wird durch § **16d Abs. 4 Nr. 2 AufenthG** eine **Erleichterung im Rahmen von sogenannten Vermittlungsabsprachen** auch **für sonstige ausgewählte Berufe** unter Berücksichtigung der Angemessenheit der Ausbildungsstrukturen im Her-

---

[57] Über dieses Programm werden durch die BA gemeinsam mit der Gesellschaft für Internationale Zusammenarbeit und in Kooperation mit den Arbeitsverwaltungen der Herkunftsländer seit 2013 erfolgreich Pflegefachkräfte für den deutschen Arbeitsmarkt gewonnen. In Zusammenhang mit der Neuregelung der Zuwanderung in Ausbildungsberufe in § 18a AufenthG und den Folgeänderungen in der BeschV erhält insbesondere dieses Programm eine eigene Rechtsgrundlage, die es ermöglichen kann, dass private Arbeitsvermittler im Rahmen der Vermittlungsabsprache der BA mit dieser kooperieren. Während des Anerkennungsverfahrens üben die Ausländer bereits eine Beschäftigung im erstrebten Berufsfeld aus. Die erforderliche Zustimmung der BA wird in § 2 BeschV geregelt. Durch die Ausübung der Beschäftigung können die Ausländer bereits ihre Kenntnisse und Fähigkeiten in einem beruflichen Umfeld einsetzen und vertiefen und ihren Lebensunterhalt selbst sichern. Die BA schließt Absprachen nach dieser Regelung für ausgewählte Berufsqualifikationen des Herkunftslandes, die sie in Abstimmung mit einer für die berufliche Anerkennung zuständigen Stelle oder den Fachverbänden für geeignet hält. In der Absprache wird das für die Erlangung der Anerkennung erforderliche Verfahren geregelt. Die BA begleitet das Verfahren im Inland, sodass gewährleistet ist, dass die Anerkennung tatsächlich erlangt wird. Zum Zeitpunkt des Inkrafttretens dieses Gesetzes bereits bestehende Absprachen der BA mit ausländischen Arbeitsverwaltungen über das Verfahren, die Auswahl und die Vermittlung können nach Inkrafttreten dieses Gesetzes weiter angewendet werden.

6. Maßnahmen zur Anerkennung ausländischer Berufsqualifikationen

kunftsland geschaffen. Dies soll ergänzend zu den bereits bestehenden Möglichkeiten der Gleichstellung von Prüfungszeugnissen durch Rechtsverordnung aufgrund von § 40 Abs. 2 Handwerksordnung (HwO) bzw. § 50 Abs. 2 Berufsbildungsgesetzes (BBiG) insbesondere im Bereich des Handwerks dazu beitragen, Anerkennungsverfahren zu erleichtern und zu beschleunigen.

– Nach § **16d Abs. 4 Satz 2 AufenthG** gilt die Beschäftigungsmöglichkeit von zehn Stunden je Woche auch für diese Regelung.

- Der bisherige § 16a Abs. 5 AufenthG a. F. bleibt **Absatz 5 in § 16d AufenthG** n. F. und wurde redaktionell gekürzt. Zudem wird auf das bisher erforderliche konkrete Arbeitsplatzangebot für eine spätere Beschäftigung verzichtet.

  Ein Aufenthaltstitel nach § 16d Abs. 5 AufenthG wird nach nationalem Recht und daher nicht nach Schengen-Recht (vgl. § 6 Abs. 1 Nr. 1 AufenthG) erteilt, wenn perspektivisch ein Aufenthalt im Inland angestrebt wird, der eine Dauer von 90 Tagen übersteigt.

  Bei der Erteilung eines nationalen Visums (vgl. § 6 Abs. 3 AufenthG) nach § 16d Abs. 5 AufenthG ist bereits zu prüfen, ob die Voraussetzungen für die Erteilung des Aufenthaltstitels, in den nach der Erlangung der Anerkennung gewechselt werden soll, erfüllt werden. Dabei kann es sich um einen **Aufenthaltstitel zum Zweck der Arbeitssuche** nach § 20 Abs. 3 Nr. 4 AufenthG oder einen Aufenthaltstitel zum Zweck der Beschäftigung (§ 18a AufenthG) handeln. Ist bei einem Aufenthaltstitel zum Zweck der Beschäftigung die Zustimmung der Arbeitsverwaltung nach § 39 AufenthG erforderlich, ist diese im Rahmen einer Fakultativbeteiligung nach § 72 Abs. 7 AufenthG einzuholen.

- **§ 16d Abs. 6 AufenthG** enthält eine Regelung zu Möglichkeiten des Zweckwechsels.

6.5 Studienbezogenes Praktikum EU

Der bisherige § 17b AufenthG a. F. wird § 16e AufenthG n. F. Der bisherige § 17b Abs. 3 AufenthG a. F. wird in Bezug auf die Handlungsfähigkeit § 80 Abs. 5 AufenthG zugeordnet.

III. (Berufs-)Ausbildung und Studium

7. Sprachkurse und Schulbesuch

7.1 Rechtsänderungen

Der bisherige § 16b AufenthG a. F. wird aufgehoben. § 16f AufenthG n. F. enthält Regelungen über die Teilnahme an Sprachkursen und den Schulbesuch. In § 16f AufenthG n. F. werden im Gegensatz zur Vorgängerregelung in § 16b a. F. nur noch Sachverhalte des Besuchs von Sprachkursen und des Besuchs allgemeinbildender Schulen geregelt.

7.2 Teilnahme an Sprachkursen und internationaler Schüleraustausch

§ 16f Abs. 1 AufenthG übernimmt die bisher in § 16b Abs. 1 AufenthG a. F. geregelten Fallgestaltungen der Teilnahme an Sprachkursen und für den internationalen Schüleraustausch. Von dem **Begriff des Schüleraustausches** sind auch Gastschüler erfasst, die in Deutschland ein Gastschuljahr absolvieren, ohne dass dabei ein unmittelbarer Austausch erfolgt. Erfasst ist davon sowohl ein privat wie auch ein kommerziell organisiertes Austauschjahr.

Eine Rechtsänderung in Bezug auf die für die Erteilung der Aufenthaltserlaubnis bzw. des Visums maßgeblichen Erteilungsvoraussetzungen (insbesondere Motivation zur Absolvierung des Sprachkurses und Rückkehrbereitschaft) ergibt sich hierdurch nicht.

Aufgrund der Regelungen in § 39 AufenthV kann nach erfolgreicher Beendigung von Sprachkursen, die für die Aufnahme einer Beschäftigung oder einer Ausbildung erforderlich sind, die zweckentsprechende **Aufenthaltserlaubnis** auch weiterhin **ohne vorherige Ausreise** erteilt werden. Die bisher in § 16b Absatz 1 Satz 3 a. F. enthaltene Regelung für Minderjährige wird für diesen und andere Aufenthaltssachverhalte in Bezug auf die **Handlungsfähigkeit** zentral in § 80 Abs. 5 AufenthG verankert.

7.3 Besuch allgemeinbildender Schulen

§ 16f Abs. 2 AufenthG regelt den Besuch allgemeinbildender Schulen. Der **wesentliche Unterschied zur bisherigen Regelung** besteht darin, dass der Schulbesuch **nicht mehr nur** auf **Ausnahmefälle** beschränkt ist, die in der AVwV-AufenthG definiert wurden. Dadurch wird generell mehr Schülern der Besuch deutscher Schulen ermöglicht.

8. Suche eines Ausbildungs- oder Studienplatzes

Wenige grundlegende, bislang in der AVwV-AufenthG vorgenommene Definitionen des gesetzlichen Ausnahmefalls werden in § 16f Abs. 2 Nr. 1 und 2 AufenthG eingebunden, um Klarheit über die Voraussetzungen zum Schulbesuch unmittelbar aus dem Gesetz zu erhalten. Dabei bleibt es bei dem Grundsatz, dass die **Ausbildungskosten** der Schüler unabhängig von ihrer Staatsangehörigkeit durch die Eltern zumindest überwiegend getragen werden müssen, was bislang in den Nr. 16.5.2.2 und Nr. 16.5.2.2.4 der AVwV-AufenthG geregelt war.

7.4 Aufenthaltszweckwechselregelung

§ **16f Abs. 3 AufenthG** übernimmt die Aufenthaltszweckwechselregelung von § 16b Abs. 4 AufenthG a. F. Danach ist während des Aufenthalts gemäß § 16f Abs. 1 oder 2 AufenthG ein Aufenthaltszweckwechsel nur in den Fällen eines gesetzlichen Anspruchs[58] auf Erteilung eines anderen Aufenthaltstitels möglich. Mit dem Wort „während" wird die Zeit bis zum erfolgreichen Abschluss der Bildungsmaßnahme und Aushändigung des entsprechenden Abschlusszeugnisses erfasst.

8. Suche eines Ausbildungs- oder Studienplatzes

8.1 Neuregelung

Im **neuen § 17 Abs. 1 und 2 AufenthG** werden die bisherigen Regelungen zum Zweck des Aufenthalts zur **Studienbewerbung** (vgl. § 16 Abs. 7 AufenthG a. F.) mit der **neuen Möglichkeit** des bis zu sechs Monate befristeten Aufenthalts zum Zweck der **Suche nach einem Ausbildungsplatz** zur Durchführung einer qualifizierten Berufsausbildung zusammengefasst.

---

[58] Das Vorliegen eines gesetzlichen Anspruchs wird durch eine gesetzliche Muss-Vorschrift charakterisiert. Ausdruck eines Anspruchs sind Formulierungen wie „... ist zu erteilen, wenn ..." oder „... wird erteilt, wenn ...". Dabei müssen alle regelhaften Voraussetzungen (z. B. auch nach § 5 AufenthG) uneingeschränkt erfüllt sein (vgl. BVerwG, Urt. v. 17.12.2015 – 1 C 31.14, InfAuslR 2016, 133 = ZAR 2016, 147).

III. (Berufs-)Ausbildung und Studium

8.2 Suche nach einem Ausbildungsplatz zur Durchführung einer qualifizierten Berufsausbildung

8.2.1 Suche nach einem Ausbildungsplatz

§ 17 Abs. 1 Satz 1 und 2 AufenthG eröffnet erstmals den Aufenthalt in Deutschland bis zu **sechs Monate** zum Zweck der Suche nach einem Ausbildungsplatz zur Durchführung einer qualifizierten Berufsausbildung. Diese Regelung eröffnet den Ausbildungsplatzsuchenden insbesondere die Möglichkeit, in kleinen und mittleren Unternehmen einen Ausbildungsplatz zu finden, die oftmals keine Möglichkeit haben, Ausbildungsinteressenten unmittelbar aus dem Ausland für eine Berufsausbildung in Deutschland zu gewinnen.

Eine **Aufenthaltserlaubnis** zur Ausbildungsplatzsuche kann nach § 17 Abs. 1 Satz 3 AufenthG nur dann **erneut erteilt** werden, wenn sich der Ausländer nach seiner Ausreise mindestens so lange im Ausland aufgehalten hat, wie er sich zuvor auf der Grundlage einer Aufenthaltserlaubnis zur Arbeitsplatzsuche in Deutschland aufgehalten hat. Die Fälle des § 17 Abs. 2 AufenthG (Studienplatzbewerbung) bleiben davon unberührt.

8.2.2 Altersgrenze

Mit der Festlegung der **Altersgrenze** in § 17 Abs. 1 Nr. 1 AufenthG soll der potenzielle Bewerberkreis auf junge Drittstaatsangehörige, die das **25. Lebensjahr** noch nicht vollendet haben, beschränkt werden, bei denen der Abschluss der Schulausbildung daher noch nicht allzu lange zurückliegt.

8.2.3 Lebensunterhaltssicherung

§ 17 Abs. 1 Nr. 2 AufenthG fordert – über § 5 Abs. 1 Nr. 1 AufenthG hinaus – ausnahmslos die **Lebensunterhaltssicherung** (§ 2 Abs. 3 AufenthG, zum Begriff). Danach hat der Ausländer seinen Lebensunterhalt ohne Inanspruchnahme öffentlicher Mittel zu bestreiten (vgl. § 2 Abs. 3 Satz 2 AufenthG); eine Drittmittelsicherung nach § 68 AufenthG reicht auch aus.

8.2.4 Begünstigter Personenkreis

§ 17 Abs. 1 Nr. 3 AufenthG beschränkt den **Personenkreis** derjenigen, die für die Aufenthaltserlaubnis in Betracht kommen, auf Absolventen einer deutschen Auslandsschule i. S. d. Auslands-

8. Suche eines Ausbildungs- oder Studienplatzes

schulgesetzes sowie auf Ausländer mit einem ausländischen Schulabschluss, der zum Hochschulzugang in Deutschland berechtigt. Vom Hochschulzugang umfasst sind der Zugang zu (staatlichen) Universitäten, Hochschulen, Fachhochschulen und vergleichbaren Bildungseinrichtungen.[59]

Nach Auffassung der Bundesregierung sind **hohe Anforderungen insbesondere an den Schulabschluss und das Sprachniveau** geboten, um sicherzustellen, dass der Aufenthaltszweck erreicht werden kann. Ziel ist nicht die Einreise ungelernter oder geringqualifizierter Ausländer in den deutschen Arbeitsmarkt, sondern gut geeigneter Kandidaten, zu denen die begründete Erwartung besteht, dass sie eine qualifizierte Berufsausbildung erfolgreich absolvieren können und damit künftige Fachkräfte sind. Zur Beurteilung von Wirksamkeit und tatsächlicher Inanspruchnahme der Regelung zur Ausbildungsplatzsuche ist eine Evaluierung vorgesehen.[60]

8.2.5 Sprachniveau

§ 17 Abs. 1 Nr. 4 AufenthG legt das **Sprachniveau** fest, das für die Suche nach einer qualifizierten Berufsausbildung in Deutschland erforderlich ist. **Gute deutsche Sprachkenntnisse** (Niveau B2 GER, § 2 Abs. 11a AufenthG)[61] sind im Rahmen der Ausbildungsplatzsuche nicht nur in Bezug auf die praktische betriebliche Ausbildung und den begleitenden Berufsschulunterricht erforderlich, sondern insbesondere auch in Bezug auf die schulische Berufsausbildung, da der Ausländer im Fall des § 17 AufenthG noch nicht über einen Ausbildungsplatz verfügt und dementsprechend die Sprachkenntnisse auch nicht bereits durch eine Bildungseinrichtung geprüft wurden.

---

[59] Die Zentralstelle für ausländisches Bildungswesen im Sekretariat der Kultusministerkonferenz der Länder hält in der ANABIN-Datenbank Informationen zur Bewertung ausländischer Schulabschlüsse im Hinblick auf den Hochschulzugang in Deutschland vor. Mithilfe der enthaltenen Informationen kann festgestellt werden, unter welchen Bedingungen mit einem ausländischen Sekundarschulabschluss ein grundständiges Studium in Deutschland aufgenommen werden kann. Bewertet sind alle ausländischen Sekundarschulzeugnisse, die im Heimatland den Hochschulzugang ermöglichen. Welche Abschlüsse dies sind, wird von der Zentralstelle für ausländisches Bildungswesen in regelmäßigen Abständen überprüft.

[60] Vgl. dazu Gesetzesbegründung, BR-Drucks. 7/19, S. 91.

[61] Gute deutsche Sprachkenntnisse entsprechen dem Niveau B2 des Gemeinsamen Europäischen Referenzrahmens für Sprachen (GER).

III. (Berufs-)Ausbildung und Studium

8.2.6 Ablehnungsgründe nach Ermessen

Unbeschadet der §§ 5, 10 und 11 AufenthG gelten in den Fällen des § 17 Abs. 1 AufenthG zusätzlich die Ablehnungsgründe des § 19f Abs. 4 AufenthG – insbesondere dürfen keine Beweise oder konkreten Anhaltspunkte dafür bestehen, dass der Ausländer den Aufenthalt zu anderen Zwecken nutzen wird (z. B. Asylantragstellung) als zu jenen, für die er die Erteilung der Aufenthaltserlaubnis nach § 17 Abs. 1 AufenthG beantragt.

8.2.7 Höchstzeitraum des Aufenthalts

Aufgrund von § 17 Abs. 1 Satz 2 AufenthG wird der **Höchstzeitraum des Aufenthalts auf sechs Monate begrenzt.** Die Ausländerbehörde hat es je nach Lage des Einzelfalls zu Kontrollzwecken in der Hand, den Aufenthaltstitel in diesem zeitlichen Rahmen zu befristen.

8.3 Studienbewerbung

8.3.1 Neukonzeption

§ 17 Abs. 2 **AufenthG** übernimmt die bisher in § 16 Abs. 7 Satz 1 und 2 AufenthG a. F. enthaltenen Regelungen zur **Studienbewerbung** und ergänzt diese mit den Nummern 1 und 3 um Voraussetzungen, die für einen späteren Wechsel zu einem Aufenthalt zum Zweck des Studiums zu erfüllen sind.

8.3.2 Lebensunterhaltssicherung

§ 17 Abs. 2 Nr. 2 **AufenthG** fordert parallel zur Ausbildungsplatzsuche ausnahmslos die **Lebensunterhaltssicherung ohne Inanspruchnahme öffentlicher Mittel** (§ 2 Abs. 3 AufenthG, zum Begriff). § 5 Abs. 1 Nr. 1 AufenthG, der dieses Erfordernis für den Regelfall normiert, wird daher verdrängt.

8.3.3 Ablehnungsgründe

Unbeschadet der §§ 5, 10 und 11 AufenthG gelten in den Fällen des § 17 Abs. 2 AufenthG – wie bisher über § 20c a. F. AufenthG – zusätzlich die Ablehnungsgründe des § 19f Abs. 1, 3 und 4 AufenthG – insbesondere dürfen keine Beweise oder konkreten Anhaltspunkte dafür bestehen, dass der Ausländer den Aufenthalt zu anderen Zwecken nutzen wird (z. B. Asylantragstellung, illegale Erwerbstätigkeit).

8. Suche eines Ausbildungs- oder Studienplatzes

als zu jenen, für die er die Erteilung der Aufenthaltserlaubnis nach § 17 Abs. 2 AufenthG beantragt.

8.4 Verbot der Erwerbstätigkeit

§ 17 Abs. 3 Satz 1 AufenthG enthält das umfassende **Verbot der Erwerbstätigkeit** einschließlich studentischer Nebentätigkeiten i. S. v. § 4a Abs. 1 Satz 1 AufenthG während der Ausbildungs- oder Studienplatzsuche. Die Erteilung der Erlaubnis zu jeder Form der Erwerbstätigkeit durch die Ausländerbehörde ist ausgeschlossen; dies ist im Aufenthaltstitel – Trägervordruck – einzutragen (§ 4a Abs. 3 Satz 1 AufenthG). Dies wird dadurch deutlich, dass die Regelung keine Öffnung, wie sie z. B. in § 7 Abs. 1 Satz 3 AufenthG enthalten ist, vorsieht.

8.5 Wechsel des Aufenthaltszwecks

§ 17 Abs. 3 Satz 2 und 3 AufenthG bestimmt abschließend, in welchen Fällen ein **Aufenthaltszweckwechsel** zulässig ist. Dieser soll in der Regel bei einem Abbruch der Ausbildungsplatzsuche oder Studienbewerbung zu einer Beschäftigung als Fachkraft nach § 18a oder § 18b Abs. 1 AufenthG sowie in Fällen eines gesetzlichen Anspruchs[62] (z. B. zum Zweck des Studiums) möglich sein.[63] In den Fällen der Studienbewerbung wird nach § 17 Abs. 3 Satz 2 AufenthG zusätzlich ein Wechsel zu den in §§ 16a und 16b AufenthG genannten Aufenthaltszwecken im Regelfall ermöglicht.

Dies berührt nicht den **Wechsel nach erfolgreicher Ausbildungsplatzsuche oder Studienbewerbung** – dieser ist dem Suchzweck entsprechend zu einem Aufenthalt zum Zweck der qualifizierten Berufsausbildung oder der Aufnahme eines Studiums möglich.

Führt die Ausbildungsplatzsuche oder Studienbewerbung nach § 17 AufenthG nicht zum Erfolg und stellt der Ausländer während oder im Anschluss an einen Aufenthalt nach § 17 AufenthG einen

---

[62] Das Vorliegen eines gesetzlichen Anspruchs wird durch eine gesetzliche Muss-Vorschrift charakterisiert. Ausdruck eines Anspruchs sind Formulierungen wie „... ist zu erteilen, wenn ..." oder „... wird erteilt, wenn ...". Dabei müssen alle regelhaften Voraussetzungen (z. B. auch nach § 5 AufenthG) uneingeschränkt erfüllt sein (vgl. BVerwG, Urt. v. 17.12.2015 – 1 C 31.14, InfAuslR 2016, 133 = ZAR 2016, 147).

[63] Zur Problematik vgl. *Dörig*, Spurhalten bei der Einwanderung von Fachkräften, ZRP 2018, 251.

III. (Berufs-)Ausbildung und Studium

Asylantrag (§§ 13 und 14 AsylG), werden regelmäßig die Voraussetzungen des § 30 Abs. 3 Nr. 4 AsylG erfüllt sein (vgl. auch § 10 Abs. 1 AufenthG) und der Asylantrag wird deshalb als offensichtlich unbegründet abgelehnt. Ob in diesem Fall auch § 30 Abs. 2 AsylG wegen **Vorliegens wirtschaftlicher Gründe** oder einer **allgemeinen Notsituation** eingreift und der Asylantrag deswegen offensichtlich unbegründet ist, hängt von den Umständen des Einzelfalls, insbesondere den Umständen im Herkunftsland, ab.

IV. Erwerbsmigration

1.	Neustrukturierung der Regelungen über die Erwerbsmigration..	104
2.	Begriff der Erwerbsmigration	104
3.	Ermessen, Rechtsansprüche...	104
4.	Vorrangiges Recht	105
4.1	Unionsrecht für Drittstaatsangehörige	105
4.2	Grundgesetz	106
4.3	Völkerrechtliche Verträge..	107
4.4	Allgemeine Erklärung der Menschenrechte.....................	107
5.	Integrationsaspekte	108
6.	Aufenthaltszweck..	108
7.	Vorliegen einer Erwerbstätigkeit.......................................	109
8.	Fachkräfteeinwanderung – Grundsatz..............................	110
8.1	Regelungsinhalt...	110
8.2	Grundsatz..	110
8.3	Allgemeine Voraussetzungen bei Beschäftigung............	112
8.4	Begriff der Fachkraft..	117
8.5	Geltungsdauer des Aufenthaltstitels................................	117
9.	Zustimmungsverfahren der Arbeitsverwaltung zur Beschäftigung...	118
9.1	Grundsatz der Zustimmungspflicht	118
9.2	Beschäftigungsverordnung	119
9.3	Zustimmung der BA zur Erteilung des Aufenthaltstitels für Fachkräfte	119
9.4	Zustimmung der BA in anderen Fällen	120
9.5	Regelungen zur Beschränkung der Zustimmung der BA	121
9.6	Auskunftspflicht des Arbeitgebers	121
9.7	Verordnungsermächtigung	121

10.	Aufenthaltserlaubnis für Fachkräfte mit Berufsausbildung	122
11.	Aufenthaltserlaubnis für Fachkräfte mit akademischer Ausbildung	123
11.1	Beschäftigung im akademischen Bereich	123
11.2	Beschäftigung im qualifizierten Beruf	124
11.3	Erteilung einer Blauen Karte EU	125
12.	Niederlassungserlaubnis für Fachkräfte	128
12.1	Rechtliche Verfestigung des Aufenthalts – Einwanderung	128
12.2	Voraussetzungen für die Erteilung einer Niederlassungserlaubnis	128
12.3	Begünstigter Personenkreis	128
12.4	Tatbestandliche Voraussetzungen – Neuregelung	129
12.5	Günstigerstellung von Fachkräften mit inländischem Abschluss	130
13.	Niederlassungserlaubnis für Inhaber einer Blauen Karte EU	130
13.1	Rechtsänderungen	130
13.2	Rechtsanspruch auf Erteilung einer Niederlassungserlaubnis	130
14.	Niederlassungserlaubnis für hoch qualifizierte Fachkräfte mit akademischer Ausbildung	131
14.1	Rechtsänderung	131
14.2	Erteilung der Niederlassungserlaubnis	131
15.	Aufenthaltserlaubnis zum Zweck der Forschung	134
15.1	Rechtsänderungen	134
15.2	Erteilung der Aufenthaltserlaubnis	135
15.3	Nachweis eines konkreten Arbeitsplatzangebots	135
15.4	Geltungsdauer der Aufenthaltserlaubnis	135
15.5	Ausübung einer Erwerbstätigkeit	136
16.	Kurzfristige Mobilität für Forscher	137

16.1	Befreiung von der Aufenthaltstitelpflicht	137
16.2	Rechtsänderungen	137
16.3	Befreiung von der Aufenthaltstitelpflicht während der kurzfristigen Mobilität	138
16.4	Mitteilungsverfahren zur kurzfristigen Mobilität	138
16.5	Zuständigkeit für die Entscheidung im Mitteilungsverfahren	138
16.6	Zuständigkeit der Ausländerbehörde für Entscheidungen nach Beendigung des Mitteilungsverfahrens	139
16.7	Ablehnung der Einreise und des Aufenthalts	139
16.8	Ablehnungsentscheidung – Verfahren	141
16.9	Rechtsfolge der Ablehnung der Einreise und des Aufenthalts	141
17.	Aufenthaltserlaubnis für mobile Forscher	142
17.1	Rechtsänderungen	142
17.2	Aufenthaltsrechte	142
17.3	Antragstellung – Erlaubnisfiktion	142
17.4	Anwendungsfälle	143
17.5	Erwerbstätigkeit	143
17.6	Antragsablehnung	143
18.	ICT-Karte für unternehmensintern transferierte Arbeitnehmer	144
18.1	Rechtsänderungen	144
18.2	Begünstigter Personenkreis im Bereich des unternehmerischen Transfers	144
18.3	Aufenthaltstitel	145
18.4	Einhaltung der Visumpflicht	146
19.	Kurzfristige Mobilität für unternehmensintern transferierte Arbeitnehmer	147
19.1	Regelungsinhalt	147
19.2	Befreiung von der Aufenthaltstitelpflicht	147

IV

19.3	Rechtsänderungen	148
19.4	Ablehnungsentscheidung – Verfahren	151
19.5	Rechtsfolge der Ablehnung der Einreise und des Aufenthalts	152
19.6	Besonderheiten im Verhältnis zu Schengen-Staaten	152
20.	Mobiler-ICT-Karte für unternehmensintern transferierte Arbeitnehmer	153
20.1	Rechtsänderungen	153
20.2	Aufenthaltstitel	153
20.3	Aufenthaltsrecht	154
20.4	Antragstellung – Erlaubnisfiktion	154
20.5	Gültigkeitsdauer der Mobiler-ICT-Karte	156
20.6	Beschränkung der Beschäftigung	156
20.7	Änderungsanzeige	156
21.	Sonstige Beschäftigungszwecke – Beamte	157
21.1	Neuerungen	157
21.2	Beschäftigungsaufenthalte	157
21.3	Fachkräfte mit ausgeprägten berufspraktischen Kenntnissen	157
21.4	Zulassung zum Arbeitsmarkt im begründeten Einzelfall	158
21.5	Tätigkeit als Beamter	158
22.	Aufenthaltserlaubnis für qualifizierte Geduldete zum Zweck der Beschäftigung	159
22.1	Rechtsänderungen	159
22.2	Aufenthaltsrecht	159
23.	Teilnahme am europäischen Freiwilligendienst	160
23.1	Rechtsgrundlage	160
23.2	Rechtsänderungen	161
23.3	Aufenthaltsrecht	161
23.4	Erteilungsvoraussetzungen	162
23.5	Ausschluss der rechtlichen Verfestigung	162

23.6	Widerruf der Aufenthaltserlaubnis	162
24.	Ablehnungsgründe bei Aufenthalten nach den §§ 16b, 16c, 16e, 16f, 17, 18b Abs. 2, den §§ 18d, 18e, 18f und 19e AufenthG n. F.	163
24.1	Rechtsänderungen	163
24.2	Anwendungspraxis	164
25.	Arbeitsplatzsuche für Fachkräfte	165
25.1	Rechtsänderungen	165
25.2	Regelungsinhalt	166
25.3	Fachkraft mit Berufsausbildung	166
25.4	Fachkraft mit akademischer Ausbildung	168
25.5	Arbeitsplatzsuche für eine sonstige qualifizierte Beschäftigung	168
25.6	Erteilungsvoraussetzungen	169
25.7	Asylantrag bei erfolgloser Arbeitsplatzsuche	169

IV. Erwerbsmigration

1. Neustrukturierung der Regelungen über die Erwerbsmigration

Kapitel 2 Abschnitt 4 des Aufenthaltsgesetzes – Aufenthalt zum Zweck der Erwerbstätigkeit – wurde neu gestaltet. Dabei wurden die entsprechenden Vorschriften von § 18 bis § 21 AufenthG neu sortiert und strukturiert.

Kapitel 2 Abschnitt 4 des Aufenthaltsgesetzes wird eine **Grundsatznorm** in Bezug auf Aufenthalte zum Zweck der Beschäftigung vorangestellt.

2. Begriff der Erwerbsmigration

Unter Erwerbsmigration versteht man das Auswandern (von *migratio*, lat. für *Wanderung, Auswanderung*) von Menschen zum Zweck einer Arbeit in einem fremden Land. Dabei ging (und geht auch heute noch) die Wanderung teilweise aus industriell unterentwickelten Ländern in die Industrienationen.[64]

3. Ermessen, Rechtsansprüche

Wie bisher ist der Zugang zur Erwerbmigration nach innerstaatlichem Recht unter der Prämisse der allgemeinen Erteilungsvoraussetzungen nach § 5 AufenthG grundsätzlich im **Ermessensbereich** angesiedelt (§ 18a und § 18b Abs. 1, § 18c Abs. 3, §§ 19c, 19d, 20, 21 Abs. 4 Satz 2 AufenthG).

> **Hinweis:**
> Bei einer Erwerbstätigkeit im Beamtenverhältnis (§ 2 Abs. 2 AufenthG, zum Begriff) besteht jedoch ein Rechtsanspruch nach § 19c Abs. 4 AufenthG.

---

[64] Vgl. *Strunden/Pasenow*, Fachkräfte gesucht! – Ausländerrecht fit?, ZAR 2011, 121.

Eine geordnete Erwerbsmigration setzt grundsätzlich einen durch Erwerbstätigkeit finanziell gesicherten Lebensunterhalt samt angemessener Wohnraumversorgung und Krankenversicherungsschutz (§ 5 Abs. 1 Nr. 1 i. V. m. § 2 Abs. 3 AufenthG) sowie für die Berufsausübung gute deutsche Sprachkenntnisse (Niveau B2 GER, § 2 Abs. 11a AufenthG)[65] voraus (vgl. z. B. § 12a Abs. 3 AufenthG, zu den Integrationsindikatoren).

Der Zugang zur Erwerbmigration für Drittstaatsangehörige ist nach Maßgabe vorrangiger unionsrechtlicher Regelungen (EU-Richtlinien) grundsätzlich mit **Rechtsansprüchen** ausgestattet (§ 18b Abs. 2, § 18c Abs. 2, §§ 18d, 18f, 19, 19b, 19e AufenthG).

4. Vorrangiges Recht

4.1 Unionsrecht für Drittstaatsangehörige

Für **türkische Staatsangehörige** ergeben sich abgestufte Beschäftigungsrechte (Erneuerungsrecht, Bewerbungsrecht, freies Zugangsrecht) aus Art. 6 Abs. 1 und Art. 7 Satz 1 und 2 ARB 1/80, das durch die Ausstellung einer Aufenthaltserlaubnis nach § 4 Abs. 5 Satz 1 AufenthG dokumentiert wird.

Schweizern ist die Ausübung einer Erwerbstätigkeit nach dem Freizügigkeitsabkommen EG/Schweiz in Anpassung an die Freizügigkeit von Unionsbürgern gewährleistet.

Drittstaatsangehörigen ausländischer Arbeitnehmer, die zum Stammpersonal eines Unternehmens mit Sitz in einem EU-Mitgliedstaat gehören und die zur **Erbringung einer Dienstleistung** gem. Art. 56 und 57 AEUV vorübergehend einreisen **("Vander-Elst-Fälle")**, wird für diesen Zweck ein Visum erteilt; für Ermessen ist kein Raum. Es muss sich von vornherein um eine zeitlich begrenzte bzw. vorübergehende Dienstleistung (z. B. im Rahmen von Werkvertragsarbeiten) handeln. Die Auslandsvertretungen prüfen im Rahmen eines Visumantrages, ob im Einzelfall die Voraussetzungen entsprechend den Vorgaben des EuGH-Urteils „Vander Elst"[66] vorliegen. Begünstigt sind nur die zum Stammpersonal des Unternehmens gehörenden Beschäftigten, die insoweit in das soziale Sicherungssystem des EU-Mitgliedstaates eingebunden bzw. ordnungsgemäß

---
[65] Gute deutsche Sprachkenntnisse entsprechen dem Niveau B2 des Gemeinsamen Europäischen Referenzrahmens für Sprachen (GER).
[66] V. 9.8.1994 – C-43/93.

IV. Erwerbsmigration

beschäftigt sind. Drittstaatsangehörige Personen sind in der Regel „ordnungsgemäß" beschäftigt, wenn sie den Verpflichtungen nachgekommen sind, die sich aus dem nationalen Aufenthaltsrecht des EU-Mitgliedstaates ergeben, in dessen Hoheitsgebiet sie beschäftigt sind. Als „tatsächliche" Beschäftigung gilt eine Tätigkeit, die im Hoheitsgebiet des Mitgliedstaates ausgeübt wird, aus dem die betreffenden Personen entsandt werden sollen.

4.2 Grundgesetz

Der Schutzbereich des Art. 12 GG beschränkt die Freiheit der Berufswahl und Berufsausübung auf Deutsche. Das Bundesverfassungsgericht unterstellt die berufliche Betätigung von Ausländern dem grundrechtlichen Schutz aus Art. 2 Abs. 1 GG, der sich im Vergleich zur Berufsfreiheit des Art. 12 Abs. 1 GG abgeschwächt darstellt.[67]

Art. 1, 2 GG räumen **kein Zugangsrecht** von Ausländern in das Bundesgebiet ein, sondern gewähren in ihrer humanitären Zielsetzung als Auffanggrundrechte den unter die Gebietshoheit des Staates fallenden Personen existenzielle Grundfreiheiten.

Die **berufliche Betätigung** von Ausländern im Bundesgebiet ist dem grundrechtlichen Schutz aus Art. 2 Abs. 1 GG (Handlungsfreiheit) unterstellt. Der verfassungsmäßige Schutz unter diesem Auffanggrundrecht stellt sich im Vergleich zur Berufsfreiheit des Art. 12 Abs. 1 GG, in die Ausländer nicht einbezogen sind, reduziert dar.[68]

Unter das Grundrecht der Berufsfreiheit fällt nur eine auf Dauer berechnete und nicht nur vorübergehende, der Schaffung und Erhaltung einer Lebensgrundlage dienende Betätigung.[69] So wird etwa die Fortsetzung einer unwirtschaftlichen Betriebsführung durch Art. 12 GG oder durch das Sozialstaatsprinzip (Art. 20 Abs. 1, Art. 28 Abs. 1 Satz 1 GG) nicht gewährleistet.[70] Die Verweisung des Einzelnen auf seine eigenen Mittel verletzt nicht den Sozialstaatsgedanken, sondern verdeutlicht ihn.[71]

---

[67] Vgl. BVerfG, Beschl. v. 10.5.1988 – 1 BvR 482/84 und 1166/85, BVerfGE 78, 179.
[68] Vgl. BVerfG, Beschl. v. 10.5.1988 – 1 BvR 482/84 und 1166/85, BVerfGE 78, 179; *Bauer*, Zum Grundrechtsschutz für die berufliche Betätigung von Ausländern, NVwZ 1990, 1152; *Papier*, VerwArch 1993, 417, zur Berufsfreiheit.
[69] Vgl. BVerfG, Beschl. v. 5.5.1987 – 1 BvR 981/81, NJW 1988, 543; BVerwG, Urt. v. 4.11.1965 – I C 6.63, BVerwGE 22, 286, 287.
[70] Vgl. BVerfG, Urt. v. 1.4.1971 – 1 BvL 22/67, BVerfGE 31, 8, 30.
[71] Vgl. BVerwG, Urt. v. 19.11.1992 – 5 C 15/89, DÖV 1993, 669 = NVwZ 1993, 1190.

4. Vorrangiges Recht

Da sich aus Art. 2 Abs. 1 GG kein Aufenthaltsrecht für Ausländer unmittelbar herleiten lässt, besteht für Ausländer auch kein verfassungsmäßiges Recht auf freien Zugang zum deutschen Arbeitsmarkt. Ebenso wenig ergibt sich aus Völkervertragsrecht ein Zugangsrecht für Ausländer zum Bundesgebiet.

4.3 Völkerrechtliche Verträge

Die im innerstaatlichen Recht verbindlichen völkerrechtlichen Verträge (z. B. Genfer Konvention, Staatenlosen-Übereinkommen) räumen keine subjektiven Zugangsrechte für Ausländer in das Bundesgebiet ein; sie regeln vielmehr die aufenthaltsrechtliche Situation des Ausländers im Geiste des Vertragsabschlusses auf der Grundlage eines zuvor gewährten rechtmäßigen Aufenthalts im Bundesgebiet.[72]

Aus zwischenstaatlichen Vereinbarungen kann sich eine so genannte **Inländergleichbehandlung** oder **Meistbegünstigung** von Ausländern der Vertragsstaaten ergeben, die sich bereits rechtmäßig im Bundesgebiet aufhalten (vgl. z. B. § 21 Abs. 2 AufenthG, zu selbstständiger Tätigkeit). Völkerrechtliche Vorschriften, die eine so genannte Inländergleichbehandlung von Ausländern der Signatarstaaten gewährleisten, setzen regelmäßig einen nach nationalem Recht ordnungsgemäßen Aufenthalt des Ausländers im Gebiet des Vertragsstaates voraus.[73]

4.4 Allgemeine Erklärung der Menschenrechte

Das Recht auf Arbeit ist nach Art. 23 Nr. 1 der von der Bundesrepublik Deutschland ratifizierten Allgemeinen Erklärung der Menschenrechte ein Menschenrecht, das nicht generell vorenthalten werden darf.[74] Daraus resultiert jedoch kein einklagbarer und auf dem Rechtswege durchsetzbarer öffentlich-rechtlicher Anspruch des Einzelnen auf einen Arbeitsplatz. Ein entsprechender Anspruch würde die marktwirtschaftliche Ordnung und die Handlungsfreiheit der Sozialpartner, die das Zustandekommen eines Arbeitsverhält-

---

[72] Vgl. BT-Drucks. 11/6321, S. 42/43.
[73] Vgl. z. B. Art. 12 ENA, der schwedische, norwegische und türkische Staatsangehörige unbeschadet des Unionsrechts einschl. Art. 6 Abs. 1 und Art. 7 ARB 1/80 privilegiert; dazu InfAuslR 1991, 36.
[74] Jeder hat das Recht auf Arbeit, auf freie Berufswahl, auf gerechte und befriedigende Arbeitsbedingungen sowie auf Schutz vor Arbeitslosigkeit.

IV. Erwerbsmigration

nisses der freien Entscheidung von Arbeitgeber und Arbeitnehmer überlassen, elementar berühren.

5. Integrationsaspekte

Positive Auswirkungen der Erwerbsmigration auf das gesellschaftliche Zusammenleben sind auch im Lichte der demographischen Entwicklung in der Absicherung des „Generationsvertrages" im Bereich der öffentlichen Sozialversicherung, die zu den elementaren Grundsäulen des demokratischen Sozialstaats gehört (vgl. Art. 20 Abs. 1 GG), zu sehen. Dennoch können sich im Spektrum der Erwerbsmigration soziale Konfliktstoffe, insbesondere in Zeiten der Arbeitslosigkeit, aber auch in Zeiten der Hochkonjunktur, ergeben. In ihrem Umfeld können soziale Brennpunkte (z. B. soziale Hilfsbedürftigkeit, Obdachlosigkeit, Wohnraummangel,[75] Abwanderung) erzeugt werden.

Die Erwerbsmigration ist der Integration des einzelnen Ausländers förderlich und stellt einen bedeutsamen Indikator für eine nachhaltige Integration dar (vgl. § 12a Abs. 3 Nr. 3 AufenthG). Darauf stellt das allgemeine Ausländerrecht, das die Integrationssicherung von Ausländern fördert und fordert (§§ 43 bis 45a AufenthG) sowie wirtschafts- und arbeitsmarktpolitische Interessen des Wirtschaft- und Wissenschaftsstandortes Deutschland verfolgt (vgl. § 1 Abs. 1 Satz 2, § 18 Abs. 1 AufenthG), ab.

6. Aufenthaltszweck

Für die Erwerbsmigration ist charakteristisch, dass der gesetzliche Aufenthaltszweck ausschließlich in der Ausübung einer Erwerbstätigkeit i. S. v. § 2 Abs. 2 AufenthG liegt, die durch einen Aufenthaltstitel nach Kapitel 2 Abschnitt 4 des Aufenthaltsgesetzes gedeckt oder für die in diesem Regelungsbereich abweichend von § 4 Abs. 1 AufenthG kein Aufenthaltstitel erforderlich ist.

---

[75] Auszug aus der Südwest Presse – Wirtschaft – zu einer Studie des Instituts der deutschen Wirtschaft (IW) v. 23.7.2019: „... Als Gründe für die steigende Nachfrage nennt das Kölner Institut das anhaltende Wirtschaftswachstum und die Zuwanderung. Pro Jahr belief sich die ‚Nettomigration' von 2010 bis 2018 auf 512.000 Personen. Davon sind laut der Studie nur 17 Prozent Asylsuchende. Damit kommt der überwiegende Teil der Zuwanderer aus Ausbildungs- und Arbeitsmarktgründen aus dem europäischen Ausland ..."

7. Vorliegen einer Erwerbstätigkeit

Die Erwerbstätigkeit i. S. v. § 2 Abs. 2 AufenthG muss **im Inland** ausgeübt werden. Unerheblich ist dabei, ob dem Ausländer der erstrebte Gewinn aus einer in Deutschland ausgeübten Tätigkeit bereits im Inland oder erst im Ausland zufließt. Die Erwerbstätigkeit wird in Fällen, in denen der Gewinn erst im Ausland realisiert wird, sowohl im Bundesgebiet als auch im Ausland ausgeübt, weil der Erwerb im Inland wie auch der Verkauf im Ausland für die Frage der Gewinnerzielung gleichermaßen bedeutend sind und es sich diesbezüglich um einen einheitlichen Vorgang handelt.[76]

Unter den **Begriff der Beschäftigung** i. S. d. § 7 SGB IV wird die nichtselbstständige Arbeit, insbesondere in einem Arbeitsverhältnis, subsumiert. Anhaltspunkte für eine Beschäftigung sind eine Tätigkeit nach Weisungen und eine Eingliederung in die Arbeitsorganisation des Weisungsgebers. Alltagstypische Hinweise für eine Beschäftigung sind, dass dem Beschäftigten die Arbeitszeit, der Arbeitsumfang und Arbeitsablauf vorgegeben werden. Zwar ist das Arbeitsverhältnis nur ein Unterfall eines Beschäftigungsverhältnisses, faktisch stellt es jedoch den Regelfall der Beschäftigung dar. Damit eine Beschäftigung im Sinne von § 7 SGB IV das Kriterium einer Erwerbstätigkeit im Sinne des § 2 Abs. 2 AufenthG erfüllt, wird eine Beschäftigungsausübung von gewisser Dauer und Intensität vorausgesetzt. Ein Gefälligkeitsdienst oder eine rein moralische Pflichterfüllung erfüllt nicht diese Anforderungen.

Zusammenfassend wird das **sozialversicherungsrechtliche Beschäftigungsverhältnis** durch folgende Hauptmerkmale geprägt:

- Eingliederung,
- Direktionsrecht,
- Dienstbereitschaft,
- Entgeltlichkeit der Beschäftigung (Entgelt = Gegenleistung für eine Leistung, im arbeitsrechtlichen Sinn Gegenleistung des Arbeitgebers für die Arbeitsleistung des Arbeitnehmers) und
- fehlendes unternehmerisches Risiko.

Eine Erwerbstätigkeit liegt grundsätzlich dann nicht vor, wenn es sich ausschließlich um die Erfüllung einer gesetzlichen Pflicht (z. B.

---

[76] Vgl. BayObLG, Urt. v. 30.10.2001 – 4 St RR 105/01, AuAS 2002, 79.

IV. Erwerbsmigration

Pflege eines in gerader Linie verwandten Angehörigen als Unterhaltsleistung) oder um eine einmalige familiäre Gefälligkeit, die nicht auf Gewinnerzielung gerichtet ist, handelt.

Bei der **selbstständigen Tätigkeit** nach § 2 Abs. 2 AufenthG (vgl. § 21 AufenthG) handelt es sich um eine auf Gewinnerzielung ausgerichtete Tätigkeit, die nicht eine Beschäftigung i. S. d. des § 7 SGB IV darstellt (Negativ-Abgrenzung) und bei der das Geschäftsrisiko der weisungsberechtigte Unternehmer trägt (Gewerbetreibende, Freiberufler, Urproduktion). Grundsätzlich ist nicht maßgebend, ob ein Gewinn tatsächlich erzielt wurde, die Absicht auf Gewinnerzielung reicht aus. Ebenso wenig ist erheblich, ob ein Gewinn in Deutschland oder dem Ausland realisiert worden ist.[77] Unter den Voraussetzungen des § 21 AufenthG kann eine Aufenthaltserlaubnis zum Zweck der Ausübung einer selbstständigen Tätigkeit erteilt werden.

8. Fachkräfteeinwanderung – Grundsatz

8.1 Regelungsinhalt

Als **Generalklausel** enthält § 18 AufenthG hinsichtlich der Fachkräfteeinwanderung

- grundlegende Vorschriften (Abs. 1),
- allgemeine Erteilungsvoraussetzungen (Abs. 2),
- eine Definition in Bezug auf den Begriff Fachkraft (Abs. 3) sowie
- Regelungen über die Geltungsdauer der Aufenthaltstitel für Fachkräfte und der Blauen Karte EU (Abs. 4).

8.2 Grundsatz

§ 18 Abs. 1 AufenthG verdeutlicht, aus welchen **Gründen Aufenthalte von Fachkräften zum Zweck der Beschäftigung** zugelassen werden, und enthält mit dem **Hinweis auf die Verhältnisse auf dem Arbeitsmarkt** ermessenslenkende Aspekte für die jeweils zuständigen Behörden.

In § 18 Abs. 1 AufenthG wird klargestellt, dass die in Kapitel 2 Abschnitt 4 Aufenthaltsgesetz enthaltenen besonderen Zugangs-

---

[77] Vgl. BayObLG, Urt. v. 30.10.2001 – 4 St RR 105/01, InfAuslR 2002, 197 = NJW 2002, 1282.

8. Fachkräfteeinwanderung – Grundsatz

möglichkeiten für Fachkräfte der **Sicherung der Fachkräftebasis** und der **Stärkung der sozialen Sicherungssysteme** dienen.

Hierbei handelt es sich in Fällen einer Ermessenserteilung um **ermessenslenkende Aspekte** für die jeweils zuständigen Behörden; insbesondere ist zu berücksichtigen, ob bei Einreise im Rahmen einer Gesamtbetrachtung trotz der angestrebten sozialversicherungspflichtigen Beschäftigung offensichtlich eine den erarbeiteten Rentenanspruch übersteigende **Belastung der Alterssicherungssysteme** zu befürchten ist.

Im Rahmen einer **Gesamtbetrachtung** ist berücksichtigungsfähig, ob ein Ausländer bei Einreise durch seine Beschäftigung, seine bisherigen in- und ausländischen Alterssicherungsansprüche sowie sein Vermögen eine Alterssicherung oberhalb des Grundsicherungsniveaus erwerben kann. Weiterhin ist in einer **Gesamtbetrachtung** zu berücksichtigen, ob der Aufenthalt des Ausländers voraussichtlich bis zum **Erreichen des Renteneintrittsalters** andauern wird.

Praxis-Tipp:
Da es sich um ermessenslenkende Aspekte handelt, gilt dies nicht in den Fällen eines Rechtsanspruchs nach § 18b Abs. 2, § 18c Abs. 2, §§ 18d, 18f, 19, 19b, 19e AufenthG (z. B. Blaue Karte EU sowie Aufenthalt zum Zweck der Forschung).

Die besonderen Zugangsmöglichkeiten für Fachkräfte i. S. v. § 18 Abs. 3 Nr. 1 und 2 AufenthG sind auch darauf ausgerichtet, diese mit ihren Familienangehörigen nachhaltig in Arbeitsmarkt und Gesellschaft zu integrieren. Gleichzeitig werden die **Interessen der öffentlichen Sicherheit** beachtet, was insbesondere durch die Prüfung entgegenstehender Sicherheitsaspekte vor Einreise im Rahmen des § 5 Abs. 1 Nr. 2 und Abs. 4 AufenthG gewährleistet wird.

Ermessenslenkende Aspekte für die jeweils zuständigen Behörden können im Blick auf die **Beeinträchtigung oder Gefährdung von Interessen der Bundesrepublik Deutschland** auch aus § 5 Abs. 1 Nr. 3 AufenthG hergeleitet werden. Dabei können Entwicklungshilfe, politische Gesichtspunkte oder die „Fluchtursachenbekämpfung" (z. B. Maßnahmen zur Bekämpfung des Klimawandels, der Hungersnot) in Verbindung mit einer Rückkehrverpflichtung nach Maßgabe des § 8 Abs. 2 AufenthG von entscheidender Bedeutung sein.

IV. Erwerbsmigration

8.3 Allgemeine Voraussetzungen bei Beschäftigung

8.3.1 Allgemeine Erteilungsvoraussetzungen

§ 18 Abs. 2 AufenthG fasst nach Altrecht geltende Vorgaben neu zusammen, um die Übersichtlichkeit zu erhöhen, und normiert – unbeschadet des § 5 AufenthG – die allgemeinen **Voraussetzungen, die für die Erteilung eines Aufenthaltstitels zur Ausübung einer Beschäftigung** i. S. v. § 2 Abs. 2 AufenthG nach Kapitel 2 Abschnitt 4 des Aufenthaltsgesetzes vorliegen müssen. Diese Vorschrift legt die Anforderungen an eine **geordnete Erwerbsmigration** im Bereich der Beschäftigung fest; für **Ermessen** ist bei der Anwendung des § 18 Abs. 2 AufenthG – mit Ausnahme der Nr. 2 Halbsatz 2 – **kein Raum**.

> **Hinweis:**
> Die Voraussetzungen für die Ausübung einer **selbstständigen Tätigkeit** sind in § 21 AufenthG geregelt.

Die für die **Erteilung eines nationalen Visums** (§ 6 Abs. 3 AufenthG) zu Erwerbszwecken zuständige **deutsche Auslandsvertretung** hat im Visumverfahren nach § 31 AufenthV und ggf. im Rahmen des **beschleunigten Fachkräfteverfahrens** gemäß § 81a AufenthG i. V. m. § 31a AufenthV nach Vorlage der Vorabzustimmung der Ausländerbehörde zu entscheiden, ob diese Voraussetzungen vorliegen.

Die **gesetzlichen (Mindest-)Voraussetzungen** für den Zugang zu einer Beschäftigung im Bundesgebiet nach § 18 Abs. 2 AufenthG charakterisieren – in Abgrenzung zur humanitären Zielsetzung des Kapitels 2 Abschnitt 5 des Aufenthaltsgesetzes – die besonderen Anforderungen, die an eine auf Dauer angelegte Einwanderung zum Zweck der Erwerbsmigration in die Bundesrepublik Deutschland und deren Sozialsystem gestellt werden und die von vornherein zu erfüllen sind. Liegen die in § 18 Abs. 2 AufenthG genannten Voraussetzungen im Einzelfall nicht vor, fehlt es grundsätzlich an einem **Sachbescheidungsinteresse**.

Die Anforderungen für eine geordnete Erwerbsmigration im Bereich der Beschäftigung sind nicht nur von den in § 18 Abs. 3 AufenthG genannten **Fachkräften**, sondern auch – mit Ausnahme der in § 19c Abs. 4 AufenthG genannten Beamten – von dem in § 19c AufenthG genannten Personenkreis **(sonstige Beschäftigungszwecke)** zu erfüllen.

8. Fachkräfteeinwanderung – Grundsatz

Nach § 18 Abs. 2 Nr. 1 bis 4 AufenthG setzt die Erteilung eines Aufenthaltstitels zur **Ausübung einer Beschäftigung** im Rahmen der Erwerbsmigration – unbeschadet der Ablehnungsgründe des § 19f AufenthG, der im Bereich der Erwerbsmigration bei der Anwendung der § 18b Abs. 2, §§ 18d, 18e, 18f und 19e AufenthG eingreift, sowie der allgemeinen Erteilungsvoraussetzungen nach § 5 Abs. 1, 2 und 4 AufenthG – voraus, dass

- (zumindest) ein **konkretes Arbeitsplatzangebot** vorliegt, wie dies bisher gemäß § 18 Abs. 5 AufenthG a. F. verlangt wurde (Nr. 1). Ein konkretes Arbeitsplatzangebot liegt vor, wenn der Arbeitgeber den verbindlichen Willen erkennen lässt, die Stelle mit dem Ausländer besetzen zu wollen. Dies ist insbesondere der Fall, wenn der Abschluss des Arbeitsvertrages nur noch von der Erteilung des Aufenthaltstitels abhängt oder im Arbeitsvertrag eine entsprechende auflösende Bedingung vereinbart wurde.

- die **BA nach § 39 AufenthG zugestimmt** hat, es sei denn, dass diese Zustimmung nach einem Gesetz (auch ARB 1/80) oder nach der Beschäftigungsverordnung für die Ausübung der Beschäftigung nicht erforderlich ist (Nr. 2). § 18 Abs. 2 Nr. 2 AufenthG enthält eine Regelung, die bisher bei den einzelnen Aufenthaltstiteln zur Ausübung einer Beschäftigung enthalten war.

In Fällen, in denen eine Zustimmung der BA nicht erforderlich ist, kann dennoch eine Versagung des Aufenthaltstitels durch die Ausländerbehörde oder Auslandsvertretung erfolgen, wenn Anhaltspunkte dafür vorliegen, dass einer der Tatbestände des § 40 Abs. 2 oder 3 AufenthG vorliegt (bislang § 18 Abs. 6 AufenthG a. F.). Diese Entscheidung liegt im Ermessen der zuständigen Behörde; für die Auslegung der Tatbestände des § 40 Abs. 2

IV. Erwerbsmigration

und 3 AufenthG kann die **fachliche Stellungnahme** der BA herangezogen werden (§ 72 Abs. 7 AufenthG).[78]

- eine im Einzelfall **erforderliche Berufsausübungserlaubnis** erteilt wurde oder zugesagt ist (Nr. 3), wie dies bislang nach § 18 Abs. 5 AufenthG a. F. verlangt wurde. Die Berufsausübungserlaubnis umfasst die berufsrechtliche Befugnis zur Berufsausübung sowie die Erteilung der Erlaubnis zum Führen der Berufsbezeichnung (vgl. § 16d Abs. 1 Satz 1 Nr. 2 AufenthG, zur Erforderlichkeit von Qualifikationsmaßnahmen).

  Im Fachkräfteeinwanderungsgesetz werden die „Erteilung der Befugnis zur Berufsausübung" und die „Erteilung der Erlaubnis zum Führen der Berufsbezeichnung" mit Blick auf eine bessere Verständlichkeit des Aufenthaltsgesetzes einheitlich unter dem Begriff „Erteilung der Berufsausübungserlaubnis" zusammengefasst. Maßgeblich ist nach § 18 Abs. 3 Nr. 3 AufenthG, dass die Berufsausübungserlaubnis nur vorliegen bzw. zugesagt sein muss, soweit dies für die konkret angestrebte Beschäftigung berufsrechtlich erforderlich ist. Wenn etwa das Führen eines Ingenieurstitels für die angestrebte Beschäftigung nicht berufsrechtlich erforderlich ist, ist für die Erteilung eines Aufenthaltstitels die Erlaubnis zum Führen des Ingenieurstitels nicht zu prüfen.

- die **Gleichwertigkeit der Qualifikation** im Anerkennungsverfahren durch die nach den Regelungen des Bundes oder der Länder für berufliche Anerkennung zuständige Stelle festgestellt worden sein muss bzw. ein **anerkannter ausländischer oder ein**

---

[78] Dabei handelt es sich um Gründe in Bezug auf ein sozialschädliches Verhalten des Arbeitgebers, durch das auch Ausländer in Mitleidenschaft gezogen werden können. Eine Kann-Versagung kommt insbesondere in Betracht, wenn beim betreffenden Arbeitgeber nach rechtskräftiger Verurteilung oder Ahndung Wiederholungsgefahr besteht oder gegen ihn weitere strafrechtliche Ermittlungen durchgeführt werden (vgl. auch Versagungsgründe nach § 40 Abs. 3 AufenthG). Die Aufnahme des unternehmensinternen Transfers in § 40 Abs. 2 Nr. 3 AufenthG stellt die Einhaltung bestimmter Voraussetzungen sicher: Achtung der rechtlichen Verpflichtungen in Bezug auf Sozialversicherung, Steuern, Arbeitnehmerrechte sowie Arbeits- und Beschäftigungsbedingungen; keine Insolvenz oder Geschäftsuntätigkeit des Arbeitgebers; keine Einflussnahme auf arbeitsrechtliche oder betriebliche Auseinandersetzungen. Zur Absicherung dieser Voraussetzungen ist es nötig, dass eine Ablehnung auch in den Fällen möglich ist, in denen keine Zustimmung erforderlich ist.

8. Fachkräfteeinwanderung – Grundsatz

einem deutschen vergleichbaren ausländischen **Hochschulabschluss** vorliegen muss, wenn dies nach den einzelnen Erteilungstatbeständen erforderlich ist (Nr. 4). Insoweit ist die Vorlage eines **Gleichwertigkeitsnachweises** erforderlich (vgl. § 16d Abs. 1 Satz 1 Nr. 1 AufenthG, zur Feststellung der Gleichwertigkeit der Berufsqualifikation).[79]

Die Formulierung als „gleichwertig festgestellt" ist der Terminologie der Berufsanerkennung entnommen. Sie findet sich in dieser Form auch im Altrecht wieder (vgl. § 19a Abs. 1 Nr. 1 Buchst. a AufenthG) und bezieht sich dabei auf die Feststellung der Gleichwertigkeit durch die für den nicht reglementierten Beruf zuständige deutsche Stelle.

8.3.2 Sonderregelungen

§ 19c Abs. 2 AufenthG schafft die Möglichkeit, Fachkräften mit ausgeprägten berufspraktischen Kenntnissen auch unabhängig von einer formalen Qualifikation als Fachkraft eine Aufenthaltserlaubnis zur Erwerbsmigration zu erteilen. Eröffnet wird dies in Berufen im Bereich der **Informations- und Kommunikationstechnologie** (§ 6 BeschV).

Für eine besondere Gruppe von **leitenden Angestellten und Spezialisten** verzichtet z. B. § 4 Satz 1 Nr. 1 BeschV auf ein Verfahren der Überprüfung qualifikatorischer Gleichwertigkeit und lässt „das in der Person der Fachkraft liegende faktische Potential in Relation zur vakanten Stelle ausreichen".[80]

8.3.3 Spurwechsel vom Asylaufenthalt zur Erwerbsmigration

Der Topos „Spurwechsel" vom Asylaufenthalt zur Erwerbsmigration ist bei der Gestaltung des Fachkräfteeinwanderungsgesetzes thematisiert worden. Die Bundesregierung hat den Vorschlag, nach erfolglosem Asylverfahren einen sogenannten Spurwechsel in einen Aufenthaltstitel zur Erwerbstätigkeit zu ermöglichen, wenn die Voraussetzungen für die Erteilung einer Aufenthaltserlaubnis zum

---

[79] Vgl. *Kolb*, Das Fachkräfteeinwanderungsgesetz und der Gleichwertigkeitsnachweis: Drei Optionen in Theorie und Praxis, ZAR 2019, 169.
[80] Vgl. *Klaus*, RdJB 2/2019, i. E.

IV. Erwerbsmigration

Zweck der Erwerbstätigkeit erfüllt sind, mit folgender Begründung abgelehnt:[81]

„Mit dem Fachkräfteeinwanderungsgesetz werden die Möglichkeiten zur Erteilung eines Aufenthaltstitels aus dem Ausland zur Aufnahme einer Erwerbstätigkeit oder zur Suche einer Beschäftigung in einem gesteuerten Verfahren weiter ausgebaut und das Einreiseverfahren für diese Fälle verbessert. Ausländern, die über die erforderlichen beruflichen Qualifikationen verfügen und die Aufnahme einer Beschäftigung in Deutschland beabsichtigen, ist somit der Weg über die gesteuerte Zuwanderung eröffnet. Zudem bietet die mit dem Fachkräfteeinwanderungsgesetz neu geschaffene Möglichkeit der Arbeitsplatzsuche auch den Ausländern eine Möglichkeit, einen Arbeitsplatz zu finden, die aufgrund der räumlichen Entfernung des Heimatstaates Schwierigkeiten haben, von dort mit hiesigen Arbeitgebern in Kontakt zu treten."

In der ausländerbehördlichen Praxis geht es um Fälle, in denen nach erfolglosem Asylgesuch oder Rücknahme des Asylantrags eine Einwanderung zum Zweck der Erwerbsmigration angestrebt wird, obwohl das Asylrecht inhaltlich und zeitlich auf eine Schutzgewährung bis zum Wegfall einer Verfolgungssituation und nicht auf eine Erwerbsmigration angelegt ist. Dieser Differenzierung zwischen Erwerbsmigration und Asylrecht wird durch die Sperrklausel des § 10 Abs. 3 AufenthG Rechnung getragen. Gleichwohl kommt den Fällen des § 19d AufenthG unter bestimmten Voraussetzungen ein „Spurwechsel" im Interesse der Gewinnung von ausländischen Fachkräften in Betracht.

---

[81] Vgl. BT-Drucks. 19/8285, S. 168; mit der Problematik hat sich auch der Sachverständigenrat der deutschen Stiftungen für Integration und Migration (SVR) im Jahresgutachten 2017, S. 15, befasst. Danach sollten gerade das Asylrecht nicht verwässert und keine Fehlanreize gesetzt werden, indem die Einwanderungspolitik z. B. einen „Spurwechsel" vom Asyl zur Erwerbsmigration ermöglicht. Der „Spurwechsel" ist auch Gegenstand eines Beitrags von *Dörig*, Spurhalten bei der Einwanderung von Fachkräften, ZRP 2018, 251.

8. Fachkräfteeinwanderung – Grundsatz

8.4 Begriff der Fachkraft

Der Begriff der **Fachkraft** i. S. d. Aufenthaltsgesetzes ist im Interesse einer bundeseinheitlichen Rechtsanwendung in § 18 Abs. 3 Nr. 1 und 2 AufenthG definiert.[82] Der Begriff der Fachkraft umfasst sowohl

- „Fachkräfte mit Berufsausbildung" als auch
- „Fachkräfte mit akademischer Ausbildung".

Nach der Legaldefinition des § 18 Abs. 3 Nr. 1 und 2 AufenthG muss

- bei **Fachkräften mit Berufsausbildung** eine qualifizierte Berufsausbildung im Inland oder im Ausland eine Berufsqualifikation erworben worden sein, für die die nach den Regelungen des Bundes oder der Länder für berufliche Anerkennung zuständige Stelle die **Gleichwertigkeit** der Berufsqualifikation mit einer inländischen qualifizierten Berufsausbildung festgestellt hat (Nr. 1); eine allein auf praktischem Wege erlangte Qualifikation reicht nicht aus (vgl. § 19c Abs. 1 bis 3 AufenthG). Der **Begriff der qualifizierten Berufsausbildung** ist in § 2 Abs. 12a AufenthG – bisher in § 6 Abs. 1 Satz 2 BeschV a. F. – definiert.

- bei **Fachkräften mit akademischer Ausbildung** ein deutscher, ein anerkannter ausländischer oder ein einem deutschen Hochschulabschluss vergleichbarer ausländischer Hochschulabschluss vorliegen (Nr. 2).

8.5 Geltungsdauer des Aufenthaltstitels

§ 18 Abs. 4 AufenthG regelt im Interesse der **Erwartenssicherheit der Fachkräfte**, die im Wege der Erwerbsmigration gemäß § 18a und § 18b AufenthG in das Bundesgebiet einwandern wollen, die Bemessung der Geltungsdauer des Aufenthaltstitels.

Die **Aufenthaltserlaubnis** nach den §§ 18a und 18b AufenthG sowie die Blaue Karte EU (§ 18b Abs. 2 AufenthG) wird grundsätzlich **für vier Jahre** erteilt, es sei denn, das Arbeitsverhältnis oder die Zustimmung der BA ist auf eine kürzere Dauer befristet.

Die **Blaue Karte EU** wird für die Dauer des Arbeitsvertrages zuzüglich dreier Monate ausgestellt oder verlängert, wenn die Dauer des Arbeitsvertrages weniger als vier Jahre beträgt.

---

[82] Vgl. *Hammer/Klaus*, Fachkräfteeinwanderungsgesetz (FEG): Signal mit Fragezeichen oder echter Quantensprung?, ZAR 2019, 138, zum Fachkräftebegriff.

9. Zustimmungsverfahren der Arbeitsverwaltung zur Beschäftigung

9.1 Grundsatz der Zustimmungspflicht

§ 39 AufenthG wurde durch das Fachkräfteeinwanderungsgesetz **neu gefasst.** Die Regelung orientiert sich in seiner Struktur an der neuen Struktur des Kapitels 2 Abschnitt 4 des Aufenthaltsgesetzes. An dem auch im Altrecht verfestigten Grundsatz wird festgehalten, dass die Erteilung eines Aufenthaltstitels zur Ausübung einer **Beschäftigung im Rahmen der Erwerbsmigration** die (vorherige) **Zustimmung der BA** voraussetzt (§ 18 Abs. 2 Nr. 2, § 39 Abs. 1 AufenthG n. F.).

Die Regelungen über die Zustimmung der BA in § 39 Abs. 1, 3 und 4, AufenthG gelten auch in Bezug auf eine zustimmungspflichtige Beschäftigung, die auf der Grundlage eines Aufenthaltstitels, der für einen **anderen gesetzlichen Aufenthaltszweck** erteilt wurde, ausgeübt werden darf (§ 39 Abs. 5 AufenthG n. F.).

Unter Berücksichtigung der in § 40 AufenthG geregelten **Versagungsgründe** erteilt die BA im Ermessenswege verwaltungsintern die Zustimmung zur Erteilung des Aufenthaltstitels zur Ausübung einer Beschäftigung gegenüber der zuständigen Behörde (z. B. zentrale Ausländerbehörde, deutsche Auslandsvertretung). Da es sich bei dieser Zustimmung um ein reines **nicht selbstständig angreifbares Verwaltungsinternum**) handelt, hat diese mangels Außenwirkung nicht Verwaltungsaktqualität nach § 35 Satz 1 (L)VwVfG.

Die Zustimmung der BA stellt nach § 18 Abs. 2 Nr. 2 AufenthG lediglich eine der tatbestandlichen Voraussetzungen für die Erteilung des Aufenthaltstitels dar. Rechtsmittel sind deshalb nur gegen die Versagung des Aufenthaltstitels bzw. gegen ein ausländerrechtlich verfügtes Verbot oder eine ausländerrechtlich angeordnete Beschränkung der Erlaubnis zur Beschäftigung (vgl. § 4a Abs. 1 AufenthG) möglich.

Zum Zweck der **Saisonbeschäftigung** bis zu 90 Tage kann die BA eine **Arbeitserlaubnis** erteilen; der Ausländer ist in diesen Fällen nach § 17 Abs. 2 Satz 3 AufenthV erlaubnisfrei (vgl. § 39 Abs. 6 AufenthG; § 15a Abs. 1 Satz 1 Nr. 1 BeschV).

Der Zustimmungsvorbehalt nach § 39 Abs. 1 AufenthG n. F. ist durchbrochen, wenn **Zustimmungsfreiheit** aufgrund von

9. Zustimmungsverfahren der Arbeitsverwaltung zur Beschäftigung

- Regelungen im Gesetz (vgl. z. B. §§ 18c, 18d, 18f AufenthG),
- in der Beschäftigungsverordnung oder
- in zwischenstaatlichen Vereinbarungen besteht.

9.2 Beschäftigungsverordnung

In der Beschäftigungsverordnung finden sich neben materiellen auch formelle Voraussetzungen für die Erteilung der Zustimmung durch die BA; auch diese sind zu beachten.

9.3 Zustimmung der BA zur Erteilung des Aufenthaltstitels für Fachkräfte

§ 39 Abs. 2 Satz 1 Nr. 1 bis 4 AufenthG bestimmt, welche Voraussetzungen für die Zustimmung der BA zur Erteilung des Aufenthaltstitels für Fachkräfte nach den §§ 18a und 18b Abs. 1 AufenthG vorliegen müssen. Danach müssen folgende Voraussetzungen kumulativ vorliegen:

- Die **Vergleichbarkeit der Arbeitsbedingungen** im Inland muss gegeben sein (Nr. 1). Die ausländische Arbeitskraft darf nicht zu ungünstigeren Bedingungen als vergleichbare Deutsche beschäftigt werden.[83]

- Der Ausländer muss künftig eine **Beschäftigung als Fachkraft** ausüben, zu der seine **Qualifikation** ihn befähigt (vgl. § 18a und § 18b Abs. 1 AufenthG). Wann die Qualifikation zu der Beschäftigung befähigt, muss im Einzelfall unter Berücksichtigung aller tatsächlichen und rechtlichen Umstände beurteilt werden. Maßgeblich ist, dass die Fachkraft durch ihre Qualifikation in der Lage ist, den Beruf auszuüben. Dies kann auch der Fall sein, wenn es sich um eine Tätigkeit handelt, die nicht exakt der Qualifikation entspricht (Nr. 2). Zudem kann dies auch bei Beschäftigungen in einer anderen Branche oder unterhalb der Qualifikation möglich sein. Allerdings ist darauf zu achten, dass der Ausländer als Fachkraft für eine qualifizierte Beschäftigung im Sinne des § 2 Abs. 12b AufenthG eingesetzt wird; eine Tätigkeit in einer Beschäftigung, die auch ohne Qualifikation ausgeübt werden könnte (z. B. einfache Anlernberufe), ist nicht möglich.

---

[83] Vgl. *Offer*, Ausländerbeschäftigungsrecht: Der migrationsrechtliche Entgeltbegriff in § 39 AufenthG, ZAR 2019, 147.

IV. Erwerbsmigration

- Die Fachkraft muss in einem **inländischen Beschäftigungsverhältnis** tätig werden (Nr. 3). Aufenthaltserlaubnisse gemäß den §§ 18a und 18b AufenthG können daher **nicht bei Entsendungen** erteilt werden.

- Falls gemäß der **Beschäftigungsverordnung** weitere Voraussetzungen in Bezug auf die Beschäftigung als Fachkraft vorliegen müssen, sind auch diese zu erfüllen; von der entsprechenden Verordnungsermächtigung wird derzeit jedoch kein Gebrauch gemacht.

Der **Erteilung einer Blauen Karte EU** kann abweichend davon wie bisher nur dann zugestimmt werden, wenn der Ausländer eine seiner Qualifikation angemessene Beschäftigung ausübt.

Die Zustimmung zur Beschäftigung von Fachkräften wird **ohne Vorrangprüfung** erteilt, es sei denn, in der Beschäftigungsverordnung ist etwas anderes geregelt.

Im Rahmen des Zustimmungsverfahrens kann die Prüfung der Befähigung der Fachkraft auch umfassen, ob eine **Berufsausübungserlaubnis** erforderlich ist und vorliegt, etwa bei Zustimmungsverfahren in **Gesundheits- und Pflegeberufen**.

9.4 Zustimmung der BA in anderen Fällen

§ 39 Abs. 3 Nr. 1 bis 3 AufenthG n. F. regelt die Zustimmung der BA in allen anderen Fällen unabhängig von der Qualifikation als Fachkraft. Danach müssen folgende Voraussetzungen kumulativ vorliegen:

- Die Vergleichbarkeit der Arbeitsbedingungen im Inland muss gegeben sein (Nr. 1).

- Die in den §§ 19, 19b, 19c Abs. 3 oder § 19d Abs. 1 Nr. 1 AufenthG sowie die in der Beschäftigungsverordnung geregelten Voraussetzungen für die Zustimmung der BA in Bezug auf die Ausübung der Beschäftigung müssen erfüllt sein (Nr. 2). Hierzu zählt in den Fällen des § 19d AufenthG das Kriterium der qualifikationsentsprechenden Beschäftigung.

- Das Ergebnis der nach der Beschäftigungsverordnung oder einem Gesetz erforderlichen **Vorrangprüfung** steht der Zustimmung der BA nicht entgegen (Nr. 3).

9. Zustimmungsverfahren der Arbeitsverwaltung zur Beschäftigung

9.5 Regelungen zur Beschränkung der Zustimmung der BA

Die bislang in § 39 Abs. 4 AufenthG a. F. enthaltenen Regelungen zur Beschränkung der Zustimmung der BA werden in § 39 AufenthG n. F. gestrichen, da sie über die Verordnungsermächtigung von § 42 Abs. 2 Nr. 2 AufenthG erfasst und in der Beschäftigungsverordnung hinreichend bestimmt sind.

9.6 Auskunftspflicht des Arbeitgebers

§ 39 Abs. 4 Satz 2 AufenthG n. F. übernimmt die bisherige Regelung des § 39 Abs. 2 Satz 3 AufenthG a. F. zur nachgelagerten **Auskunftspflicht** auf und erweitert diese **auf zustimmungsfreie Beschäftigungen**. Die bestehende Regelung verpflichtet einen Arbeitgeber, „bei dem ein Ausländer [...] beschäftigt ist, der dafür eine Zustimmung [...] erhalten hat, [...] der BA Auskunft über Arbeitsentgelt, Arbeitszeiten und sonstige Arbeitsbedingungen zu erteilen". Sie erfasst damit nur die Beschäftigungen, denen die BA zustimmen muss, nicht aber die zustimmungsfreien Beschäftigungen.

Die bestehende Regelung enthält keine Frist, innerhalb derer der Arbeitgeber die Auskunft zu erteilen hat **(Auskunftsfrist)**. Die Neuregelung legt hierfür eine **einmonatige Frist** fest und erfasst durch die allgemeinere Formulierung „ein Arbeitgeber, der einen Ausländer [...] beschäftigt hat" auch die zustimmungsfreien Beschäftigungen. Die **Sanktionsmöglichkeit** bei Nichteinhaltung wird in § 404 SGB III geregelt.

Das **nachgelagerte Prüfungsrecht** gibt der BA die Möglichkeit zu kontrollieren, ob ein Arbeitgeber die **Entgeltbedingungen** einhält, die Grundlage der Erteilung des Aufenthaltstitels (z. B. auch bei der zustimmungsfreien Blauen Karte EU) waren, oder ob Verstöße gegen andere gesetzliche Mindestentgeltbedingungen vorliegen. Erkenntnisse zu diesen Fragen sind u.a. bedeutsam, um die Seriosität der Arbeitgeber im Rahmen von § 40 AufenthG beurteilen zu können. Bei Feststellung eines Rechtsverstoßes kann die BA zudem die Ausländerbehörden auf Ersuchen informieren (§ 87 AufenthG).

9.7 Verordnungsermächtigung

§ 42 Abs. 2 AufenthG n. F. entspricht der bisherigen Systematik. Die Verordnungsermächtigung in Absatz 2 betrifft einzelne Verfahrensfragen zur Erteilung der Zustimmung durch die Bundesagentur für Arbeit. Die durch die Rechtsverordnung (Beschäftigungsverord-

IV. Erwerbsmigration

nung) getroffenen Regelungen werden allein durch die Bundesagentur für Arbeit vollzogen.

Das Bundesministerium für Arbeit und Soziales ist gemäß § 42 Abs. 2 Nr. 3 AufenthG n. F. ermächtigt, per Rechtsverordnung **Ausnahmen von der Vorrangprüfung** zu bestimmen. Dies entspricht der gegenwärtigen Rechtslage, die beibehalten wird. Dementsprechend ist in § 8 BeschV geregelt, dass für die Zustimmung zu einer **betrieblichen Berufsausbildung** (§ 16a Abs. 1 AufenthG) – wie nach Altrecht – eine **Vorrangprüfung** durchgeführt werden muss. Ziel ist es, auch bei einer hohen Nachfrage einiger Betriebe nach **Ausbildungsbewerbern** einen Vorrang für die Förderung der Potenziale von in Deutschland lebenden Ausbildungssuchenden zu ermöglichen.

10. Aufenthaltserlaubnis für Fachkräfte mit Berufsausbildung

§ 18a AufenthG regelt die Erteilung einer **Aufenthaltserlaubnis zur Ausübung einer qualifizierten Beschäftigung** (§ 2 Abs. 12b AufenthG, zum Begriff) für eine Fachkraft mit Berufsausbildung (§ 18 Abs. 3 Nr. 1 AufenthG, zum Begriff). Die Regelung ist im **Ermessensbereich** angesiedelt.

Die Fachkraft muss aufgrund ihrer Berufsausbildung über eine Qualifikation verfügen, die sie zur Ausübung dieser Beschäftigung befähigt. Bei der Tätigkeit muss es sich um eine qualifizierte Beschäftigung, zu der der Ausländer aufgrund seiner qualifizierten Berufsausbildung befähigt ist, handeln.

§ 18a AufenthG gewährleistet, dass Fachkräfte mit qualifizierter Berufsausbildung in der Erwerbsmigration auch tatsächlich als Fachkräfte eingesetzt werden, was angesichts des Fachkräftemangels in der Bundesrepublik Deutschland von Bedeutung ist. Durch die Formulierung, dass die Fachkraft zur Ausübung dieser Beschäftigung befähigt sein muss, wird der bisher eher einschränkende Anwendungsbereich, der sich aus der Formulierung einer „entsprechenden Beschäftigung" (§ 6 Abs. 1 BeschV a. F.) ergibt, erweitert.

§ 18a AufenthG ist im Kontext zu der Generalklausel des § 18 AufenthG anzuwenden. So enthält § 18 Abs. 2 AufenthG **allgemeine Voraussetzungen** für die Erteilung von Aufenthaltstiteln zur Ausübung einer Beschäftigung. Im Zusammenwirken mit § 18 AufenthG ist für **Ermessen** nach § 18a AufenthG **nur dann Raum**, wenn

11. Aufenthaltserlaubnis für Fachkräfte mit akademischer Ausbildung

- die für die Ausübung der Beschäftigung erforderliche **Zustimmung der BA** vorliegt (§ 18 Abs. 2 Nr. 2 i. V. m. § 39 Abs. 2 AufenthG). Ob die Fachkraft eine Beschäftigung ausüben wird, zu der ihre Qualifikation befähigt, prüft die BA im Rahmen der Zustimmung (§ 39 Abs. 2 Nr. 2 AufenthG).
- die erforderliche **Berufsausübungserlaubnis** gemäß § 18 Abs. 2 Nr. 3 AufenthG vorliegt.
- bei einer Berufsausbildung im Ausland insbesondere die Voraussetzung der **Gleichwertigkeit der Qualifikation** festgestellt wurde (§ 18 Abs. 2 Nr. 4 AufenthG).

Hinweis:
Die Aufgabenstellung der zuständigen Ausländerbehörde einschließlich ihrer **Beratungsfunktion und Mittlerfunktion im beschleunigten Fachkräfteverfahren** nach § 81a Abs. 3 AufenthG bzw. § 14a Abs. 1 und 2 BQFG stellt im Wesentlichen auf das Vorliegen der allgemeinen Voraussetzungen nach § 18 Abs. 2 AufenthG ab.

Die Erteilung einer Aufenthaltserlaubnis nach § 18a AufenthG steht bei Vorliegen der Voraussetzungen des § 18 Abs. 2 AufenthG und der **allgemeinen Erteilungsvoraussetzungen** nach § 5 Abs. 1, 2 und 4 AufenthG im Ermessen der zuständigen Behörde. Bei der **Ermessensausübung** sind u. a. die ermessenslenkenden Gesichtspunkte aus § 18 Abs. 1 AufenthG zu berücksichtigen.

11. Aufenthaltserlaubnis für Fachkräfte mit akademischer Ausbildung

11.1 Beschäftigung im akademischen Bereich

§ 18b Abs. 1 AufenthG regelt die Erteilung einer Aufenthaltserlaubnis zur Ausübung einer qualifizierten Beschäftigung (§ 2 Abs. 12b AufenthG, zum Begriff) für eine Fachkraft mit akademischer Ausbildung (§ 18 Abs. 3 Nr. 2 AufenthG, zum Begriff). Die Regelung ist im **Ermessensbereich** angesiedelt.

Die Fachkraft muss aufgrund ihrer akademischen Ausbildung über eine Qualifikation verfügen, die sie zur Ausübung dieser Beschäftigung befähigt. Bei der Beschäftigung nach § 18b Abs. 1 Auf-

IV. Erwerbsmigration

enthG muss es sich um eine qualifizierte Beschäftigung, zu der der Ausländer aufgrund seiner akademischen Ausbildung befähigt ist, handeln.

§ 18b Abs. 1 AufenthG ist im Kontext zu der Generalklausel des § 18 AufenthG anzuwenden. So enthält § 18 Abs. 2 AufenthG **allgemeine Voraussetzungen** für die Erteilung von Aufenthaltstiteln zur Ausübung einer Beschäftigung. Im Zusammenwirken mit § 18 AufenthG ist für **Ermessen** nach § 18b Abs. 1 AufenthG **nur dann Raum**, wenn

- die für die Ausübung der Beschäftigung erforderliche **Zustimmung der BA** vorliegt (§ 18 Abs. 2 Nr. 2 i. V. m. § 39 Abs. 2 AufenthG). Ob die Fachkraft eine Beschäftigung ausüben wird, zu der ihre Qualifikation befähigt, prüft die BA im Rahmen der Zustimmung (§ 39 Abs. 2 Nr. 2 AufenthG).

- die erforderliche **Berufsausübungserlaubnis** gemäß § 18 Abs. 2 Nr. 3 AufenthG vorliegt.

- bei einer akademischen Ausbildung im Ausland insbesondere die Voraussetzung der **Gleichwertigkeit der Qualifikation** festgestellt wurde (§ 18 Abs. 2 Nr. 4 AufenthG). Bei einem ausländischen Studienabschluss ist insbesondere Voraussetzung, dass dieser anerkannt oder einem inländischen Hochschulabschluss vergleichbar ist.

Die Erteilung einer Aufenthaltserlaubnis nach § 18b Abs. 1 AufenthG steht bei Vorliegen der Voraussetzungen des § 18 Abs. 2 AufenthG und der **allgemeinen Erteilungsvoraussetzungen** nach § 5 Abs. 1, 2 und 4 AufenthG im Ermessen der zuständigen Behörde. Bei der **Ermessensausübung** sind u. a. die ermessenslenkenden Gesichtspunkte aus § 18 Abs. 1 AufenthG zu berücksichtigen.

11.2 Beschäftigung im qualifizierten Beruf

Liegen bei der Fachkraft mit akademischer Berufsausbildung die Voraussetzungen nach der Generalnorm des § 18 AufenthG vor, kann die Beschäftigung nicht nur in Berufen ausgeübt werden, die einen Hochschulabschluss voraussetzen, sondern gemäß § 18a AufenthG auch in Berufen, die im bestehenden fachlichen Kontext üblicherweise Fertigkeiten, Kenntnisse und Fähigkeiten voraussetzen, die in der Regel in einer qualifizierten Berufsausbildung erworben werden.

11. Aufenthaltserlaubnis für Fachkräfte mit akademischer Ausbildung

Damit wird akademischen Fachkräften der Berufseinstieg auch unterhalb ihrer Qualifikation ermöglicht. Grundsätzlich sollte es jedoch das Ziel sein, dass auch diese akademischen Fachkräfte langfristig einen der Qualifikation angemessenen Arbeitsplatz haben, was angesichts des Fachkräftemangels in der Bundesrepublik Deutschland von Bedeutung ist.[84]

11.3 Erteilung einer Blauen Karte EU

11.3.1 Rechtsänderungen

Die Regelung des § 19a Abs. 4 AufenthG a. F. zum **Arbeitsplatzwechsel** findet sich in § 18b Abs. 2 Satz 4 AufenthG.

Die **Ablehnungsgründe** des § 19a Abs. 5 AufenthG a. F. sind nun allgemein in § 19f AufenthG geregelt.

Die Regelung zur **Niederlassungserlaubnis** in § 19a Abs. 6 AufenthG a. F. hat in § 18c Abs. 2 AufenthG Eingang gefunden.

Die Regelung über die **Geltungsdauer der Blauen Karte EU** nach § 19a Abs. 3 AufenthG a. F. findet sich jetzt in § 18 Abs. 4 AufenthG n. F. Aufgrund der unionsrechtlichen Vorgaben kommt die Erteilung der Blauen Karte EU für einen Zeitraum von weniger als 90 Tagen nicht in Betracht.

11.3.2 Aufenthaltstitel

Aufgrund von § 19a AufenthG a. F. ist die **Blaue Karte EU** (§ 4 Abs. 1 Satz 2 Nr. 2a AufenthG) im Bereich der Erwerbsmigration (Kapitel 2 Abschnitt 4 Aufenthaltsgesetz), mit dem die Aufenthaltstitelpflicht nach § 4 Abs. 1 Satz 1 AufenthG erfüllt werden kann, eingeführt und auf diese Weise die Richtlinie 2009/50/EG des Rates v. 25.5.2009 über die Bedingungen für die Einreise und den Aufenthalt von Drittstaatsangehörigen zur Ausübung einer hochqualifizierten Beschäftigung – Hochqualifizierten-Richtlinie – (ABl. L 155 v. 18.6.2009, S. 17) umgesetzt worden.[85]

Die für die Aufenthaltserlaubnis (§ 7 AufenthG) geltenden Rechtsvorschriften (z. B. § 31 AufenthG) sind grundsätzlich auch auf die Blaue Karte EU anzuwenden, es sei denn, dass durch Gesetz oder

---

[84] Vgl. BT-Drucks. 19/8285 v. 13.3.2019, S. 98.
[85] Vgl. *Steller*, Deutschland auf dem Weg zu einem Willkommensrecht? Zur Umsetzung der EU-Hochqualifiziertenrichtlinie in deutsches Recht zum 1.8.2012, ZAR 2013, 1.

IV. Erwerbsmigration

Rechtsverordnung etwas anderes geregelt ist (§ 4 Abs. 1 Satz 3 AufenthG, z. B. zum Erlöschenstatbestand).

11.3.3 Rechtsanspruch

Von § 18b Abs. 2 AufenthG umfasst werden sowohl **drittstaatsangehörige Fachkräfte mit akademischer Ausbildung**, die unmittelbar aus einem Drittstaat in das Bundesgebiet einreisen, als auch diese Drittstaatsangehörigen, die sich bereits mit einer Blauen Karte EU in einem anderen EU-Mitgliedstaat (zweiter Mitgliedstaat) aufhalten und im Bundesgebiet nach der Einreise eine Blaue Karte EU visumfrei beantragen (§ 39 Satz 1 Nr. 7 AufenthV).

§ 18b Abs. 2 Satz 1 AufenthG räumt einen **Rechtsanspruch auf Erteilung einer Blauen Karte EU** (§ 4 Abs. 1 Satz 2 Nr. 2a AufenthG) nach der Hochqualifizierten-Richtlinie **ohne Zustimmung der BA** ein (bisher § 19a AufenthG a. F.). Aufgrund der allgemeinen Bestimmungen in § 18 Abs. 2 AufenthG ließ sich der Katalog an Voraussetzungen im Vergleich zum Altrecht (§ 19a Abs. 1 AufenthG a. F.) wesentlich reduzieren.

Der Zustimmungsvorbehalt der BA nach § 18 Abs. 2 Nr. 2 AufenthG ist bei rechtlich gebundenen Entscheidungen nach § 18b Abs. 2 Satz 1 AufenthG nicht zu berücksichtigen. Bei der Anwendung des § 18b Abs. 2 Satz 1 AufenthG im Rechtsbereich ist für die **ermessenslenkenden Regelungen** in § 18 Abs. 1 AufenthG **kein Raum**.

11.3.4 Beschäftigung

Bei der Erteilung einer Blauen Karte EU wird nach § 18b Abs. 2 AufenthG – im Unterschied zu § 18b Abs. 1 AufenthG – und zusätzlich zu den allgemeinen Voraussetzungen des § 18 AufenthG vorausgesetzt, dass der Ausländer eine seiner **Qualifikation angemessene Beschäftigung** ausübt, für die ihm ein bestimmtes Gehalt bezahlt wird.

Die Ausübung einer bloßen „qualifizierten Beschäftigung" i. S. v. § 2 Abs. 12b AufenthG, zu der die Qualifikation zwar befähigt, die jedoch nicht der besonderen Qualifikation des betreffenden Ausländers entspricht, reicht im Gegensatz zu den Beschäftigungen nach § 18a und § 18b Abs. 1 AufenthG daher nicht aus.

Als der beruflichen Qualifikation angemessene Beschäftigung sind – unabhängig von der Fachrichtung der Hochschulausbildung –

11. Aufenthaltserlaubnis für Fachkräfte mit akademischer Ausbildung

auch solche Tätigkeiten zu verstehen, die üblicherweise einen akademischen Abschluss voraussetzen und bei denen die mit der Hochschulausbildung erworbenen Kenntnisse zumindest teilweise oder mittelbar benötigt werden (z. B. die Beschäftigung eines Arztes in einem Pharmaunternehmen).

Zudem muss die **Mindestgehaltsgrenze** (bisher § 19a Abs. 1 Nr. 3 a. F. i. V. m. § 2 Abs. 1 Nr. 2 Buchst. a und Abs. 2 BeschV a. F.) erreicht werden.

11.3.5 Arbeitgeberwechsel

In § 18b Abs. 2 Satz 4 AufenthG erfolgt ein abgrenzender Verweis auf § 4a Abs. 3 Satz 3 AufenthG, wonach jeder Arbeitgeberwechsel, jedoch nicht der Inhaber einer Blauen Karte EU nach Ablauf von zwei Jahren der Beschäftigung, einer behördlichen Erlaubnis bedarf. Die Blaue Karte EU wird in den ersten zwei Jahren der Beschäftigung erteilt (Anspruch), wenn die Voraussetzungen dafür vorliegen. Ein Arbeitgeberwechsel ist insoweit unschädlich.

11.3.6 Ermessenserteilung bei Beschäftigung in einem Engpassberuf

Nach § 18b Abs. 2 Satz 2 AufenthG ist eine Blaue Karte EU – abweichend von Satz 1 – für Fachkräfte mit akademischer Ausbildung zu erteilen (Rechtsanspruch), wenn die Beschäftigung in einem Engpassberuf ausgeübt und dabei nur die niedrigere Gehaltsgrenze erreicht wird. Die **Zustimmung der BA** ist in diesen Fällen wie bisher erforderlich (bisher § 2 Abs. 2 BeschV a. F., jetzt § 18b Abs. 2 Satz 2 AufenthG).

Dies gilt auch für **inländische Hochschulabsolventen**, die eine Blaue Karte EU in einem Engpassberuf beantragen; dies war bislang zustimmungsfrei (§ 2 Abs. 1 Nr. 2 Buchst. b BeschV a. F.).

11.3.7 Ablehnungsgründe

Es gelten auch die bisherigen Ablehnungsgründe. Die Ablehnungsgründe des § 19a Abs. 5 AufenthG a. F. sind nun allgemein in § 19f AufenthG geregelt.

Nach Art. 8 Abs. 5 der Hochqualifizierten-Richtlinie kann ein Antrag auf eine Blaue Karte EU abgelehnt werden, wenn **gegen den Arbeitgeber** nach nationalem Recht **Sanktionen wegen illegaler**

IV. Erwerbsmigration

Beschäftigung und sozialschädlichem Verhalten verhängt wurden (Kann-Versagungsgrund). Mit § 40 Abs. 2 Nr. 3 AufenthG wurde von dieser Option Gebrauch gemacht.

In diesen Fällen liegt es im Ermessen der Arbeitsverwaltung, der Erteilung der Blauen Karte EU nicht zuzustimmen, was zur Folge hat, dass die Ausländerbehörde die Erteilung eines Aufenthaltstitels versagt.

12. Niederlassungserlaubnis für Fachkräfte

12.1 Rechtliche Verfestigung des Aufenthalts – Einwanderung

§ 18c AufenthG öffnet für ausländische Fachkräfte mit Berufsausbildung oder akademischer Ausbildung (§ 18 Abs. 3 Nr. 1 und 2 AufenthG, zum Begriff) den Weg zur **rechtlichen Verfestigung des Aufenthalts** in die Lebensverhältnisse der Bundesrepublik Deutschland, indem ein Rechtsanspruch auf Erteilung einer Niederlassungserlaubnis (§ 9 Abs. 1 AufenthG) unter den in Absatz 1 Satz 1 Nr. 1 bis 5 genannten Voraussetzungen eingeräumt wird.

Dabei werden **Fachkräfte mit erfolgreich abgeschlossener inländischer Berufsausbildung oder inländischem Studium** in Bezug auf die Verkürzung von Fristen hinsichtlich der Dauer des Besitzes eines Aufenthaltstitels und der Beitragsleistung zur Altersvorsorge **bevorzugt** (§ 18c Abs. 1 Satz 2 AufenthG). In diesem gesetzlichen Rahmen wird die Möglichkeit der **Einwanderung von Fachkräften** durch eine gesicherte aufenthaltsrechtliche Perspektive erleichtert.

12.2 Voraussetzungen für die Erteilung einer Niederlassungserlaubnis

§ 18c AufenthG räumt für ausländische Fachkräfte mit Berufsausbildung oder akademischer Ausbildung einen **Rechtsanspruch** auf Erteilung einer Niederlassungserlaubnis ein.

12.3 Begünstigter Personenkreis

§ 18c Abs. 1 AufenthG vereinheitlicht die Voraussetzungen für die Erteilung einer Niederlassungserlaubnis an beschäftige Fachkräfte. Für **Fachkräfte mit qualifizierter Berufsausbildung** (§ 18 Abs. 3 Nr. 1 AufenthG, zum Begriff) wird die **Möglichkeit neu geschaffen**, eine Niederlassungserlaubnis abweichend von § 9 AufenthG zu erhalten.

12. Niederlassungserlaubnis für Fachkräfte

Hinzu kommt, dass ein erleichterter Zugang zur Niederlassungserlaubnis auch in Bezug auf **Fachkräfte mit akademischer Ausbildung** neu geschaffen wird für

- Absolventen ausländischer Hochschulen sowie
- Forscher (§ 18d AufenthG).

12.4 Tatbestandliche Voraussetzungen – Neuregelung

Die Erteilung einer Niederlassungserlaubnis setzt nach § 18c Abs. 1 Satz 1 AufenthG nicht die Zustimmung der Arbeitsverwaltung nach § 39 AufenthG voraus. Dieser zweckungebundene Aufenthaltstitel berechtigt – neben dem auf Dauer angelegten Aufenthaltsrecht – nach § 4a Abs. 1 AufenthG zur Ausübung einer Erwerbstätigkeit.

Die Erteilung einer Niederlassungserlaubnis nach § 18c Abs. 1 Satz 1 Nr. 1 bis 5 AufenthG setzt voraus, dass die Fachkraft i. S. v. § 18 Abs. 3 AufenthG

- seit **vier Jahren** im Besitz einer Aufenthaltserlaubnis nach § 18a (Fachkraft mit Berufsausbildung), § 18b (Fachkraft mit akademischer Ausbildung) oder § 18d (Aufenthaltserlaubnis zum Zweck der Forschung) ist (Nr. 1). Die Dauer des ununterbrochenen Besitzes dieser unterschiedlichen Aufenthaltserlaubnisse kann zusammengerechnet werden. Unterbrechungen der Rechtmäßigkeit des Aufenthalts bis zu einem Jahr können außer Betracht bleiben (§ 85 AufenthG), sind jedoch nicht anrechenbar.

- beschäftigt ist und daher einen **Arbeitsplatz** innehat, der **nach den §§ 18a, 18b oder § 18d AufenthG** von dieser Fachkraft besetzt werden darf (Nr. 2). Insoweit ist der Ausländer nachweispflichtig (§ 82 Abs. 1 AufenthG). Eine Beschäftigung unter diesem Niveau reicht nicht aus.

- **mindestens 48 Monate Pflichtbeiträge oder freiwillige Beiträge zur gesetzlichen Rentenversicherung** geleistet hat oder Aufwendungen für einen Anspruch auf vergleichbare Leistungen nachweist (Nr. 3).

- über **ausreichende deutsche Sprachkenntnisse** (§ 2 Abs. 11 AufenthG, zum Begriff; Sprachniveau B1 GER) verfügt (Nr. 4) und

- die **Voraussetzungen des § 9 Abs. 2 Satz 1 Nr. 2 und 4 bis 6, 8 und 9 AufenthG** erfüllt. Dabei gilt § 9 Abs. 2 Satz 2 bis 4 und 6 AufenthG entsprechend (Nr. 5).

IV. Erwerbsmigration

12.5 Günstigerstellung von Fachkräften mit inländischem Abschluss

Nach § 18c Abs. 1 Satz 2 AufenthG **verkürzt** sich

- die in § 18c Abs. 1 Satz 1 Nr. 1 AufenthG festgelegte **Vierjahresfrist** bei Fachkräften, die einen **inländischen Abschluss** einer qualifizierten Berufsausbildung oder eines Studiums besitzen, aufgrund des damit verbundenen Voraufenthalts **auf zwei Jahre** und

- die in § 18c Abs. 1 Satz 1 Nr. 3 AufenthG festgelegte Leistungsdauer von **48 auf 24 Monate** in Bezug auf die Beiträge zur gesetzlichen Rentenversicherung oder sonstigen Altersvorsorge.

13. Niederlassungserlaubnis für Inhaber einer Blauen Karte EU

13.1 Rechtsänderungen

§ 18c Abs. 2 AufenthG n. F. übernimmt die Regelung über die Erteilung einer Niederlassungserlaubnis an Inhaber einer Blauen Karte EU aus § 19a Abs. 6 AufenthG a. F.

13.2 Rechtsanspruch auf Erteilung einer Niederlassungserlaubnis

Der Inhaber einer Blauen Karte EU (§ 4 Abs. 1 Satz 2 Nr. 2a, § 18b Abs. 2 AufenthG) hat nach § 18c Abs. 2 AufenthG einen **Rechtsanspruch** auf Erteilung einer Niederlassungserlaubnis (§ 9 Abs. 1 AufenthG), wenn er

- mindestens **33 Monate eine Beschäftigung** nach § 18b Abs. 2 AufenthG ausgeübt hat,

- für diesen Zeitraum die in § 18c Abs. 2 Satz 1 AufenthG genannten **Versorgungsbeiträge für die Alterssicherung** geleistet hat und dies nachweist (§ 82 Abs. 1 AufenthG, zum Nachweis) und

- bei ihm die **Voraussetzungen des § 9 Abs. 2 Satz 1 Nr. 2 und 4 bis 6, 8 und 9 AufenthG** vorliegen. § 9 Abs. 2 Satz 2 bis 4 und 6 AufenthG gilt entsprechend.

Die **Frist von 33 Monaten verkürzt sich auf 21 Monate**, wenn der Ausländer ausreichende Kenntnisse der deutschen Sprache in der Stufe B1 GER (§ 2 Abs. 11 AufenthG, zum Begriff) als integrative

Vorleistung nachweist. Auf die Frist von 33 Monaten werden nur Zeiten des Besitzes einer Blauen Karte EU angerechnet.

Da in den **Härtefällen des § 9 Abs. 2 Satz 4 AufenthG Ermessen** auszuüben ist, liegt bei einer entsprechenden Ermessensentscheidung der Behörde **kein "gesetzlicher" Anspruch**[86] auf Erteilung einer Niederlassungserlaubnis nach § 18c Abs. 2 Satz 1 AufenthG mehr vor.

14. Niederlassungserlaubnis für hoch qualifizierte Fachkräfte mit akademischer Ausbildung

14.1 Rechtsänderung

§ 18c Abs. 3 AufenthG übernimmt die Regelung des bisherigen § 19 AufenthG a. F. über die Erteilung einer Niederlassungserlaubnis für hoch qualifizierte Ausländer in besonderen Fällen.

14.2 Erteilung der Niederlassungserlaubnis

14.2.1 Begünstigter Personenkreis

Die Erfahrungen mit der Green Card haben gezeigt, dass international inzwischen längst ein Wettbewerb um hoch qualifizierte Arbeitnehmer entbrannt ist. Hoch qualifizierte Menschen lösen Wachstumsbremsen in der Wirtschaft und schaffen zusätzliche Arbeitsplätze für Arbeitnehmer mit einfachen, mittleren und gehobenen Qualifikationen. Im Rahmen Green Card-Regelung[87] ist vielfach darauf hingewiesen worden, dass eine auf fünf Jahre begrenzte Aufenthaltserlaubnis im Wettbewerb um die besten Köpfe möglicherweise nur begrenzt wettbewerbsfähig ist.

§ 18c Abs. 3 AufenthG

- zielt auf die **Beschäftigung von Spitzenkräften** in der Wirtschaft und Wissenschaft ab und

---

[86] Das Vorliegen eines gesetzlichen Anspruchs wird durch eine gesetzliche Muss-Vorschrift charakterisiert. Ausdruck eines Anspruchs sind Formulierungen wie „... ist zu erteilen, wenn ..." oder „... wird erteilt, wenn ...". Dabei müssen alle regelhaften Voraussetzungen (z. B. auch nach § 5 AufenthG) uneingeschränkt erfüllt sein (vgl. BVerwG, Urt. v. 17.12.2015 – 1 C 31.14, InfAuslR 2016, 133 = ZAR 2016, 147).

[87] Vgl. Asensio, Die >Blue Card<-Richtlinie – eine Maßnahme der politischen Inkohärenz der EU im Interesse der Erreichung ihrer Ziele im Rahmen der EU-Entwicklungspolitik, ZAR 2010, 175.

IV. Erwerbsmigration

- ermöglicht es, neu einreisenden, hoch qualifizierten Arbeitskräften, an deren Aufenthalt im Bundesgebiet ein besonderes wirtschaftliches und gesellschaftliches Interesse besteht, von Anfang an einen Daueraufenthaltstitel in Form der **Niederlassungserlaubnis** zu erteilen.[88]

Die privilegierte Erteilung der Niederlassungserlaubnis nach § 18c Abs. 3 Satz 1 und 3 AufenthG gilt nur für **hoch qualifizierte Fachkräfte mit akademischer Ausbildung** und **mehrjähriger Berufserfahrung**.

§ 18c Abs. 3 Satz 3 AufenthG enthält **normative Regelbeispiele**. Das Merkmal „hoch qualifiziert" liegt bei Fachkräften mit akademischer Ausbildung mit mehrjähriger Berufserfahrung (§ 18c Abs. 3 Satz 3 Nr. 1 und 2 AufenthG) insbesondere vor bei

- **Wissenschaftlern mit besonderen fachlichen Kenntnissen**. Besondere fachliche Kenntnisse liegen insbesondere vor, wenn der Wissenschaftler über eine besonders hohe Qualifikation **oder** über Kenntnisse in einem speziellen Fachgebiet von **herausragender Bedeutung** verfügt. In Zweifelsfällen ist eine Expertise fachkundiger wissenschaftlicher Einrichtungen oder Organisationen einzuholen. Zu den Wissenschaftlern gehören z. B. Ingenieure, Informatiker, Mathematiker sowie Führungspersonal in Wissenschaft und Forschung.[89]

- **Lehrpersonen in herausgehobener Funktion oder wissenschaftlichen Mitarbeitern** in herausgehobener Funktion (keine festgelegte Gehaltsgrenze). Eine **herausgehobene Funktion** bei Lehrpersonen ist insbesondere bei Lehrstuhlinhabern und Institutsdirektoren gegeben; bei wissenschaftlichen Mitarbeitern liegt diese vor, wenn sie eigenständig und verantwortlich wissenschaftliche Projekt- oder Arbeitsgruppen leiten.

Die Zugehörigkeit zu einer Regelbeispielgruppe unterliegt einer uneingeschränkten gerichtlichen Prüfung; maßgeblich ist der Zeitpunkt der mündlichen Verhandlung in der letzten Tatsacheninstanz (z. B. OVG, VGH).

---

[88] Vgl. *Feldgen*, Zugang zum Arbeitsmarkt nach dem Zuwanderungsgesetz, ZAR 2003, 132.
[89] Vgl. VGH Mannheim, Urt. v. 27.6.2007 – 13 S 1663/05, InfAuslR 2007, 376, zur Einstufung eines Oberarztes mit Zusatzqualifikation.

14. Niederlassungserlaubnis für hoch qualifizierte Fachkräfte

14.2.2 Ermessensentscheidung in besonderen Fällen

Da § 18c Abs. 3 Satz 1 AufenthG, der auf das **Vorliegen besonderer Fälle** abstellt, keine gebundene, sondern eine Ermessensvorschrift ist, besteht im Weg der Ermessensausübung genügend Spielraum, den Besonderheiten des Einzelfalls gerecht zu werden. Auch dies spricht dafür, dass ohnehin schwer einzugrenzende **Tatbestandsmerkmal des „besonderen Falles"** nicht zu eng auszulegen. Für eine eher großzügige Auslegung der Vorschrift spricht auch, dass die praktische Handhabung der ausländerrechtlichen Vorschriften in diesem Bereich inzwischen zu restriktiv empfunden werden könnte.[90]

Das Merkmal des „besonderen Falles" in § 18c Abs. 3 Satz 1 AufenthG bezieht sich nach der gesetzlichen Systematik sowohl auf diese allgemeine Erteilungsvorschrift als auch auf die Regelbeispiele des § 18c Abs. 3 Satz 3 AufenthG. Wann im Einzelnen ein „besonderer Fall" gegeben ist, mag in der Praxis schwer abzugrenzen sein; jedenfalls reicht eine qualifizierte Berufsausbildung, insbesondere ein akademischer Abschluss, allein noch nicht aus, um eine Niederlassungserlaubnis zu rechtfertigen. Die Schaffung von Arbeitsplätzen wird jedoch nicht vorausgesetzt.

14.2.3 Weitere Voraussetzungen

Die Erteilung einer Niederlassungserlaubnis nach § 18c Abs. 3 Satz 1 AufenthG bedarf **keiner Zustimmung der BA** (bislang § 2 Abs. 1 Nr. 1 BeschV a. F.). Die Regelbeispiele des § 18c Abs. 3 Satz 3 Nr. 1 und 2 AufenthG sollen angesichts der überdurchschnittlichen Berufsqualifikation eine Niederlassungserlaubnis von Anfang an rechtfertigen. Sollte dieser Personenkreis seine Arbeitsstelle aufgeben oder verlieren, so ist davon auszugehen, dass diese Personen aufgrund der vorhandenen Qualifikation ohne Weiteres eine neue Arbeitsstelle finden werden.

Soweit die beabsichtigte Beschäftigung einem der Regelbeispiele entspricht, bedarf die Erteilung der Niederlassungserlaubnis nicht der Zustimmung der BA. Für die Beurteilung der Frage, ob die beabsichtigte Beschäftigung der Zustimmung der BA bedarf, ist der Katalog der Regelbeispiele als abschließend zu betrachten. Die

---

[90] Siehe dazu den Bericht der OECD zur Zuwanderung Hochqualifizierter, teilweise wiedergegeben in: Süddeutsche Zeitung, 26.6.2007, S. 1.

IV. Erwerbsmigration

Niederlassungserlaubnis darf einem Hochqualifizierten nur erteilt werden, wenn dessen

- **Integration** in die Lebensverhältnisse der Bundesrepublik Deutschland gesichert ist. Ausländern, denen eine **Niederlassungserlaubnis nach § 18c Abs. 3 AufenthG** erteilt wurde, **haben keinen Anspruch auf die Teilnahme an einem Integrationskurs** (§ 44 Abs. 1 Satz 1 Nr. 1 Buchst. a AufenthG, der eine Teilnahmeberechtigung nur in Bezug auf die Ersterteilung einer Aufenthaltserlaubnis einräumt). Sie können aber nach § 44 Abs. 4 AufenthG zur Teilnahme zugelassen werden. Nach § 43 Abs. 3 AufenthG kann im Allgemeinen für die Teilnahme am Integrationskurs unter Berücksichtigung der Leistungsfähigkeit ein angemessener Kostenbeitrag erhoben werden. Zur Zahlung ist auch derjenige verpflichtet, der sich zur Gewährung des Lebensunterhalts für den Ausländer verpflichtet hat (§ 43 Abs. 3 und § 68 AufenthG).

- die **Sicherung des Lebensunterhalts** ohne staatliche Hilfe gewährleistet ist. Von der Sicherung des Lebensunterhalts kann im Gegensatz zu § 5 Abs. 1 Nr. 1 AufenthG in Ausnahmefällen nicht abgewichen werden.

Durch den Verweis auf das Vorliegen der Voraussetzung des § 9 Abs. 2 Satz 1 Nr. 4 AufenthG wird gewährleistet, dass die Niederlassungserlaubnis bei entgegenstehenden **Gründen der öffentlichen Sicherheit und Ordnung** nicht erteilt wird.

14.2.4 Zustimmungsvorbehalt der Landesregierung

Die Landesregierung kann die Erteilung einer Niederlassungserlaubnis nach § 18c Abs. 3 Satz 1 AufenthG von einem Zustimmungsvorbehalt abhängig machen. Damit kann auf Landesebene eine **einheitliche Entscheidungspraxis** herbeigeführt werden.

15. Aufenthaltserlaubnis zum Zweck der Forschung

15.1 Rechtsänderungen

Im Fachkräfteeinwanderungsgesetz wird die Erteilung einer **Aufenthaltserlaubnis zum Zweck der Forschung** von § 20 AufenthG a. F., in dessen Regelungsbereich die REST-Richtlinie umgesetzt wurde, übernommen und in § 18d AufenthG den Regelungen über die Fachkräfte systemgerecht zugeordnet.

15. Aufenthaltserlaubnis zum Zweck der Forschung

Die Regelung über die **Ablehnung der Aufenthaltserlaubnis** in § 20 Abs. 6 AufenthG a. F. wurde gestrichen; die Ablehnungsgründe sind in § 19f Abs. 1 und 3 AufenthG n. F. geregelt. Dort sind weitestgehend diejenigen Ablehnungsgründe für die Aufenthaltstitel, die auf unionsrechtlichen Richtlinien beruhen, zusammengefasst.

Die Regelung des § 20 Abs. 7 AufenthG a. F. über die **Arbeitsplatzsuche** wurde § 20 AufenthG n. F., in dem die Möglichkeiten der Arbeitsplatzsuche zusammengefasst sind, zugeordnet.

Die Möglichkeit zur **Erwerbstätigkeit während der Arbeitsplatzsuche** nach § 20 Abs. 3 Nr. 2 AufenthG a. F. ergibt sich im Wege des Besitzes einer Aufenthaltserlaubnis aus § 4a Abs. 1 AufenthG.

§ 20 Abs. 8 AufenthG a. F. wurde § 18d Abs. 6 AufenthG n. F. zugeordnet (Aufenthaltserlaubnis zum Zweck der Forschung für international Schutzberechtigte aus einem anderen EU-Mitgliedstaat).

15.2 Erteilung der Aufenthaltserlaubnis

Die Aufenthaltserlaubnis für Forscher wird nach § 18d Abs. 1 Satz 1 Nr. 1 und 2 AufenthG – abweichend von der allgemeinen Erteilungsvoraussetzung des § 18 AufenthG – ohne Zustimmung der BA erteilt. Dieser **Rechtsanspruch** nach § 18d Abs. 1 Satz 1 Nr. 1 und 2 AufenthG besteht nur dann, wenn keine Ablehnungsgründe nach § 19f Abs. 1, 3 und 4 AufenthG entgegenstehen. Die Vorschrift findet wie bislang auch in den Fällen Anwendung, in denen kein Beschäftigungsverhältnis begründet wird (z. B. Forschungsaufenthalte von Stipendiaten).

15.3 Nachweis eines konkreten Arbeitsplatzangebots

Der nach § 18 Abs. 2 Nr. 1 AufenthG erforderliche **Nachweis eines konkreten Arbeitsplatzangebots** kann insbesondere durch die Aufnahmevereinbarung oder den entsprechenden Vertrag zur Durchführung des Forschungsvorhabens nach § 18d Abs. 1 Nr. 1 AufenthG erbracht werden.

15.4 Geltungsdauer der Aufenthaltserlaubnis

In § 18d Abs. 4 AufenthG wird die **Regelung über die Geltungsdauer** der Aufenthaltserlaubnis geregelt. Die Aufenthaltserlaubnis wird für **mindestens ein Jahr** erteilt. Nimmt der Ausländer an einem Unions- oder multilateralen Programm mit Mobilitätsmaßnahmen

IV. Erwerbsmigration

teil, wird die Aufenthaltserlaubnis für mindestens **zwei Jahre** erteilt, es sei denn, das Forschungsvorhaben wird in einem kürzeren Zeitraum durchgeführt; in diesem Fall richtet sich die Befristung nach § 18d Abs. 4 Satz 2 und 3 AufenthG.

Aufgrund der unionsrechtlichen Vorgaben kommt die Erteilung der Aufenthaltserlaubnis nach § 18d AufenthG für einen Zeitraum von weniger als 90 Tagen nicht in Betracht.

Diese Befristungsregelung ist konform mit Art. 18 Abs. 1 REST-Richtlinie, der eine Geltungsdauer von mindestens einem Jahr bei Forschern, die nicht an einem Programm mit Mobilitätsmaßnahmen teilnehmen, vorgibt. Sie erleichtert die Handhabung für die zuständigen Behörden und bietet Rechts- und Erwartenssicherheit für die Betroffenen.

Die längere Geltungsdauer der Aufenthaltserlaubnis von zwei Jahren hat zur Folge, dass die **Lebensunterhaltssicherung nach § 5 Abs. 1 Nr. 1 AufenthG** für diesen Zeitraum nachzuweisen ist. Der Nachweis der Sicherung des Lebensunterhalts (vgl. § 82 Abs. 1 AufenthG, zur Mitwirkungspflicht) kann dabei sowohl über eine mit dem Forschungsvorhaben einhergehende Beschäftigung als auch durch Stipendien oder sonstige Fördermittel erfolgen, die auf den Lebensunterhalt des Forschers bezogen sind.

Praxis-Tipp:
Die Möglichkeit, auf Antrag des Ausländers eine kürzere Befristung vorzunehmen und die Lebensunterhaltssicherung für einen längeren Zeitraum später im Rahmen eines Verlängerungsantrags zu prüfen, bleibt unberührt.

15.5 Ausübung einer Erwerbstätigkeit

Die Aufnahme einer Erwerbstätigkeit während der Geltungsdauer der Aufenthaltserlaubnis ist nach § 4a Abs. 1 AufenthG zwar zulässig, sie ist jedoch durch entsprechende Auflage auf die in § 18c Abs. 5 AufenthG genannte Forschungstätigkeit und sonstige Tätigkeiten zu beschränken.

16. Kurzfristige Mobilität für Forscher

16.1 Befreiung von der Aufenthaltstitelpflicht

Für **Forscher** wurden aufgrund der REST-Richtlinie vereinfachte Möglichkeiten geschaffen, sich mit dem Aufenthaltstitel eines anderen EU-Mitgliedstaats zu Forschungszwecken im Bundesgebiet vorübergehend aufzuhalten. Die kurzfristige Mobilität zum Zweck der Durchführung eines Teils der **Forschungstätigkeit im Bundesgebiet für die Dauer von 180 Tagen innerhalb eines Zeitraums von 360 Tagen** erfordert nach § 18e Abs. 1 Satz 1 AufenthG keinen Aufenthaltstitel nach § 4 Abs. 1 AufenthG. In diesem Rahmen ist der Aufenthalt daher erlaubnisfrei.

> **Hinweis:**
> Wird die **Forschungstätigkeit länger als 180 Tage** und höchstens ein Jahr dauern, findet § 18f AufenthG, der die Erteilung einer Aufenthaltserlaubnis für mobile Forscher regelt, Anwendung.

Die Befreiung von der Aufenthaltstitelpflicht wird, falls keine Ablehnung der Einreise und des Aufenthalts nach § 19f Abs. 5 AufenthG erfolgt, durch die **Ausstellung einer Bescheinigung des BAMF** über die Berechtigung zur Einreise und zum Aufenthalt zum Zweck der Forschung im Rahmen der kurzfristigen Mobilität nach § 18e Abs. 5 AufenthG bestätigt.

16.2 Rechtsänderungen

Im Fachkräfteeinwanderungsgesetz wird die Befreiung von der **Aufenthaltserlaubnis zum Zweck der kurzfristigen Mobilität für Forscher** von § 20a AufenthG a. F., in dessen Regelungsbereich die REST-Richtlinie in Bezug auf diesen Personenkreis erstmals umgesetzt wurde, übernommen und in § 18e AufenthG den Regelungen über die Beschäftigung von Fachkräften systemgerecht zugeordnet.

Die Ergänzung von § 18e Abs. 1 Satz 1 AufenthG ist zur vollständigen Umsetzung des Art. 28 Abs. 2 Satz 1 REST-Richtlinie erforderlich. Danach hat – wie bisher geregelt – neben der Mitteilung an den zweiten EU-Mitgliedstaat, in welchen die Mobilität erfolgt, auch die **Mitteilung an den ersten EU-Mitgliedstaat**, der den Aufenthaltstitel zum Zweck des Studiums nach der REST-Richtlinie erteilt hat, zu erfolgen. Die Pflicht, auch den ersten EU-Mitgliedstaat über die

IV. Erwerbsmigration

Mobilität zu informieren, war im bisherigen § 20a Abs. 1 AufenthG a. F. nicht enthalten. So konnte der erste EU-Mitgliedstaat keine Kenntnis von der Mobilität des Ausländers erlangen. Dies wird durch die Rechtsänderung berichtigt.

16.3 Befreiung von der Aufenthaltstitelpflicht während der kurzfristigen Mobilität

§ 18e AufenthG regelt die **kurzfristige Mobilität von Forschern**, die einen von einem anderen EU-Mitgliedstaat ausgestellten und gültigen Aufenthaltstitel zum Zweck der Forschung nach der REST-Richtlinie besitzen. Insbesondere enthält § 18e AufenthG wesentliche Vorgaben in Bezug auf die Mitteilung, die an die Behörden zu richten ist, wenn Mobilität geplant ist.

16.4 Mitteilungsverfahren zur kurzfristigen Mobilität

Das Mitteilungsverfahren zur kurzfristigen Mobilität, in dem die in § 18e Abs. 1 Satz 1 Nr. 1 bis 4 AufenthG genannten Nachweise dem BAMF vollständig vorzulegen sind, wird – im Gegensatz zum Altrecht – im Interesse einer Verfahrensverkürzung künftig vollständig durch das BAMF und daher weder von der ansonsten nach § 71 Abs. 1 AufenthG zuständigen Ausländerbehörde noch mit Beteiligung durchgeführt, um eine zügige Handhabung innerhalb der kurzen Ablehnungsfrist von 30 Tagen nach § 19f Abs. 5 Satz 2 AufenthG zu gewährleisten.

§ 18e Abs. 6 AufenthG legt in diesem Sinne fest, dass die Ausländerbehörde erst dann für den Ausländer nach § 71 Abs. 1 AufenthG für weitere ausländerrechtliche Maßnahmen (z. B. Aufenthaltsbeendigung) zuständig wird, wenn das BAMF die Ablehnungsentscheidung nach § 19f Abs. 5 Satz 2 AufenthG getroffen oder die Bescheinigung nach § 18e Abs. 5 AufenthG ausgestellt hat.

16.5 Zuständigkeit für die Entscheidung im Mitteilungsverfahren

Das BAMF ist für die Entscheidung, ob eine Bescheinigung über die Berechtigung zur Einreise und zum Aufenthalt zum Zweck der Forschung im Rahmen der kurzfristigen Mobilität nach § 18e Abs. 5 AufenthG ausgestellt wird oder Einreise und Aufenthalt nach § 16f Abs. 5 Satz 1 AufenthG abgelehnt werden, zuständig (§ 75 Nr. 5a AufenthG).

16. Kurzfristige Mobilität für Forscher

16.6 Zuständigkeit der Ausländerbehörde für Entscheidungen nach Beendigung des Mitteilungsverfahrens

Nach Ausstellung der Bescheinigung über die Berechtigung zur Einreise und zum Aufenthalt nach § 18e Abs. 5 AufenthG oder nach Ablehnung der Einreise und des Aufenthalts nach § 16f Abs. 5 Satz 1 AufenthG durch das BAMF, also nach Beendigung des Mitteilungsverfahrens, geht nach § 18e Abs. 6 AufenthG die Zuständigkeit für weitere ausländerrechtliche Maßnahmen und Entscheidungen auf die Ausländerbehörde über.

Die für eine Ablehnung des Aufenthalts notwendigen Daten (Widerruf, Rücknahme, Nichtverlängerung des Aufenthaltstitels nach der REST-Richtlinie im anderen EU-Mitgliedstaat) kann die Ausländerbehörde auch vom BAMF nach § 91d Abs. 5 letzter Satz AufenthG erhalten.

Bei § 18e Abs. 6 AufenthG handelt es sich um eine deklaratorische Regelung, in der aus Gründen der Rechtsklarheit auf die **sachliche Zuständigkeit des BAMF** nach § 75 Nr. 5a AufenthG und **der Ausländerbehörde** nach § 71 Abs. 1 AufenthG verwiesen wird und die **Schnittstelle** zwischen beiden Behörden bestimmt wird. Eine Aufgabenzuweisung an die Ausländerbehörden ist damit nicht verbunden. Die Ausländerbehörde ist daher etwa für eine Ablehnung des Aufenthalts nach § 16f Abs. 5 Satz 1 Nr. 4 AufenthG wegen Eintritts eines Ausweisungsinteresses während des Aufenthalts im Bundesgebiet oder für aufenthaltsbeendende Maßnahmen zuständig.

Deshalb sind der Ausländer und die aufnehmende Forschungseinrichtung nach dem Übergang der Zuständigkeit auf die Ausländerbehörde auch verpflichtet, dieser Änderungen in Bezug auf die Voraussetzungen der Mobilität mitzuteilen (§ 18e Abs. 6 Satz 2 AufenthG n. F.; bisheriger § 20a Abs. 4 AufenthG a. F.).

16.7 Ablehnung der Einreise und des Aufenthalts

Im Mitteilungsverfahren prüft das BAMF, ob **Ablehnungsgründe** der Einreise und dem Aufenthalt des Ausländers im Bundesgebiet entgegenstehen. Die Entscheidung über das Vorliegen eines der Ablehnungsgründe nach § 19f Abs. 5 Satz 1 Nr. 1 und 2 AufenthG ist innerhalb von 30 Tagen nach Zugang der vollständigen Mitteilung zu treffen.

IV. Erwerbsmigration

Eine gesonderte **Anhörung des Ausländers** ist nicht erforderlich, da bereits im Rahmen der Mitteilung ausreichend Gelegenheit besteht, alle entscheidungserheblichen Tatsachen vorzutragen und Nachweise vorzulegen. Die 30-Tages-Frist für die Ablehnung der Einreise und des Aufenthalts nach § 19f Abs. 5 Satz 2 AufenthG wird nicht dadurch gehemmt, dass Rückfragen (vgl. § 91d Abs. 3 AufenthG) gestellt oder Dokumente nachgefordert werden.

Nach § 19f Abs. 5 Satz 1 AufenthG werden Einreise und Aufenthalt zum Zweck der Forschung nach § 18e Abs. 1 AufenthG aus den in Nr. 1 bis 4 genannten Gründen durch das nach § 75 Nr. 5a AufenthG zuständige BAMF im Mitteilungsverfahren abgelehnt. Diese Entscheidung hat kein Einreise- und Aufenthaltsverbot nach § 11 AufenthG zur Folge und lässt andere gesetzliche Einreisemöglichkeiten unberührt.

Die **30-Tages-Frist gilt nicht** für das Eingreifen von Ablehnungsgründen nach § 19f Abs. 5 Satz 1 Nr. 3 AufenthG, der auf Absatz 4 verweist. Gleiches gilt für die in § 19f Abs. 5 Satz 1 Nr. 4 AufenthG genannten Gründe hinsichtlich des Vorliegens eines Ausweisungsinteresses nach § 54 AufenthG. In beiden Fällen kann daher auch die nach § 71 Abs. 1 AufenthG zuständige Ausländerbehörde während des weitergehenden Aufenthalts des Ausländers im Bundesgebiet entscheiden.

Für weitere aufenthaltsrechtliche Maßnahmen und Entscheidungen nach der Ablehnung der Einreise und des Aufenthalts oder der Ausstellung der Bescheinigung nach § 19e Abs. 5 AufenthG durch das BAMF ist die Ausländerbehörde gemäß § 71 Abs. 1 AufenthG zuständig (§ 18e Abs. 6 Satz 1 AufenthG).

Die Ausländerbehörde hat zu prüfen, ob und welche aufenthaltsrechtlichen Maßnahmen (z. B. Abschiebungsandrohung als Rückkehrentscheidung i. S. v. Art. 6 RFRL) nach Wegfall der Befreiung von der Aufenthaltstitelpflicht und dem Eintritt der vollziehbaren Ausreisepflicht nach § 58 Abs. 2 Satz 1 Nr. 2 AufenthG zu ergreifen sind. Reist der Ausländer nicht freiwillig aus, kommt eine Rückführung grundsätzlich in den anderen EU-Mitgliedstaat, der den noch gültigen Aufenthaltstitel nach der REST-Richtlinie erteilt hat, in Betracht (§ 50 Abs. 3 AufenthG).

16. Kurzfristige Mobilität für Forscher

16.8 Ablehnungsentscheidung – Verfahren

16.8.1 Bekanntgabe der Ablehnungsentscheidung

Kommt das BAMF nach Zugang der Mitteilung nach § 18e Abs. 1 Satz 1 AufenthG oder die Ausländerbehörde nach der Einreise des Ausländers zu dem Ergebnis, dass Ablehnungsgründe nach § 19f Abs. 5 Satz 1 AufenthG vorliegen, so geben sie nach § 19f Abs. 5 Satz 4 AufenthG die Ablehnungsentscheidung

- dem Ausländer,
- der zuständigen Behörde des anderen EU-Mitgliedstaats und
- der mitteilenden Bildungseinrichtung im Bundesgebiet

bekannt.

16.8.2 Form der Ablehnungsentscheidung

Die **Ablehnungsentscheidung** ist schriftlich bekanntzugeben und daher nach § 39 (L)VwVfG zu **begründen**; ihr ist eine **Rechtsbehelfsbelehrung** nach § 37 Abs. 6 (L)VwVfG beizufügen. Darüber hinaus finden die allgemeinen Verfahrensvorschriften der Verwaltungsverfahrensgesetze Anwendung.

16.8.3 Datenübermittlung

Die Ausländerbehörde übermittelt die erfolgte Ablehnung an das Ausländerzentralregister – Registerbehörde.

16.8.4 Unterrichtungspflicht

Das BAMF hat die zuständige Behörde des anderen EU-Mitgliedstaats über den Inhalt und den Tag der **Entscheidung über die Ablehnung** der nach § 18e Abs. 1 AufenthG mitgeteilten Mobilität zu unterrichten (§ 91d Abs. 4 Satz 1 AufenthG).

16.9 Rechtsfolge der Ablehnung der Einreise und des Aufenthalts

Die **Ablehnung der Einreise und des Aufenthalts** durch das BAMF oder die Ausländerbehörde hat nach § 18e Abs. 4 Satz 2 AufenthG den Wegfall des aufenthaltstitelfreien Aufenthalts und zugleich den Eintritt der vollziehbaren Ausreisepflicht kraft Gesetzes zur Folge (§ 18e Abs. 4 Satz 2 und § 58 Abs. 2 Satz 1 Nr. 2 AufenthG).

IV. Erwerbsmigration

Die Forschungstätigkeit ist unverzüglich einzustellen (§ 18e Abs. 4 Satz 1 AufenthG).

17. Aufenthaltserlaubnis für mobile Forscher

17.1 Rechtsänderungen

Im Fachkräfteeinwanderungsgesetz wird die Regelung über die Erteilung einer **Aufenthaltserlaubnis für mobile Forscher** von § 20b AufenthG a. F., in dessen Regelungsbereich die REST-Richtlinie in Bezug auf diesen Personenkreis erstmals umgesetzt wurde, in § 18f AufenthG den Regelungen über das Aufenthaltsrecht von Fachkräften systemgerecht zugeordnet.

17.2 Aufenthaltsrechte

Forscher, die Staatsangehörige eines Drittstaates sind und als Forscher ein Aufenthaltsrecht i. S. d. REST-Richtlinie in einem anderen EU-Mitgliedstaat innehaben, können sich nach Maßgabe des § 18f AufenthG für eine Dauer von mehr als 180 Tagen und höchstens einem Jahr zur Durchführung eines Teils ihrer Forschungstätigkeit im Bundesgebiet aufhalten (mobile Forscher).

Die Aufenthaltserlaubnis für mobile Forscher, auf die ein **Rechtsanspruch** nach § 18f Abs. 1 AufenthG besteht, bedarf nach Satz 1 nicht der Zustimmung der BA.

Der Gültigkeitszeitraum der Aufenthaltserlaubnis eines Familienangehörigen ist dem des stammberechtigten Ausländers anzupassen (§ 27 Abs. 4 Satz 2 AufenthG).

17.3 Antragstellung – Erlaubnisfiktion

In Fällen, in denen über das BAMF der Erlaubnisantrag mindestens 30 Tage **vor Beginn des Aufenthalts in Deutschland** gestellt wird (vgl. § 91d AufenthG) und der Aufenthaltstitel des anderen EU-Mitgliedstaats für Forscher nach der REST-Richtlinie weiterhin gültig ist, gilt nach § 18f Abs. 2 AufenthG der Aufenthalt und die Erwerbstätigkeit nach Maßgabe des § 18f AufenthG im Bundesgebiet bis zur Entscheidung der Ausländerbehörde für bis zu 180 Tage innerhalb eines Zeitraums von 360 Tagen als erlaubt (Erlaubnisfiktion).

17. Aufenthaltserlaubnis für mobile Forscher

> **Praxis-Tipp:**
> Da es sich bei dieser Erlaubnisfiktion nicht um einen Aufenthaltstitel mit Berechtigung zur Ausübung einer Erwerbstätigkeit handelt, bedarf es nach § 4a Abs. 2 Satz 1 AufenthG der Erlaubnis hinsichtlich der sachlich zu beschränkenden Erwerbstätigkeit.

Die **Aufenthaltserlaubnis** nach § 18f AufenthG kann auch **nach der Einreise beantragt** werden (§ 39 Satz 1 Nr. 10 Buchst. b AufenthV). In diesen Fällen tritt die Erlaubnisfiktion nach § 18f Abs. 2 AufenthG nicht ein.

17.4 Anwendungsfälle

Wird die Forschungstätigkeit länger als 180 Tage und höchstens ein Jahr dauern, findet nicht § 18e AufenthG hinsichtlich der kurzfristigen Mobilität von Forschern, sondern § 18f AufenthG, der die Erteilung einer Aufenthaltserlaubnis für mobile Forscher regelt, Anwendung.

17.5 Erwerbstätigkeit

§ 18f Abs. 3 AufenthG verweist hinsichtlich der Ausübung einer Forschungstätigkeit und einer Tätigkeit in der Lehre auf § 18d Abs. 5 AufenthG. Die Aufenthaltserlaubnis ist insoweit nach § 4a Abs. 1 Satz 2 AufenthG durch Auflage sachlich zu beschränken. Der Aufenthaltstitel hat die Beschränkung erkennen zu lassen (§ 4a Abs. 3 Satz 1 AufenthG).

17.6 Antragsablehnung

Der Antrag auf Erteilung einer Aufenthaltserlaubnis nach § 18f Abs. 1 AufenthG wird unbeschadet der in § 19f Abs. 4 AufenthG genannten Ablehnungsgründe nach § 18f Abs. 5 Satz 1 und 2 AufenthG abgelehnt, wenn er

- parallel zu einer Mitteilung nach § 18e Abs. 1 Satz 1 AufenthG (Satz 1) oder
- zwar während eines Aufenthalts nach § 18e Abs. 1 AufenthG, aber nicht mindestens 30 Tage vor Ablauf dieses Aufenthalts vollständig gestellt wurde (Satz 2).

IV. Erwerbsmigration

18. ICT-Karte für unternehmensintern transferierte Arbeitnehmer

18.1 Rechtsänderungen

Im Fachkräfteeinwanderungsgesetz wird die Erteilung einer ICT-Karte (§ 4 Abs. 1 Satz 2 Nr. 2b AufenthG) für unternehmensintern transferierte Arbeitnehmer von § 19b AufenthG a. F., in dessen Regelungsbereich die REST-Richtlinie in Bezug auf diesen Personenkreis erstmals umgesetzt wurde, nach § 19 AufenthG übernommen und damit systemgerecht von den Regelungen über das Aufenthaltsrecht der Fachkräfte in den §§ 18 bis 18f AufenthG n. F. abgesetzt. Dies ist vor dem Hintergrund, dass die **ICT-Karte an Ausländer mit unterschiedlichen Qualifikationen** und **spezielle Fachkräfte** erteilt werden kann (Führungskräfte, Spezialisten, Trainees), geschehen.

Der Verweis auf den vollständigen Namen der Richtlinie (EU) 2014/66 – REST-Richtlinie – wird von § 19b Abs. 1 a. F. nach § 19 Abs. 7 AufenthG n. F. verschoben.

Der bisherige § 19b Abs. 2 Nr. 4 AufenthG a. F. konnte hinsichtlich der Zustimmung der BA gestrichen werden, da nach § 18 Abs. 2 Nr. 2 AufenthG n. F. die Zustimmung der BA zur allgemeinen Voraussetzung für die Erteilung von Aufenthaltstiteln nach Kapitel 2 Abschnitt 4 des Aufenthaltsgesetzes geworden ist.

18.2 Begünstigter Personenkreis im Bereich des unternehmerischen Transfers

Begünstigt sind

- **Führungskräfte** nach § 19 Abs. 2 Nr. 1 AufenthG (§ 19 Abs. 2 Satz 2 AufenthG, zum Begriff),
- **Spezialisten** nach § 19 Abs. 2 Nr. 1 AufenthG (§ 19b Abs. 2 Satz 4 AufenthG, zum Begriff) oder
- **Trainees** nach § 19 Abs. 3 AufenthG (§ 19 Abs. 3 Satz 2 AufenthG, zum Begriff).

Der **Nachweis** über die Erfüllung der persönlichen Voraussetzungen kann in erster Linie über die eingereichten Unterlagen, insbesondere über den **Arbeitsvertrag** oder das **Abordnungsschreiben bzw. eine ergänzende Entsendungsvereinbarung** des Arbeitnehmers erfolgen. Diesbezüglich sind insbesondere Angaben zu dem Tätig-

18. ICT-Karte für unternehmensintern transferierte Arbeitnehmer

keitsfeld des Arbeitnehmers in der aufnehmenden Niederlassung im Inland möglich.

Spezialisten können ihre beruflichen Kenntnisse und Erfahrungen insbesondere auch durch **Zertifikate und Arbeitszeugnisse** nachweisen.

Bei **Trainees**, bei denen nach § 19 Abs. 3 Satz 2 AufenthG ein **Hochschulabschluss** erforderlich ist, sind insbesondere Zeugnisse von Bedeutung.

18.3 Aufenthaltstitel

Die **ICT-Richtlinie** bestimmt, dass im nationalen Bereich besondere Aufenthaltstitel zum unternehmensinternen Transfer von Arbeitnehmern und **zur langfristigen Mobilität** von unternehmensintern transferierten Arbeitnehmern ausgestellt werden. Zum unternehmensinternen Transfer von Arbeitnehmern sind die „ICT-Karte" oder die „Mobiler-ICT-Karte" zu erteilen. Die Bezeichnung ICT ist die Abkürzung für die englische Bezeichnung „intra-corporate-transfer" oder „intra-corporate-transferee", die in der RL 2014/66/EU gebraucht wird. Die Abkürzung „ICT" oder „mobile ICT" muss nach den Vorgaben der ICT-Richtlinie ebenso wie bei der ICT-Karte und Mobiler-ICT-Karte auch in den entsprechenden Aufenthaltstiteln anderer EU-Mitgliedstaaten enthalten sein.

Bei der ICT-Karte nach § 4 Abs. 1 Satz 2 Nr. 2b AufenthG handelt es sich um einen **befristeten Aufenthaltstitel,** der in das Aufenthaltsgesetz eingeführt wurde und zu dem in § 19 AufenthG genannten Aufenthaltszweck erteilt wird (Rechtsanspruch). Die Einführung der ICT-Karte dient der Umsetzung von Art. 13 Abs. 1 und Abs. 4 und Art. 22 Abs. 4 ICT-Richtlinie.

Nach § 19 Abs. 4 AufenthG wird die ICT-Karte grundsätzlich für die Dauer des Transfers erteilt; die **Gültigkeitsdauer** der ICT-Karte ist jedoch begrenzt. Die **Höchstfrist beträgt**

- bei Führungskräften und Spezialisten **drei Jahre,**
- bei Trainees **ein Jahr.**

Diese Höchstfristen dürfen auch bei einer **Verlängerung** nicht überschritten werden.

IV. Erwerbsmigration

Nach § 27 Abs. 4 Satz 2 AufenthG ist die Aufenthaltserlaubnis zum Zweck des **Familiennachzugs** zu einem Ausländer, der eine ICT-Karte besitzt, für den Gültigkeitszeitraum der ICT-Karte zu erteilen.

Während der Gültigkeitsdauer der ICT-Karte kann ein **türkischer Arbeitnehmer** in ein Assoziationsrecht nach Maßgabe des Art. 6 Abs. 1 ARB 1/80 hineinwachsen und auf Antrag eine Aufenthaltserlaubnis nach § 4 Abs. 5 Satz 1 AufenthG erhalten. In diesem Fall entfällt die Zweckbindung der ICT-Karte.

Die für die Aufenthaltserlaubnis (§ 7 AufenthG) geltenden Rechtsvorschriften (z. B. § 31 AufenthG, zum eigenständigen Aufenthaltsrecht für Ehegatten) sind grundsätzlich auch auf die ICT-Karte (und die Mobiler-ICT-Karte) anzuwenden, es sei denn, dass durch Gesetz (vgl. § 19 Abs. 4 und 5 AufenthG, zu den zwingenden Versagungstatbeständen hinsichtlich der ICT-Karte; § 27 Abs. 4 Satz 2 AufenthG, zur Geltungsdauer der Aufenthaltserlaubnis beim Familiennachzug zu Ausländern mit ICT-Karte) oder durch Rechtsverordnung etwas anderes geregelt ist (§ 4 Abs. 1 Satz 3 AufenthG).

> **Praxis-Tipp:**
> Da im Hinblick auf unternehmensintern Transferierte auch **nur kurze Aufenthalte** in Betracht kommen werden, wird es in der Praxis allein wegen der tatsächlichen Dauer der Herstellung und der Ausstellung eines elektronischen Aufenthaltstitels gemäß § 78 AufenthG nicht möglich sein, in allen Fällen einen solchen Aufenthaltstitel auszustellen. In diesen Fällen besteht eine Möglichkeit zur Erteilung des Aufenthaltstitels in Form eines **einheitlichen Vordruckmusters („Klebeetikett")** nach § 78a Abs. 1 Satz 1 AufenthG i. V. m. § 59 Abs. 3 Satz 3 AufenthV.

Ein Rechtsanspruch auf die Erteilung einer ICT-Karte besteht – unbeschadet der Sperrklauseln des § 10 Abs. 1 und 3 und § 11 Abs. 1, 6 oder 7 AufenthG und des zwingenden Versagungsgrundes nach § 5 Abs. 4 AufenthG – dann nicht, wenn **Versagungsgründe** nach § 19 Abs. 5 und 6 AufenthG vorliegen.

18.4 Einhaltung der Visumpflicht

Gemäß Art. 2 Abs. 1 i. V. m. Art. 11 Abs. 2 ICT-Richtlinie kann ein **Antrag** auf **Erteilung eines Aufenthaltstitels** zum Zweck des unternehmensinternen Transfers **nur von einem Drittstaat aus** (Ausland) gestellt werden (vgl. dazu § 39 Satz 1 und Satz 2 AufenthV). Auch ein Antrag aus einem anderen EU-Mitgliedstaat ist nicht zulässig. Maßgeblich ist, dass der Wohnort bzw. Lebensmittelpunkt (gewöhnlicher rechtmäßiger Aufenthalt) sich in dem Drittstaat befindet; eine bloße Anwesenheit im Drittstaat zur Antragstellung reicht nicht aus.

Für Ausländer, die eine ICT-Karte nach § 19 AufenthG nach der Einreise in das Bundesgebiet ohne Einhaltung des erforderlichen Visumverfahrens beantragen, kommt nach § 5 Abs. 2 Satz 3 AufenthG eine Abweichung von Satz 1 auf dem Ermessenswege unter den Voraussetzungen des Satzes 2 nicht in Betracht (vgl. dazu § 39 Satz 1 Nr. 3 AufenthV sowie § 39 Satz 2 AufenthV). Der Verstoß gegen die Visumpflicht hat die zwingende **Versagung der ICT-Karte nach der Einreise** zur Folge.

19. Kurzfristige Mobilität für unternehmensintern transferierte Arbeitnehmer

19.1 Regelungsinhalt

§ 19a AufenthG regelt die kurzfristige Mobilität von unternehmensintern transferierten Arbeitnehmern, die einen von einem anderen EU-Mitgliedstaat ausgestellten Aufenthaltstitel (ICT-Karte oder Mobiler-ICT-Karte) zum Zweck des unternehmensinternen Transfers nach der ICT-Richtlinie[91] besitzen. Insbesondere enthält er wesentliche Vorgaben in Bezug auf die Mitteilung, die an die Behörden zu machen ist, wenn Mobilität geplant ist (Mitteilungsverfahren).

19.2 Befreiung von der Aufenthaltstitelpflicht

Für **unternehmensintern transferierte Arbeitnehmer** (vgl. § 19 Abs. 1 bis 3 AufenthG) wurden aufgrund der ICT-Richtlinie vereinfachte Möglichkeiten geschaffen, sich mit einem aufgrund der ICT-Richtlinie erteilten gültigen Aufenthaltstitel eines anderen EU-Mitgliedstaats im Bundesgebiet vorübergehend aufzuhalten. Die **kurzfristige Mobilität** zum unternehmensinternen Transfer im Bundesgebiet **für die Dauer von 90 Tagen innerhalb eines Zeitraums von 180 Tagen** erfordert nach § 19a Abs. 1 Satz 1 AufenthG keinen Aufenthaltstitel nach § 4 Abs. 1 AufenthG.

---
[91] Richtlinie (EU) 2014/66.

IV. Erwerbsmigration

Hinweis:
Wird der unternehmensinterne Transfer länger als 90 Tage und höchstens ein Jahr dauern, findet § 19b AufenthG, der die Erteilung einer Mobiler-ICT-Karte regelt, Anwendung.

Die Befreiung von der Aufenthaltstitelpflicht wird durch die **Ausstellung einer Bescheinigung des BAMF** über die Berechtigung zur Einreise und zum Aufenthalt zum Zweck des unternehmensinternen Transfers im Rahmen der kurzfristigen Mobilität nach § 19a Abs. 4 AufenthG bestätigt, wenn keine Ablehnungsgründe nach § 19a Abs. 3 AufenthG vorliegen.

19.3 Rechtsänderungen

19.3.1 Zuordnung der Rechtsvorschrift

Im Fachkräfteeinwanderungsgesetz wird die **Befreiung von der Aufenthaltserlaubnis zum Zweck des unternehmensinternen Transfers im Rahmen der kurzfristigen Mobilität** von § 19c AufenthG a. F., in dessen Regelungsbereich die ICT-Richtlinie in Bezug auf diesen Personenkreis erstmals umgesetzt wurde, nach § 19a AufenthG n. F. übernommen.

19.3.2 Erweiterung der Mitteilungspflicht

Die Pflicht, auch den ersten EU-Mitgliedstaat über die Mobilität zu informieren, war im bisherigen § 19c Abs. 1 AufenthG a. F. nicht enthalten. So hatte der jeweils erste EU-Mitgliedstaat keine Möglichkeit, von der Mobilität des Ausländers Kenntnis zu erlangen. Deshalb wird die Pflicht, auch den ersten Mitgliedstaat zu informieren, ergänzt.

Diese Ergänzung in § 19a Abs. 1 Satz 1 AufenthG n. F. dient der vollständigen Umsetzung des Art. 21 Abs. 2 Satz 1 ICT-Richtlinie. Dieser sieht neben der Mitteilung an den zweiten EU-Mitgliedstaat, in welchen die Mobilität erfolgt, auch die Mitteilung an den ersten EU-Mitgliedstaat, der den Aufenthaltstitel ausgestellt hat, durch die aufnehmende Niederlassung in dem anderen EU-Mitgliedstaat vor.

19.3.3 Nachweis der Berufsausübungserlaubnis

§ 19a Abs. 1 Satz 1 AufenthG wird um eine neue Nr. 5 ergänzt, die regelt, dass eine Berufsausübungserlaubnis vorliegen oder ihre

19. Kurzfristige Mobilität für transferierte Arbeitnehmer

Erteilung zugesagt sein muss, sofern eine solche erforderlich ist. Dies entspricht Erwägungsgrund 22 der ICT-Richtlinie, der davon ausgeht, dass die Regelungen zur kurzfristigen Mobilität (§ 19a AufenthG) die Voraussetzungen, die bei einer vorübergehenden Tätigkeit in einem reglementierten Beruf aus berufsrechtlicher Sicht erforderlich sind, unberührt lassen. § 18 Abs. 2 Nr. 3 AufenthG findet in diesen Fällen keine Anwendung, da es im Anwendungsbereich des § 19a Abs. 1 Satz 1 AufenthG nicht um die Erteilung einer Aufenthaltserlaubnis, sondern um einen erlaubnisfreien Aufenthalt geht.

Dieses Verständnis kam in der bisherigen Fassung von § 19c AufenthG a. F. nicht zum Ausdruck, da § 18 Abs. 5 AufenthG a. F. mangels Erteilung eines deutschen Aufenthaltstitels in diesen Fällen nicht galt. Um zu vermeiden, dass deshalb ein Umkehrschluss gezogen und angenommen wird, dass die berufsrechtlichen Voraussetzungen bei einem vorübergehenden Aufenthalt unbeachtlich sind, wird § 19a AufenthG n. F. durch die Nr. 5 ergänzt.

19.3.4 Mitteilungsverfahren zur kurzfristigen Mobilität

Das **Mitteilungsverfahren** zur kurzfristigen Mobilität wird künftig vollständig durch das BAMF durchgeführt, um eine Handhabung innerhalb der kurzen Ablehnungsfrist von 20 Tagen zu gewährleisten.

Nach Ablehnung der Mobilität oder Ausstellung der Bescheinigung durch das BAMF (§ 19a Abs. 3 und 4 AufenthG n. F.) geht die Zuständigkeit auf die Ausländerbehörde nach § 71 Abs. 1 AufenthG über. Diese ist für alle weiteren aufenthaltsrechtlichen Maßnahmen und Entscheidungen in Bezug auf den Ausländer, mithin auch für eine Ablehnung nach Ablauf der 20-Tages-Frist aus Gründen eines Ausweisungsinteresses (§ 54 AufenthG), zuständig.

19.3.5 Zuständigkeit für Entscheidungen im Mitteilungsverfahren

Im Mitteilungsverfahren nach § 91g AufenthG ist das BAMF für die Entscheidung, ob eine Bescheinigung über die Berechtigung zur Einreise und zum Aufenthalt zum Zweck des unternehmensinternen Transfers im Rahmen der kurzfristigen Mobilität nach § 19a Abs. 4 AufenthG ausgestellt oder Einreise und Aufenthalt nach § 19a Abs. 3 AufenthG abgelehnt werden, zuständig (§ 75 Nr. 5a AufenthG). Diese Teilzuständigkeit dient dazu, für diese Entscheidungen die

IV. Erwerbsmigration

20-Tages-Frist möglichst einhalten und daher Entscheidungen in der Sache fristgerecht treffen zu können.

19.3.6 Zuständigkeit der Ausländerbehörde für Entscheidungen nach Beendigung des Mitteilungsverfahrens

Daher regelt der neue § 19a Abs. 5 AufenthG, dass nach Ablehnung der Mobilität oder Ausstellung der Bescheinigung durch das BAMF die Zuständigkeit auf die Ausländerbehörde übergeht (Satz 1). Hierbei handelt es sich um eine rein deklaratorische Regelung, welche die Zuständigkeitsverteilung nach geltendem Recht (§ 71 Abs. 1 AufenthG) aus Klarstellungsgründen erwähnt; eine neue Aufgabenzuweisung an die Ausländerbehörden ist damit nicht verbunden.

Die Ausländerbehörde ist nach Durchführung bzw. Beendigung des Mitteilungsverfahrens für alle weiteren aufenthaltsrechtlichen Maßnahmen und Entscheidungen in Bezug auf den Ausländer zuständig. Deshalb ist der Ausländer nach dem Übergang der Zuständigkeit auch verpflichtet, der Ausländerbehörde Änderungen in Bezug auf die Voraussetzungen der Mobilität unverzüglich mitzuteilen (§ 19a Abs. 5 Satz 2 AufenthG, bisher § 19c Abs. 3 AufenthG a. F.).

Die Ausländerbehörde hat zu prüfen, ob und welche aufenthaltsrechtlichen Maßnahmen (z. B. Abschiebungsandrohung als Rückkehrentscheidung i. S. v. Art. 6 RFRL) nach Wegfall der Befreiung von der Aufenthaltstitelpflicht und dem Eintritt der vollziehbaren Ausreisepflicht nach § 58 Abs. 2 Satz 1 Nr. 2 AufenthG zu ergreifen sind. Reist der Ausländer nicht freiwillig aus, kommt eine Rückführung grundsätzlich in den anderen EU-Mitgliedstaat, der den gültigen Aufenthaltstitel nach der ICT-Richtlinie erteilt hat, in Betracht (§ 50 Abs. 3 AufenthG).

Die für eine Ablehnung des Aufenthalts notwendigen Daten (Widerruf, Rücknahme, Nichtverlängerung des Aufenthaltstitels nach der ICT-Richtlinie im anderen EU-Mitgliedstaat) kann die Ausländerbehörde auch vom BAMF nach § 91g Abs. 5 letzter Satz AufenthG erhalten.

Die Ausländerbehörde ist daher etwa für eine Ablehnung des Aufenthalts nach § 19a Abs. 3 Satz 1 Nr. 5 AufenthG wegen Eintritts eines Ausweisungsinteresses während des Aufenthalts im Bundesgebiet oder für aufenthaltsbeendende Maßnahmen zuständig.

19. Kurzfristige Mobilität für transferierte Arbeitnehmer

19.3.7 Ablehnung der Einreise und des Aufenthalts

Im Mitteilungsverfahren prüft lediglich das BAMF, ob **Ablehnungsgründe** der Einreise und dem Aufenthalt des Ausländers im Bundesgebiet entgegenstehen. Die Entscheidung über das Vorliegen von Ablehnungsgründen nach § 19a Abs. 3 AufenthG ist innerhalb von 20 Tagen nach Zugang der vollständigen Mitteilung zu treffen.

Eine gesonderte **Anhörung des Ausländers** ist nicht erforderlich, da bereits im Rahmen der Mitteilung ausreichend Gelegenheit besteht, alle entscheidungserheblichen Tatsachen vorzutragen und Nachweise vorzulegen. Die 20-Tages-Frist für die Ablehnung der Einreise und des Aufenthalts wird nicht dadurch gehemmt, dass Rückfragen (vgl. § 91g Abs. 3 AufenthG) gestellt oder Dokumente nachgefordert werden.

Nach § 19a Abs. 3 Satz 1 Nr. 1 bis 5 AufenthG werden Einreise und Aufenthalt durch das nach § 75 Nr. 5a AufenthG zuständige BAMF im Mitteilungsverfahren abgelehnt. In diesen Fällen fehlt es an der Voraussetzung für die Ausstellung einer Bescheinigung über die Berechtigung zur Einreise und zum Aufenthalt nach § 19a Abs. 4 AufenthG.

Hinweis:

Diese Entscheidung hat kein Einreise- und Aufenthaltsverbot nach § 11 AufenthG zur Folge und lässt andere gesetzliche Einreisemöglichkeiten unberührt.

Die **20-Tages-Frist gilt nicht** für das Eingreifen von Ablehnungsgründen nach § 19a Abs. 3 Satz 1 Nr. 5 AufenthG hinsichtlich des Vorliegens eines Ausweisungsinteresses nach § 54 AufenthG. In diesen Fällen hat auch die nach § 71 Abs. 1 AufenthG zuständige Ausländerbehörde während des Aufenthalts des Ausländers im Bundesgebiet zu entscheiden.

19.4 Ablehnungsentscheidung – Verfahren

19.4.1 Bekanntgabe der Ablehnungsentscheidung

Kommt das BAMF nach Zugang der Mitteilung nach § 19a Abs. 1 Satz 1 AufenthG oder die Ausländerbehörde nach der Einreise des Ausländers zu dem Ergebnis, dass Ablehnungsgründe nach § 19a

IV. Erwerbsmigration

Abs. 3 AufenthG vorliegen, so geben sie nach § 19a Abs. 3 Satz 3 AufenthG die Ablehnungsentscheidung

- dem Ausländer,
- der zuständigen Behörde des anderen EU-Mitgliedstaats und
- der aufnehmenden Niederlassung im anderen EU-Mitgliedstaat

bekannt.

19.4.2 Form der Ablehnungsentscheidung

Die **Ablehnungsentscheidung** ist schriftlich bekanntzugeben und daher nach § 39 (L)VwVfG zu **begründen**; ihr ist eine **Rechtsbehelfsbelehrung** nach § 37 Abs. 6 (L)VwVfG beizufügen. Darüber hinaus finden die allgemeinen Vorschriften der Verwaltungsverfahrensgesetze Anwendung.

19.4.3 Datenübermittlung

Die Ausländerbehörde übermittelt die erfolgte Ablehnung an das Ausländerzentralregister – Registerbehörde.

19.4.4 Unterrichtungspflicht

Das BAMF hat auch die zuständige Behörde des anderen EU-Mitgliedstaats über den Inhalt und den Tag der **Entscheidung über die Ablehnung** der nach § 19a Abs. 1 AufenthG mitgeteilten Mobilität zu unterrichten (§ 91g Abs. 4 Satz 1 AufenthG).

19.5 Rechtsfolge der Ablehnung der Einreise und des Aufenthalts

Die **Ablehnung der Einreise und des Aufenthalts** durch das BAMF oder die Ausländerbehörde hat den Wegfall des aufenthaltstitelfreien Aufenthalts und somit Eintritt der vollziehbaren Ausreisepflicht kraft Gesetzes zur Folge (§ 19a Abs. 3 Satz 4 und § 58 Abs. 2 Satz 1 Nr. 2 AufenthG). Die Erwerbstätigkeit ist unverzüglich einzustellen.

19.6 Besonderheiten im Verhältnis zu Schengen-Staaten

Handelt es sich bei dem anderen EU-Mitgliedstaat, der den Aufenthaltstitel nach der ICT-Richtlinie erteilt hat, nicht um einen Schengen-Staat (vgl. § 2 Abs. 5 AufenthG, zum Begriff) und erfolgt die Einreise über einen Staat, der nicht Schengen-Staat ist, hat der Ausländer bei der Einreise eine Kopie der Mitteilung über die kurzfristige Mobilität, die beim BAMF eingereicht wurde, mit sich zu führen. Diese muss er den zuständigen Behörden auf Verlangen vorlegen – Vorlagepflicht (§ 19a Abs. 1 Satz 4 AufenthG).

20. Mobiler-ICT-Karte für unternehmensintern transferierte Arbeitnehmer

20.1 Rechtsänderungen

Durch Art. 1 Nr. 3 Buchst. a und b des Gesetzes zur Umsetzung aufenthaltsrechtlicher Richtlinien der Europäischen Union zur Arbeitsmigration v. 12.5.2017 (BGBl. I S. 1106) wurde in § 4 Abs. 1 Satz 2 AufenthG die Nummer 2c, mit der die Mobiler-ICT-Karte nach § 19d AufenthG a. F. eingeführt wurde, eingefügt. Die Abkürzung „mobile ICT" muss nach den Vorgaben der ICT-Richtlinie[92] ebenso wie bei der Mobiler-ICT-Karte auch in den entsprechenden Aufenthaltstiteln anderer EU-Mitgliedstaaten enthalten sein.

Im Fachkräfteeinwanderungsgesetz wurde die Regelung über die Erteilung einer **Mobiler-ICT-Karte** nach der ICT-Richtlinie zum Zweck eines unternehmensinternen Transfers i. S. d. § 19 Abs. 1 Satz 2 AufenthG n. F. von § 19d AufenthG a. F. nach § 19b AufenthG n. F. übernommen.

20.2 Aufenthaltstitel

Bei der Mobiler-ICT-Karte nach § 4 Abs. 1 Satz 2 Nr. 2c AufenthG handelt es sich um einen befristeten Aufenthaltstitel, der in Umsetzung der ICT-Richtlinie in das Aufenthaltsgesetz eingeführt wurde und zu dem in § 19b AufenthG genannten Aufenthaltszweck erteilt wird. Die Einführung der Mobiler-ICT-Karte dient der Umsetzung von Art. 13 Abs. 1 und Abs. 4 sowie von Art. 22 Abs. 4 ICT-Richtlinie.

Die für die Aufenthaltserlaubnis (§ 7 AufenthG) geltenden Rechtsvorschriften sind grundsätzlich auch auf die Mobiler-ICT-Karte anzuwenden, es sei denn, dass durch Gesetz (vgl. z. B. § 19b Abs. 4 und 5 AufenthG, zu den Versagungstatbeständen hinsichtlich der Mobiler-ICT-Karte) oder Rechtsverordnung (vgl. § 39 Satz 1 Nr. 9 AufenthV, zur Befreiung von der Visumpflicht) etwas anderes geregelt ist.

---

[92] RL 2014/66/EU.

IV. Erwerbsmigration

> **Praxis-Tipp:**
> Da im Hinblick auf unternehmensintern Transferierte auch **nur kurze Aufenthalte** in Betracht kommen werden, wird es in der Praxis allein wegen der tatsächlichen Dauer der Herstellung und der Ausstellung eines elektronischen Aufenthaltstitels gemäß § 78 AufenthG nicht möglich sein, in allen Fällen einen solchen Aufenthaltstitel auszustellen. In diesen Fällen besteht eine Möglichkeit zur Erteilung des Aufenthaltstitels in Form eines **einheitlichen Vordruckmusters („Klebeetikett")** nach § 78a Abs. 1 Satz 1 AufenthG i. V. m. § 59 Abs. 3 Satz 3 AufenthV.

20.3 Aufenthaltsrecht

Staatsangehörigen eines Drittstaates, die als unternehmensintern transferierte Arbeitnehmer ein Aufenthaltsrecht in einem anderen EU-Mitgliedstaat haben und einen für die Dauer des Antragsverfahrens gültigen Aufenthaltstitel dieses anderen EU-Mitgliedstaats nach der ICT-Richtlinie besitzen, wird nach Maßgabe des § 19b Abs. 1 AufenthG eine Mobiler-ICT-Karte ereilt (Rechtsanspruch). Dieser Anspruch besteht nicht, wenn Ablehnungsgründe nach § 19b Abs. 4 und 5 AufenthG vorliegen.

> **Hinweis:**
> Der unternehmensinterne Transfer muss **mehr als 90 Tage** dauern (§ 19b Abs. 2 Nr. 2 AufenthG, vgl. dazu § 19 Abs. 2 Satz 1 Nr. 3 AufenthG), ansonsten kommt eine **kurzfristige Mobilität** nach § 19a AufenthG in Betracht.

20.4 Antragstellung – Erlaubnisfiktion

20.4.1 Beantragung der Mobiler-ICT-Karte im In- oder Ausland

Gemäß § 39 Satz 1 Nr. 9 Buchst. a und b AufenthV kann der Ausländer die Mobiler-ICT-Karte ohne Einhaltung der Visumpflicht bei der im Bundesgebiet zuständigen Ausländerbehörde (§ 71 Abs. 1 AufenthG) beantragen.

Der **Antrag** auf Erteilung der Mobiler-ICT-Karte nach § 19b Abs. 1 AufenthG kann nicht nur nach der Einreise in das Bundesgebiet bei der nach § 71 Abs. 1 AufenthG zuständigen **Ausländerbehörde**, sondern nach § 91g Abs. 1 Satz 1 AufenthG – vom anderen EU-Mit-

20. Mobiler-ICT-Karte für unternehmensintern transferierte Arbeitnehmer

gliedstat oder von einem Drittstaat aus – **auch beim BAMF** (§ 75 Nr. 5a AufenthG, zur Zuständigkeit), welches in seiner **Mittlerfunktion** als nationale Kontaktstelle für die Durchführung der ICT-Richtlinie zuständig ist, noch während des Aufenthalts des Ausländers im anderen EU-Mitgliedstaat bzw. vor der Einreise in das Bundesgebiet **eingereicht** werden. Das BAMF leitet den Erlaubnisantrag an die zuständige Ausländerbehörde weiter und teilt dem Antragsteller die zuständige Ausländerbehörde mit.

Falls sich der Ausländer zum Zeitpunkt der Antragstellung noch nicht in Deutschland aufhält, hat das BAMF unter Berücksichtigung der entsprechenden verwaltungsverfahrensrechtlichen Bestimmungen des Landes zu klären, welche Ausländerbehörde für die Entscheidung über den Antrag örtlich zuständig ist. Danach teilt das BAMF dem Ausländer die betreffende örtlich zuständige Ausländerbehörde mit (§ 91g Abs. 1 Satz 2 AufenthG).

Beantragt der Ausländer bei der zuständigen deutschen Behörde die Mobiler-ICT-Karte, da er zunächst von einem kürzeren Aufenthalt in Deutschland ausgeht, und möchte er den Transferaufenthalt in Deutschland verlängern lassen, so ist dies grundsätzlich mittels einer Verlängerung der Mobiler-ICT-Karte bis zur Höchstdauer des unternehmensinternen Transfers möglich (vgl. Art. 22 Abs. 5 ICT-Richtlinie).

Wird ein Antrag parallel zu einer Mitteilung nach § 19a Abs. 1 Satz 1 AufenthG gestellt **(Parallel-Anträge)** oder wird er nicht mindestens 20 Tage vor Ablauf eines Aufenthalts nach § 19a AufenthG (kurzfristige Mobilität) „vollständig" gestellt, ist er **abzulehnen** (rechtlich gebundene Entscheidung).

20.4.2 Erlaubnisfiktion

In Fällen, in denen über das BAMF der Erlaubnisantrag mindestens 20 Tage vor Beginn des Aufenthalts in Deutschland gestellt wird und der Aufenthaltstitel des anderen EU-Mitgliedstaats nach der ICT-Richtlinie weiterhin gültig ist, gilt nach § 19b Abs. 3 AufenthG der Aufenthalt und die Beschäftigung als unternehmensintern transferierter Arbeitnehmer im Bundesgebiet bis zur Entscheidung der Ausländerbehörde für bis zu 90 Tage innerhalb eines Zeitraums von 180 Tagen als erlaubt (Erlaubnisfiktion).

Da es sich bei dieser Erlaubnisfiktion nicht um einen Aufenthaltstitel mit Berechtigung zur Ausübung einer Erwerbstätigkeit nach

IV. Erwerbsmigration

§ 4a Abs. 1 AufenthG handelt, bedarf es nach § 4a Abs. 2 Satz 1 AufenthG der Erlaubnis hinsichtlich der sachlich zu beschränkenden Beschäftigung (Verbot mit Erlaubnisvorbehalt).

Die **Aufenthaltserlaubnis** nach § 19b AufenthG kann auch **nach der Einreise beantragt** werden (§ 39 Satz 1 Nr. 9 AufenthV). In diesen Fällen tritt die Erlaubnisfiktion nach § 19b Abs. 3 AufenthG nicht ein.

20.5 Gültigkeitsdauer der Mobiler-ICT-Karte

Die **Gültigkeitsdauer** der Mobiler-ICT-Karte ist – im Vergleich zur Gültigkeitsdauer der ICT-Karte in § 19b AufenthG – **nicht speziell geregelt**. Die Mobiler-ICT-Karte wird daher – orientiert am Aufenthaltszweck – nach den allgemeinen aufenthaltsrechtlichen Grundsätzen in Anpassung an den gesetzlichen Aufenthaltszweck grundsätzlich für die Dauer des geplanten Aufenthalts im Rahmen der **langfristigen Mobilität (mehr als 90 Tage)** erteilt. Die **Dauer des Aufenthalts im Bundesgebiet** darf nicht über die Aufenthaltsdauer in anderen EU-Mitgliedstaaten hinausgehen (§ 19b Abs. 5 AufenthG).

20.6 Beschränkung der Beschäftigung

Die Mobiler-ICT-Karte wird nach § 19b Abs. 2 AufenthG für eine mehr als 90 Tage dauernde Beschäftigung als Führungskraft, Spezialist oder Trainee erteilt. Die Aufenthaltserlaubnis ist insoweit nach § 4a Abs. 1 Satz 2 AufenthG durch Auflage sachlich zu beschränken. Der Aufenthaltstitel hat die Beschränkung erkennen zu lassen (§ 4a Abs. 3 Satz 1 AufenthG).

20.7 Änderungsanzeige

Die inländische aufnehmende Niederlassung ist nach § 19b Abs. 7 AufenthG verpflichtet, Änderungen in Bezug auf die Erteilungsvoraussetzungen des § 19b Abs. 2 AufenthG der zuständigen Ausländerbehörde unverzüglich, in der Regel innerhalb von einer Woche, mitzuteilen. Die Ausländerbehörde prüft dann, ob ein Widerruf der Mobiler-ICT-Karte im Ermessenswege nach § 52 Abs. 2a AufenthG in Betracht kommt und ob der Aufenthaltstitel des Familienangehörigen zu widerrufen ist.

21. Sonstige Beschäftigungszwecke – Beamte

21.1 Neuerungen

In § 19c AufenthG n. F. werden verschiedene Aufenthalte zum Zweck der nicht selbstständigen Erwerbstätigkeit i. S. v. § 2 Abs. 2 AufenthG zusammengefasst.

21.2 Beschäftigungsaufenthalte

§ 19c Abs. 1 AufenthG umfasst die Beschäftigungsaufenthalte, die sich aus den Bestimmungen der Beschäftigungsverordnung ergeben. Aus den Bestimmungen dieser Verordnung ergibt sich, ob und ggf. welche Qualifikation in dem betreffenden Beruf erforderlich ist. Zum Teil sind auch Angehörige bestimmter Staaten (vgl. § 30 BeschV) ungeachtet ihrer Qualifikation privilegiert.

21.3 Fachkräfte mit ausgeprägten berufspraktischen Kenntnissen

§ 19c Abs. 2 AufenthG schafft die Möglichkeit, **Fachkräften mit ausgeprägten berufspraktischen Kenntnissen** auch **unabhängig von einer formalen Qualifikation als Fachkraft** eine Aufenthaltserlaubnis zur Erwerbsmigration im Ermessenswege zu erteilen.

Eröffnet wird dies in **Berufen im Bereich der Informations- und Kommunikationstechnologie** (§ 6 BeschV). In dieser Berufsgruppe ist es typisch, dass die fachliche Spezialisierung nicht zwingend durch eine Ausbildung oder ein Studium erlangt wird, sondern auch durch Berufserfahrung in Verbindung mit einschlägigen theoretischen Schulungen und dem Erwerb besonderer, zumeist weltweit üblicher bzw. anerkannter Zertifikate.[93] Dies soll in diesem Beschäftigungsbereich helfen, den hohen Bedarf an qualifizierten Beschäftigten zu decken.

Die näheren Voraussetzungen für die **Zustimmung der BA** (§ 18 Abs. 2 Nr. 2 AufenthG, zum Zustimmungsvorbehalt) ergeben sich aus § 6 BeschV zu Berufen auf dem Gebiet der Informations- und Kommunikationstechnologie.

---

[93] Vgl. BT-Drucks. 19/8285, S. 193; dazu *Hammer/Klaus*, Fachkräfteeinwanderungsgesetz (FEG): Signal mit Fragezeichen oder echter Quantensprung?, ZAR 2019, ZAR 2019, 137, 142.

IV. Erwerbsmigration

21.4 Zulassung zum Arbeitsmarkt im begründeten Einzelfall

§ 19c Abs. 3 AufenthG n. F. übernimmt die bestehende Regelung von § 18 Abs. 4 Satz 2 AufenthG a. F. Die Zulassung zum Arbeitsmarkt kann im begründeten Einzelfall ausnahmsweise erfolgen, wenn ein **öffentliches Interesse**, insbesondere ein regionales, wirtschaftliches oder arbeitsmarktpolitisches Interesse, an der Beschäftigung besteht (§ 19c Abs. 3 AufenthG).

Die Bestimmung ist als **Ausnahmevorschrift** mit einer restriktiven Anwendungspraxis ausgestaltet und dient nicht als Auffangtatbestand oder allgemeine Erweiterung der Erwerbsmigration. Der ermessenslenkenden Regelung des § 18 Abs. 1 AufenthG kommt im Anwendungsbereich des § 19c Abs. 3 AufenthG besondere Bedeutung zu.

Die Regelung kann nur individuell auf die Person eines bestimmten Ausländers Anwendung finden. Sie dient nicht dazu, die Einschränkungen in §§ 18 ff. AufenthG und der Beschäftigungsverordnung auf bestimmte Berufe allgemein und beliebig zu erweitern. Soweit in der Beschäftigungsverordnung für einzelne Berufsgruppen zeitliche Beschränkungen der Beschäftigung vorgesehen sind, kann sich in der Fortsetzung der Beschäftigung über den in der Beschäftigungsverordnung festgelegten Zeitraum hinaus kein öffentliches Interesse begründen, denn diese zeitlichen Beschränkungen basieren auf arbeitsmarktpolitischen Entscheidungen zur Beschäftigung von Ausländern.

21.5 Tätigkeit als Beamter

§ 19c Abs. 4 AufenthG n. F. übernimmt die bestehende Regelung von § 18 Abs. 4a AufenthG a. F. hinsichtlich der Tätigkeit als Beamter. Die Definition der Erwerbstätigkeit in § 2 Abs. 2 AufenthG umfasst auch die **Tätigkeit als Beamter**. Der **Anspruch auf Erteilung einer Aufenthaltserlaubnis** für einen Ausländer, der in einem Beamtenverhältnis zu einem deutschen Dienstherrn steht, ist in § 19c Abs. 4 AufenthG geregelt. Nach drei Jahren wird eine **Niederlassungserlaubnis** abweichend von § 9 Abs. 2 Satz 1 Nr. 1 und 3 AufenthG erteilt (§ 19 Abs. 4 Satz 3 AufenthG).

Sowohl § 7 Abs. 3 des Bundesbeamtengesetzes (BBG) als auch § 7 Abs. 3 des Beamtenstatusgesetzes[94] regeln, dass auch Ausländer in

---
[94] BGBl. I 2008 S. 1010.

das Beamtenverhältnis berufen werden dürfen. Nach dem Beamtenstatusgesetz betrifft dies insbesondere Hochschullehrer und andere Mitarbeiter des wissenschaftlichen und künstlerischen Personals.

22. Aufenthaltserlaubnis für qualifizierte Geduldete zum Zweck der Beschäftigung

22.1 Rechtsänderungen

Der bisherige § 18a AufenthG a. F. wird § 19d AufenthG n. F.

Die **Zustimmung der BA** nach § 18a Abs. 1 AufenthG a. F. ist im Fachkräfteeinwanderungsgesetz als allgemeine Erteilungsvoraussetzung für alle Aufenthaltstitel zur Ausübung einer Beschäftigung in § 18 Abs. 2 Nr. 2 AufenthG n. F. normiert; eine entsprechende Regelung ist daher in § 19d AufenthG n. F. entbehrlich.

Die in § 18a Abs. 1 Buchst. c AufenthG a. F. enthaltenen Wörter „**als Fachkraft**" sind nicht mehr zutreffend, weil der von der Norm begünstigte Personenkreis nicht die Anforderungen der neu eingefügten Fachkraftdefinition in § 18 Abs. 3 AufenthG n. F. erfüllen müssen. Ebenfalls wird die Formulierung an die Definition der **qualifizierten Beschäftigung** in § 2 Abs. 12b AufenthG n. F. angepasst. Diese Änderungen beinhalten jedoch in der Sache keine Änderung des Normgehalts.

22.2 Aufenthaltsrecht

Die Aufenthaltserlaubnis nach § 19d Abs. 1 und 1a AufenthG dient der unmittelbaren Aufnahme geduldeter Ausländer in die **Erwerbsmigration zur Ausübung einer der beruflichen Qualifikation** (§ 2 Abs. 12b AufenthG, zum Begriff) **entsprechenden Beschäftigung** und eröffnet die Möglichkeit der rechtlichen Verfestigung (§§ 9, 9a AufenthG) in die Lebensverhältnisse der Bundesrepublik Deutschland.[95] Für den nach § 19d Abs. 1 und 1a AufenthG begünstigten Personenkreis, der nicht Kapitel 2 Abschnitt 5 des Aufenthaltsgesetzes zuzuordnen ist, gelten daher nicht die besonderen Voraussetzungen für die Erteilung einer Niederlassungserlaubnis nach § 26 Abs. 4 AufenthG.

---

[95] Vgl. *Eichenhofer/Hörich/Pichl*, Ist Deutschland noch ein Einwanderungsland?, ZAR 2011, 183, 184, zum Einwanderungszweck Erwerbstätigkeit.

IV. Erwerbsmigration

Die Aufenthaltserlaubnis nach § 19d Abs. 1 und 1a AufenthG berechtigt nach Ausübung einer zweijährigen der beruflichen Qualifikation entsprechenden (aktiven) Beschäftigung zu jeder Beschäftigung (§ 19d Abs. 2 AufenthG). Diese auf die Beschäftigung gesetzlich **beschränkten Erwerbsmöglichkeiten** sind im Aufenthaltstitel nach § 4a Abs. 1 Satz 2 und Abs. 3 Satz 1 AufenthG erkennbar zu machen.

Zu dem nach § 19d Abs. 1 und 1a AufenthG begünstigten Personenkreis gehören nur die gemäß § 60a AufenthG und nicht die nach § 43 Abs. 3 AsylG (vgl. auch § 36 Abs. 4 AsylG) zum Zweck der gemeinsamen Rückführung der Familienangehörigen geduldeten Ausländer.[96] Sie müssen daher wegen Vorliegens eines Duldungsgrundes nach § 60a AufenthG bei der Ausländerbehörde erfasst sein. Ob sie tatsächlich eine Bescheinigung über die Duldung besitzen, ist dabei grundsätzlich unerheblich.

Den nach **§ 60b AufenthG**[97] geduldeten **Ausländern mit ungeklärter Identität** darf nach § 60b Abs. 5 Satz 2 die Ausübung einer Erwerbstätigkeit i. S. v. § 2 Abs. 2 AufenthG nicht erlaubt werden. Sie kommen daher weder in den Genuss des § 19d AufenthG noch kann ihnen eine Beschäftigung nach § 60c oder § 60d AufenthG erlaubt werden.

23. Teilnahme am europäischen Freiwilligendienst

23.1 Rechtsgrundlage

Durch Art. 1 Nr. 11 des Gesetzes zur Umsetzung aufenthaltsrechtlicher Richtlinien der Europäischen Union zur Arbeitsmigration v. 12.5.2017 (BGBl. I S. 1106) wurde § 18d AufenthG a. F. mit Wirkung v. 1.8.2017 in das Aufenthaltsgesetz eingefügt.[98] Die Vorgaben der REST-Richtlinie machten die Einfügung des § 18d a. F. in das Aufenthaltsgesetz erforderlich.

---

[96] Vgl. OVG Münster, Beschl. v. 30.7.2008 – 18 B 602/08, AuAS 2009, 18, in Bezug auf die vergleichbare Regelung in § 104a Abs. 1 AufenthG.

[97] Vgl. Art. 1 Nr. 19 des Zweiten Gesetzes zur besseren Durchsetzung der Ausreisepflicht v. 15.8.2019 (BGBl. I S. 1294); dazu *Rosenstein/Koehler*, Beschäftigungsduldung – eine Bewertung aus der Sicht der Praxis, ZAR 2019, 222.

[98] Vgl. *Diest*, Neue Regelungen zur regulären Migration – das Gesetz zur Umsetzung aufenthaltsrechtlicher Richtlinien der EU zur Arbeitsmigration im Überblick, ZAR 2017, 251.

23. Teilnahme am europäischen Freiwilligendienst

23.2 Rechtsänderungen

Die Regelung über die Erteilung einer Aufenthaltserlaubnis zum Zweck der Teilnahme am europäischen Freiwilligendienst in § 18d AufenthG a. F. wurde in § 19e AufenthG neu gefasst.

Der bisherige § 18d Abs. 3 AufenthG a. F., der die Zustimmung der zur Personensorge berechtigten Eltern zu dem nach § 19e AufenthG geplanten Aufenthalt erforderlich macht, wurde in § 80 Abs. 5 AufenthG n. F. eingebunden.

23.3 Aufenthaltsrecht

§ 19e Abs. 1 AufenthG normiert im Bereich der Erwerbsmigration den **Rechtsanspruch** eines Ausländers auf Erteilung einer Aufenthaltserlaubnis für **höchstens ein Jahr** (§ 19e Abs. 2 AufenthG) zum Zweck der Teilnahme an einem europäischen Freiwilligendienst nach der REST-Richtlinie. Dieser Rechtsanspruch besteht dann nicht, wenn gegen die Ausländer gesetzliche Sperrklauseln nach § 11 Abs. 1, 6 oder 7 AufenthG, ein zwingender Versagungsgrund nach § 5 Abs. 4 AufenthG oder Ablehnungsgründe nach § 19f Abs. 1 und 3 AufenthG eingreifen (rechtlich gebundene Entscheidung) oder wenn der Antrag nach § 19f Abs. 4 AufenthG abgelehnt werden kann (Ermessensentscheidung).

§ 19e Abs. 1 AufenthG räumt hinsichtlich der Erteilung einer Aufenthaltserlaubnis zum Zweck der Teilnahme an einem europäischen Freiwilligendienst nach der REST-Richtlinie einen **Aufenthaltsanspruch** ein, wenn

- die BA nach § 39 Abs. 2 AufenthG zugestimmt hat oder

- nach der Beschäftigungsverordnung oder aufgrund einer zwischenstaatlichen Vereinbarung die Teilnahme an einem europäischen Freiwilligendienst zustimmungsfrei ist, wie dies § 14 Nr. 1 BeschV regelt, und

- der Ausländer einer Vereinbarung mit der aufnehmenden Einrichtung vorlegt, die den in Nr. 1 bis 5 genannten Anforderungen entspricht.

IV. Erwerbsmigration

23.4 Erteilungsvoraussetzungen

Im Anwendungsbereich des § 19e AufenthG sind auch die allgemeinen Erteilungsvoraussetzungen des § 5 Abs. 1, 2 und 4 AufenthG zu berücksichtigen.

Hinsichtlich der **Sicherstellung des Lebensunterhalts** findet § 5 Abs. 1 Nr. 1 i. V. m. § 2 Abs. 3 AufenthG Anwendung. Hinzu kommt die Verpflichtung der aufnehmenden Einrichtung, Angaben über die dem Ausländer zur Verfügung stehenden Mittel für Lebensunterhalt und Unterkunft sowie Angaben über Taschengeld, das ihm für die Dauer des Aufenthalts mindestens zur Verfügung steht, zu machen (§ 19e Abs. 1 Nr. 4 AufenthG).

> **Praxis-Tipp:**
> Angehörige der in § 41 AufenthV genannten Staaten (vgl. auch § 26 BeschV) bedürfen für die **Ausübung eines Praktikums** keines nationalen Visums und können einen **bis auf 90 Tage** begrenzten europäischen Freiwilligendienst erlaubnisfrei ausüben.

23.5 Ausschluss der rechtlichen Verfestigung

Die auf einen vorübergehenden Aufenthaltszweck angelegte Aufenthaltserlaubnis nach § 19e AufenthG, deren Höchstdauer nach Absatz 2 ein Jahr nicht überschreiten darf, kann bei dieser zeitlich begrenzten Aufenthaltsdauer nicht zu einer **rechtlichen Verfestigung** des Aufenthalts nach §§ 9 oder 9a AufenthG führen.

23.6 Widerruf der Aufenthaltserlaubnis

Eine nach § 19e AufenthG erteilte Aufenthaltserlaubnis kann nach § 52 Abs. 4a AufenthG widerrufen werden, wenn der Ausländer nicht mehr die Voraussetzungen erfüllt, unter denen ihm die Aufenthaltserlaubnis erteilt werden könnte. § 7 Abs. 2 Satz 2 AufenthG – nachträgliche zeitliche Beschränkung – findet in diesen Fällen keine Anwendung.

24. Ablehnungsgründe bei Aufenthalten nach den §§ 16b, 16c, 16e, 16f, 17, 18b Abs. 2, den §§ 18d, 18e, 18f und 19e AufenthG n. F.

24.1 Rechtsänderungen

In § 19f AufenthG n. F. sind die **Ablehnungsgründe zusammengefasst** worden, die bei der Erteilung eines Aufenthaltstitels oder bei der Einräumung eines aufenthaltstitelfreien Aufenthalts nach der REST-Richtlinie oder der ICT-Richtlinie zu berücksichtigen sind. Es handelt sich um Regelungen zum Anwendungsbereich der §§ 16b, 16c, 16e, 16f, 17, 18b Abs. 2 und der §§ 18d, 18e, 18f und 19e AufenthG n. F.

§ 19f Abs. 1 AufenthG n. F. fasst die Ablehnungsgründe des bisherigen § 19a Abs. 5 AufenthG a. F. und des § 20 Abs. 6 AufenthG a. F. zusammen, **ohne** dass hiermit **inhaltliche Änderungen** verbunden sind. § 19f Abs. 1 AufenthG n. F. gilt für die Aufenthaltstitel nach den §§ 16b, 16e, 17 Abs. 2, § 18b Abs. 2, den §§ 18d und 19e (Aufenthalte zum Zweck des Studiums, der Studienbewerbung, des studienbezogenen Praktikums EU, der Forschung und der Teilnahme am europäischen Freiwilligendienst sowie Blaue Karte EU).

§ 19f Abs. 2 AufenthG n. F. gilt nur für die Blaue Karte EU und enthält die bisher in § 19a Abs. 5 Nr. 1, 3 und 4 AufenthG a. F. geregelten Ablehnungsgründe.

§ 19f Abs. 3 AufenthG n. F. gilt nur für Aufenthalte nach den §§ 16b, 16e, 17 Absatz 2, den §§ 18d und 19e AufenthG n. F. (Aufenthalte zum Zweck des Studiums, der Studienbewerbung, des studienbezogenen Praktikums EU, der Forschung und der Teilnahme am europäischen Freiwilligendienst) und enthält die bisher in § 20 Abs. 6 Nr. 4 und Nr. 8 AufenthG a. F. enthaltenen Ablehnungsgründe.

Der **Ablehnungsgrund des Promotionsstudiums** gilt nur für Aufenthalte nach § 18d AufenthG n. F. und greift außerdem nur, wenn es sich dabei um ein Vollzeitstudienprogramm handelt. Damit dient er der Abgrenzung zu § 16b AufenthG n. F. Maßgeblich für die Abgrenzung des Aufenthalts zum Zweck des Studiums einerseits und des Aufenthalts zum Zweck der Forschung andererseits ist im Falle einer Promotion mithin, ob der Ausländer im Inland eingeschrieben ist und ein Vollzeitstudienprogramm absolviert (dann Aufenthalt zum Zweck des Studiums) oder sich im Wesentlichen der Forschung im Rahmen des Promotionsvorhabens widmet (dann Aufenthalt zum

IV. Erwerbsmigration

Zweck der Forschung). Letzteres ist etwa der Fall, wenn die Dissertation im Rahmen eines Arbeitsvertrages erstellt wird. § 19f Abs. 3 AufenthG n. F. steht damit der Erteilung eines Aufenthaltstitels zum Zweck der Forschung nicht entgegen, wenn der Schwerpunkt der Promotion auf der Forschung liegt oder keine Einschreibung als Student im Inland erfolgen soll.

§ 19f Abs. 4 AufenthG n. F. gilt nur für Aufenthalte nach den §§ 16b, 16e, 16f, 17, 18d, 18f und 19e AufenthG n. F. (Aufenthalte zum Zweck des Studiums, der Ausbildungsplatzsuche und Studienbewerbung, des studienbezogenen Praktikums EU, der Forschung samt Mobilität und der Teilnahme am europäischen Freiwilligendienst) und enthält die bisher in § 20c Abs. 1 und 2 AufenthG a. F. geregelten Ablehnungsgründe. Diese stehen weiterhin im **Ermessen** der zuständigen Behörden.

Von den Ablehnungsgründen in § **19f Abs. 4 Nr. 2 bis 5 AufenthG n. F.** sind weiterhin verschiedene Insolvenztatbestände umfasst. § **19f Abs. 4 Nr. 5 AufenthG n. F.** deckt darüber hinaus auch Fälle ab, in denen lediglich die Verwaltung der eigenen Tätigkeit erfolgt („Briefkastenfirmen").

§ **19f Abs. 5 AufenthG n. F.** gilt für Aufenthalte im Rahmen der Mobilität nach § 16c oder § 18e AufenthG n. F. und enthält die bisher in § 20c Abs. 3 AufenthG a. F. geregelten Ablehnungsgründe. In Bezug auf die bisher in § 20c Abs. 3 Satz 1 Nr. 2 bis 4, 7 und 8 AufenthG a. F. geregelten Ablehnungsgründe wird in § 19f Abs. 5 Nr. 3 AufenthG n. F. auf Absatz 4 verwiesen.

24.2 Anwendungspraxis

Bei einer Entscheidung im Anwendungsbereich der §§ 16b, 16c, 16e, 16f, 17, 18b Abs. 2 und der §§ 18d, 18e, 18f und 19e AufenthG hat die zuständige Behörde (Ausländerbehörde im Antragsverfahren, deutsche Auslandsvertretung im Visumverfahren, BAMF im Mitteilungsverfahren) vorgreiflich zu prüfen, ob ein entsprechender Ablehnungsgrund vorliegt. Liegen z. B. dem BAMF im Mitteilungsverfahren die vollständigen Unterlagen (noch) nicht vor, besteht (noch) nicht die Befreiung von der Aufenthaltstitelpflicht nach § 4 Abs. 1 Satz 1 AufenthG, so dass eine visumfreie Einreise ungeachtet einer Ablehnungsentscheidung nach § 19f AufenthG nicht zulässig ist (vgl. z. B. § 19a Abs. 2 AufenthG).

25. Arbeitsplatzsuche für Fachkräfte

Da das **BAMF** nach § 75 Nr. 5a AufenthG für die Durchführung der Mitteilungsverfahren bei der (kurzfristigen) Mobilität nach den §§ 16c, 18e und 19a AufenthG zuständig wird, muss es auch für **Übermittlungen an die Sicherheitsbehörden** nach § 73 Abs. 2 und 3 AufenthG hinsichtlich des Bestehens von Ausweisungsinteressen nach § 54 Abs. 1 Nr. 2 und 4 AufenthG und sonstiger Sicherheitsbedenken berechtigt sein (§ 73 Abs. 3c AufenthG). Auf diese Weise ist gewährleistet, dass die Sicherheitsbehörden die Ablehnungsgründe der § 19f Abs. 5 Nr. 4 und § 19a Abs. 4 Nr. 5 AufenthG prüfen und feststellen können, wenn das BAMF (noch) zuständig ist (nach Abschluss des Mitteilungsverfahrens geht die Zuständigkeit auf die Ausländerbehörden gemäß Altrecht über). Im Rahmen der Übermittlung teilt das BAMF auch den geplanten Aufenthaltsort des Ausländers mit.

Der Ausländer kann das Vorliegen eines Ablehnungsgrundes im Rahmen seiner **Mitwirkungsobliegenheiten** im Antrags- oder Visumverfahren nach § 82 Abs. 1 und 2 AufenthG widerlegen. Im Mitteilungsverfahren beim BAMF, das in Fällen, in denen der Ausländer von der Aufenthaltstitelpflicht nach § 4 Abs. 1 AufenthG befreit wird, durchzuführen ist, ist die zur Mitteilung und Vorlage von Nachweisen verpflichtete Stelle (z. B. aufnehmende Niederlassung) nach § 26 Abs. 2 (L)VwVfG zur Mitwirkung verpflichtet. Die Mitwirkungspflicht des Ausländers nach § 82 Abs. 1 und 2 AufenthG bleibt davon unberührt.

Greift ein **Ablehnungsgrund** im Einzelfall ein, wirkt sich dies in Bezug auf das Aufenthaltsrecht auch dann **anspruchsvernichtend** aus, wenn der Ablehnungsgrund im Ermessensbereich angesiedelt ist. In diesen Fällen ist im Anwendungsbereich der §§ 16b, 16c, 16e, 16f, 17, 18b Abs. 2 und der §§ 18d, 18e, 18f und 19e AufenthG grundsätzlich kein Raum für Ermessen. Dies bedeutet jedoch nicht, dass die Erwerbsmigration aufgrund anderer Regelungen ausgeschlossen ist.

25. Arbeitsplatzsuche für Fachkräfte

25.1 Rechtsänderungen

In § 20 AufenthG n. F. werden die bislang im Aufenthaltsgesetz an verschiedenen Stellen geregelten Sachverhalte für die Erteilung einer Aufenthaltserlaubnis zur Suche nach einem Arbeitsplatz zusammengefasst.

IV. Erwerbsmigration

Mit § 20 Abs. 2 AufenthG n. F. wird die bisherige Regelung des § 18c Abs. 1 AufenthG a. F. zur Arbeitsplatzsuche von Fachkräften mit akademischer Ausbildung übernommen.

25.2 Regelungsinhalt

§ 20 Abs. 1 bis 3 AufenthG regelt die Arbeitsplatzsuche
- für Fachkräfte mit Berufsausbildung (Abs. 1),
- für Fachkräfte mit akademischer Ausbildung (Abs. 2) und
- von Ausländern, die aufgrund ihrer persönlichen Qualifikation befähigt sind, die am Arbeitsplatz erforderliche Tätigkeit auszuüben (Abs. 3).

§ 20 Abs. 4 Satz 1 AufenthG regelt, welche **Voraussetzungen (Lebensunterhaltssicherung) für die Erteilung einer Aufenthaltserlaubnis** zur Arbeitsplatzsuche nach § 20 Abs. 1 bis 3 AufenthG vorliegen müssen. § 20 Abs. 4 Satz 2 AufenthG regelt, dass eine Verlängerung über die in § 20 Abs. 1 bis 3 AufenthG genannten Höchstzeiträume hinaus ausgeschlossen ist. § 20 Abs. 4 Satz 3 AufenthG enthält eine temporäre Wiedereinreisesperre in Fällen der Arbeitsplatzsuche und Satz 4 schließt eine rechtliche Verfestigung nach § 9 AufenthG während der Arbeitsplatzsuche aus.

25.3 Fachkraft mit Berufsausbildung

§ 20 Abs. 1 AufenthG ermöglicht **im Ermessenswege** erstmals einer (nichtakademischen) Fachkraft mit Berufsausbildung für **bis zu sechs Monate die Suche nach einem Arbeitsplatz, zu dessen Ausübung seine Qualifikation diese befähigt.** Voraussetzung für die spätere Erteilung der Aufenthaltserlaubnis nach § 18a AufenthG in einem Beruf, zu dessen Ausübung die Qualifikation der Fachkraft sie befähigt, ist daher, dass es sich bei der zukünftigen Beschäftigung um eine **qualifizierte Beschäftigung** handelt (§ 2 Abs. 12b AufenthG, zum Begriff).

Die zur Arbeitsplatzsuche nach § 20 Abs. 1 AufenthG eingereiste Fachkraft mit Berufsausbildung soll sich nach ihrer Einreise auf die Suche nach einem dauerhaften Arbeitsplatz konzentrieren und dafür die erforderliche Zeit aufbringen können (etwa für die Suche nach geeigneten Arbeitgebern, die Erstellung von Bewerbungsunterlagen, die Vorbereitung auf Bewerbungsgespräche, Reisen zu Bewerbungsgesprächen etc.).

25. Arbeitsplatzsuche für Fachkräfte

Von der Arbeitsplatzsuche nach § 20 Abs. 1 Satz 1 AufenthG können nach Satz 2 Ausländer auch dann Gebrauch machen, wenn sie im Besitz

- eines Aufenthaltstitels zum Zweck der Erwerbsmigration (§§ 18 bis 21 AufenthG) oder
- einer Aufenthaltserlaubnis nach § 16e AufenthG für ein studienbezogenes Praktikum

waren.

Wenn die nach den Regelungen des Bundes oder der Länder für die berufliche Anerkennung zuständige Stelle die **Gleichwertigkeit der Berufsqualifikation** mit einer inländischen qualifizierten Berufsausbildung festgestellt hat (vgl. § 16d Abs. 1 AufenthG), ist von der **Befähigung des Ausländers** auszugehen. Als Voraussetzung werden nach § 20 Abs. 1 Satz 1 AufenthG zusätzlich **deutsche Sprachkenntnisse** gefordert, die der angestrebten Tätigkeit entsprechen. In der Regel werden hier deutsche **Sprachkenntnisse mindestens auf dem Niveau B1 GER** erforderlich sein; insbesondere in **medizinischen Berufen** können **auch höhere Anforderungen** gegeben sein. Dies wird in der Regel im Rahmen des Verfahrens zur Erteilung der Berufsausübungserlaubnis überprüft.

Durch die **Beschäftigungsverordnung** kann für bestimmte Berufe aus konjunkturellen oder arbeitsmarktlichen Gründen die **Arbeitsplatzsuche ausgeschlossen** werden (§ 20 Abs. 1 Satz 3 AufenthG).

Die **Aufenthaltserlaubnis** berechtigt im Grundsatz **nicht zur Erwerbstätigkeit,** ermöglicht jedoch dem Aufenthaltszweck entsprechend die Ausübung von **Probebeschäftigungen für bis zu zehn Stunden je Woche,** zu deren Ausübung die Qualifikation befähigt. Dies muss der Aufenthaltstitel nach § 4a Abs. 1 Satz 2 und Abs. 3 Satz 1 erkennen lassen.

Durch die Probebeschäftigung soll Arbeitgebern die Entscheidung über die Besetzung einer Stelle mit einer ausländischen Fachkraft erleichtert werden. Nach der bisherigen Rechtslage war dies nicht möglich, da der bisherige § 18c AufenthG a. F. jede Erwerbstätigkeit während des Suchaufenthalts verboten hat. Künftig kann ein interessierter Arbeitgeber die persönliche und fachliche Eignung des Kandidaten für eine künftige Beschäftigung als Fachkraft in dem Betrieb im Rahmen eines auf zehn Wochenstunden begrenzten Beschäftigungsverhältnisses nach § 7 SGB IV überprüfen.

IV. Erwerbsmigration

25.4 Fachkraft mit akademischer Ausbildung

§ 20 Abs. 2 AufenthG ermöglicht **im Ermessenswege** einer Fachkraft mit akademischer Ausbildung für **bis zu sechs Monate die Suche nach einem Arbeitsplatz, zu dessen Ausübung ihre Qualifikation diese befähigt.**

Für die Arbeitsplatzsuche einer Fachkraft mit akademischer Ausbildung gelten nach § 20 Abs. 2 Satz 2 AufenthG die Regelungen in Abs. 1 Satz 2 (zum Inlandsaufenthalt) und 4 (zur Ausübung von Probebeschäftigungen) entsprechend.

Die Aufenthaltserlaubnis nach § 20 Abs. 2 AufenthG berechtigt im Grundsatz nicht zur Erwerbstätigkeit, ermöglicht jedoch anders als bisher dem Aufenthaltszweck entsprechend die **Ausübung von Probebeschäftigungen für bis zu zehn Stunden je Woche,** zu deren Ausübung die Qualifikation befähigt. Dies muss der Aufenthaltstitel gemäß § 4a Abs. 1 Satz 2 und Abs. 3 Satz 1 erkennen lassen.

25.5 Arbeitsplatzsuche für eine sonstige qualifizierte Beschäftigung

§ 20 Abs. 3 Nr. 1 bis 4 AufenthG werden in einer eigenständigen und von Absatz 1 und 2 unabhängigen Regelung **aus dem Altrecht vier weitere Fallgestaltungen** zur Erteilung einer Aufenthaltserlaubnis zur Arbeitsplatzsuche zusammengefasst. Dies betrifft

- Absolventen deutscher Hochschulen (Nr. 1),

- Forscher im Anschluss an einen Forschungsaufenthalt (Nr. 2),

- Absolventen einer qualifizierten Berufsausbildung im Bundesgebiet (Nr. 3) und

- Ausländer, die sich zum Zweck der Anerkennung ihrer ausländischen Berufsqualifikation im Bundesgebiet aufhalten (Nr. 4).

Es bleibt dabei jeweils bei den bereits bislang geltenden **Höchstaufenthaltszeiten.**

In den Fällen des § 20 Abs. 3 Nr. 1 bis 4 AufenthG berechtigt die Aufenthaltserlaubnis zur **Ausübung einer Erwerbstätigkeit** i. S. v. § 2 Abs. 2 AufenthG, was sich nach Inkrafttreten des Fachkräfteeinwanderungsgesetzes aus § 4a Abs. 1 Satz 1 AufenthG (Erlaubnis mit Verbotsvorbehalt) ergibt.

25. Arbeitsplatzsuche für Fachkräfte

25.6 Erteilungsvoraussetzungen

§ 20 Abs. 4 Satz 1 AufenthG macht sich die in § 18c Abs. 1 Satz 1 AufenthG a. F. ausnahmslos geforderte **Lebensunterhaltssicherung** (§ 2 Abs. 3 AufenthG, zum Begriff) als zwingende Tatbestandvoraussetzung zu eigen und verdrängt somit die Regelerteilungsvoraussetzung des § 5 Abs. 1 Nr. 1 AufenthG. Danach wird insbesondere vorausgesetzt, dass der Ausländer seinen Lebensunterhalt ohne Inanspruchnahme öffentlicher Mittel bestreiten kann (§ 2 Abs. 3 Satz 2 AufenthG, zur Frage, was als Inanspruchnahme öffentlicher Mittel gilt).

§ 20 Abs. 4 Satz 2 AufenthG übernimmt auch den in § 18c Abs. 2 Satz 1 AufenthG a. F. genannten **Ausschluss der Verlängerung der Aufenthaltserlaubnis** zur Arbeitsplatzsuche über die jeweiligen Zeiträume hinaus für alle in § 20 Abs. 1 bis 3 AufenthG geregelten Fallgestaltungen.

§ 20 Abs. 4 Satz 3 AufenthG übernimmt für die in § 20 Abs. 1 und 2 AufenthG genannten Fallgestaltungen auch die Regelung, wonach sich der Ausländer **vor einer erneuten Erteilung einer Aufenthaltserlaubnis zur Arbeitsplatzsuche** mindestens so lange **im Ausland** aufgehalten haben muss, wie die Dauer des davorliegenden Aufenthalts zur Arbeitsplatzsuche betrug. Hierbei wird nicht auf die durch eine Aufenthaltserlaubnis ermöglichte Aufenthaltszeit, sondern auf die tatsächliche Aufenthaltszeit im Bundesgebiet abgestellt. Im Zweifelsfall hat der Ausländer Nachweise über die maßgeblichen Aufenthaltszeiträume im Bundesgebiet und im Ausland zu erbringen.

Aufgrund von § 20 Abs. 4 Satz 4 AufenthG wird die **Erteilung einer Niederlassungserlaubnis** nach § 9 AufenthG während des Aufenthalts zur Arbeitsplatzsuche **ausgeschlossen**.

25.7 Asylantrag bei erfolgloser Arbeitsplatzsuche

Falls der Suchaufenthalt nach § 20 AufenthG nicht zum Erfolg führt und der Ausländer während eines oder im Anschluss an einen Aufenthalt nach § 20 AufenthG einen **Asylantrag** nach § 14 AsylG stellt, werden regelmäßig die Voraussetzungen des § 30 Abs. 3 Nr. 4 AsylG erfüllt sein und der unbegründete Asylantrag wird deshalb regelmäßig nach § 30 Abs. 3 Nr. 4 AsylG als offensichtlich unbegründet abgelehnt werden. Ob in diesem Fall auch § 30 Abs. 2 AsylG ein-

IV. Erwerbsmigration

greift, hängt von den Umständen des Einzelfalls, insbesondere den Umständen im Herkunftsland, ab.

In diesen Fällen sind auch die **Sperrklauseln** des § 10 Abs. 1 und 3 AufenthG hinsichtlich der Erteilung eines Aufenthaltstitels zu berücksichtigen.

V. Zentrale Ausländerbehörden – Verfahrensbeschleunigung

1.	Einrichtung zentraler Ausländerbehörden für Ausbildungs- und- Erwerbsmigration auf Landesebene.	172
1.1	Zentralisierung spezieller Aufgaben	172
1.2	Neuorganisation	172
2.	Beschleunigtes Fachkräfteverfahren	175
2.1	Neuerungen	175
2.2	Regelungszweck	176
2.3	Beschleunigtes Verfahren	177

V. Zentrale Ausländerbehörden – Verfahrensbeschleunigung

1. Einrichtung zentraler Ausländerbehörden für Ausbildungs- und- Erwerbsmigration auf Landesebene

1.1 Zentralisierung spezieller Aufgaben

§ 71 Abs. 1 Satz 1 AufenthG regelt die sachliche Zuständigkeit der Ausländerbehörden für aufenthalts- und passrechtliche Maßnahmen und Entscheidungen nach dem Aufenthaltsgesetz und nach ausländerrechtlichen Bestimmungen in anderen Gesetzen (z. B. FreizügG/EU, AsylG). Die Ausländerbehörden sind daher im Bundesgebiet in all diesen ausländerrechtlichen Angelegenheiten sachlich zuständig (Generalzuständigkeit), gleichwohl können einzelne Aufgaben bestimmten (zentralen) Ausländerbehörden aufgrund einer entsprechenden Landesregelung übertragen werden (§ 71 Abs. 1 Satz 2 bis 5 AufenthG), was nach Satz 4 in Bezug auf die Vollziehung von Abschiebungen in den Ländern zu zentralisieren ist.

Für eine **Bündelung der Aufgaben** im Zusammenhang mit der Einreise ausländischer Fachkräfte und die Erteilung von Vorabzustimmungen im Visumverfahren (§ 31 Abs. 3 AufenthV) soll nach § 71 Abs. 1 Satz 5 AufenthG **in jedem Bundesland mindestens eine zentrale Ausländerbehörde** eingerichtet werden. In Ländern mit ausgeprägtem Fachkräftebedarf kann eine solche Zentralisierung auch im Interesse einer einheitlichen Rechtsanwendung von Nutzen und mit einem Synergieeffekt[99] verbunden sein.

1.2 Neuorganisation

Im Wettbewerb um die besten ausländischen Fachkräfte müssen auch im Inland die nötigen Strukturen geschaffen werden, um interessierte Fachkräfte von Deutschland überzeugen zu können. Verbände und Praktiker fordern zur Verbesserung der Verwaltungsverfahren die Einrichtung überregionaler Kompetenzzentren.

---

[99] Der Begriff *Synergieeffekt* beschreibt das Zusammenwirken von Faktoren, die eine Synergie nach einer Zentralisierung von Aufgaben bewirken, sich also gegenseitig fördern.

1. Einrichtung zentraler Ausländerbehörden

Diese Empfehlung, überregionale Kompetenzzentren einzurichten, wird im Fachkräfteeinwanderungsgesetz mit der Aufgabenzentralisierung im Bereich des Fachkräftebedarfs nach § 71 Abs. 1 Satz 5 AufenthG aufgegriffen. Danach sollen die Länder jeweils mindestens eine zentrale Ausländerbehörde einrichten, die bei Visumanträgen von Ausländern, die zu einem in der Neuregelung bestimmten Aufenthaltszweck einreisen, sowie bei gleichzeitig stattfindendem Familiennachzug zu diesen Ausländern, die zentral zuständige Ausländerbehörde ist.[100]

Nach § 71 Abs. 1 Satz 5 AufenthG „sollen" die Länder jeweils mindestens eine **zentrale Ausländerbehörde** einrichten, die für Visumanträge nach § 6 AufenthG in Bezug auf Aufenthalte von Ausländern nach §§ 16a, 16d, 17 Abs. 1, den §§ 18a, 18b, 18c Abs. 3, den §§ 18d, 18f, 19, 19b, 19c und 20 AufenthG und dem damit in zeitlichem Zusammenhang stehenden Familiennachzug des Ehegatten oder der minderjährigen ledigen Kinder die zuständige Ausländerbehörde ist (vgl. § 31 Abs. 1 AufenthV).

Praxis-Tipp:

Die nach § 71 Abs. 1 Satz 5 AufenthG zentrale Ausländerbehörde wird insoweit auch für eine Beteiligung der BA im Verfahren nach § 39 AufenthG sowie in den Fällen des § 72 Abs. 7 AufenthG zuständig.

---

[100] Vgl. BT-Drucks. 19/8285 v. 13.3.2019, S. 111.

V. Zentrale Ausländerbehörden – Verfahrensbeschleunigung

Die Länder sind nach der **Sollvorschrift** des § 71 Abs. 1 Satz 5 AufenthG ermächtigt, **zentrale Ausländerbehörden** für diese speziellen Aufgaben einzurichten und diese personell und strukturell auszustatten.

Es steht den Ländern frei, nach Bedarf mehrere solcher Kompetenzzentren einzurichten und auf bestehenden Strukturen aufzubauen.[101] Durch diese Zentralisierung spezieller Aufgaben im Bereich der Ausbildungs- und- Erwerbsmigration auf Landesebene soll nicht nur die Sachkompetenz gesteigert, sondern auch ein Beschleunigungseffekt erzielt werden. Andererseits werden die dafür bislang zuständigen Ausländerbehörden entlastet und können sich anderen ausländerrechtlichen Aufgaben widmen.

> **Hinweis:**
> Bei dieser Aufgabenzuordnung darf nicht verkannt werden, dass für die Entscheidung über entsprechende Visumanträge nach § 6 Abs. 3 AufenthG in den Einreisefällen der §§ 16a, 16d, 17 Abs. 1, den §§ 18a, 18c Abs. 3, den §§ 18d, 18f, 19, 19b, 19c und 20 AufenthG die **deutsche Auslandsvertretung** nach § 71 Abs. 2 AufenthG **zuständig** ist. Die Zuständigkeit der zentralen Ausländerbehörde in diesen Fällen beschränkt sich daher auf

---

[101] Die Bundesregierung hat dem Nationalem Normenkontrollrat und Bundesrat zugestimmt, dass bei der Fachkräfteeinwanderung regionale Erfordernisse Berücksichtigung finden müssen. Aus diesem Grunde hat sie statt einer Zentralisierung von Kompetenzen auf Bundesebene eine Kompetenzbündelung auf Länderebene vorgesehen. Dem Fall, dass einzelne Regionen flächenmäßig größerer Länder unterschiedliche Interessen in der Fachkräfteeinwanderung verfolgen, trägt die Bundesregierung mit ihrer Forderung nach „mindestens einer zentralen Ausländerbehörde" je Land im neuen § 71 Abs. 1 Satz 5 AufenthG ebenfalls Rechnung. Dass eine Bündelung des fachlichen Know-hows zur Optimierung von Prozessen und Beschleunigung von Verwaltungsverfahren im Interesse aller an diesen Verfahren Beteiligter liegt, wurde in verschiedenen Studien (z. B. „Wirkungsanalyse des rechtlichen Rahmens für ausländische Fachkräfte" der Ramboll Management Consulting GmbH aus 2014 oder „Einfacher Beschäftigen – Beschäftigung ausländischer Fachkräfte/Optimierung der Einreise zur Arbeitsaufnahme" des Statistischen Bundesamtes von 2018) festgestellt und nicht zuletzt deshalb sowohl von der Bundesvereinigung der Deutschen Arbeitgeberverbände in ihrem „Sieben-Punkte-Plan für eine gezielte Stärkung der Fachkräftezuwanderung" v. 13.7.2018 als auch in den „Vorschlägen zur Vereinfachung der gezielten Erwerbsmigration" des Vorstands und des Verwaltungsrats der Bundesagentur für Arbeit v. 12.10.2018 eingefordert (vgl. dazu Gesetzesbegründung, BR-Drucks. 7/19, S. 124).

die Mitwirkung im Visumverfahren nach Maßgabe des § 31 AufenthV. Ist eine Zustimmung der Ausländerbehörde in Fällen der Erwerbsmigration gemäß § 31 Abs. 1 Satz 1 Nr. 2 AufenthV erforderlich, ist die eingerichtete zentrale Ausländerbehörde zu befassen. So ist etwa zur **Arbeitsplatzsuche** nach § 20 AufenthG eine vorherige Zustimmung der Ausländerbehörde nicht erforderlich und daher auch die zentrale Ausländerbehörde nicht zu befassen.

2. Beschleunigtes Fachkräfteverfahren

2.1 Neuerungen

Das beschleunigte Fachkräfteverfahren nach § 81a AufenthG kann auf **Antrag des Arbeitgebers** bei der zuständigen Ausländerbehörde **in Vollmacht eines Ausländers**,[102] der zu einem der Aufenthaltszwecke nach den §§ 16a, 16d, 18a, 18b und 18c Abs. 3 AufenthG einreisen will, im **Inland initiiert** werden.

Von diesem Verfahren sind folgende Stellen betroffen:

- die neu einzurichtenden zentralen Ausländerbehörden (Zuständigkeitskonzentration, vgl. § 71 Abs. 1 Satz 5 AufenthG) und die bislang nach § 71 Abs. 1 Satz 1 AufenthG zuständigen Ausländerbehörden (Einführung von Bearbeitungsfristen nach § 81a Abs. 3 Nr. 3 und 6 AufenthG; vgl. auch § 31a AufenthV, zum beschleunigten Fachkräfteverfahren bei der Auslandsvertretung),
- die für die berufliche Anerkennung zuständigen Stellen (z. B. § 14a BQFG),
- die BA (§ 36 Abs. 2 Satz 2 BeschV),
- die deutschen Auslandsvertretungen (§ 31a AufenthV) und
- Industrie- und Handelskammern oder Handwerkskammern.

Dies führt nicht nur zu einer verlässlich **schnelleren Besetzung freier Stellen**, sondern schafft darüber hinaus durch die **zwischen der Aus-**

---

[102] Im Fall einer entsprechenden Unterbevollmächtigung kann das Verfahren zur Entlastung von kleinen und mittleren Unternehmen auch durch deren Kammern beantragt werden.

V. Zentrale Ausländerbehörden – Verfahrensbeschleunigung

länderbehörde und dem Arbeitgeber zu schließende Vereinbarung auch **mehr Verfahrenstransparenz** samt Entscheidungsnähe.[103]

2.2 Regelungszweck

Für die Sicherung des Fachkräftebedarfs sind langwierige Verfahren kontraproduktiv und im internationalen Wettbewerb um Fachkräfte von Nachteil. Verfahrensverzögernd haben sich insbesondere die Verfahren zur Anerkennung der ausländischen Berufsqualifikation[104] sowie die eingeschränkten Terminressourcen für Visumserteilungen in den Auslandsvertretungen gezeigt. Allein mit personeller Verstärkung der Behörden sind bereits die bestehenden Engpässe nicht zu lösen; die **gewünschte Steigerung des Fachkräftezuzugs erfordert neue Strukturen.**

Das beschleunigte Fachkräfteverfahren stellt eine **optionale Möglichkeit für Arbeitgeber** dar, dringend benötigte Fachkräfte aus dem Ausland zügig im Unternehmen in Deutschland einsetzen zu können. Da es sich bei dem beschleunigten Verfahren um eine optionale Prozessvariante handelt, ist die tatsächliche Inanspruchnahme noch nicht absehbar.

Das beschleunigte Fachkräfteverfahren nach § 81a AufenthG

- entlastet die Auslandsvertretungen,
- reduziert Reibungsverluste zwischen den beteiligten Behörden und
- gewährleistet infolge der Koordination durch die Ausländerbehörde ein hohes Maß an Rechtssicherheit.

Beteiligten Behörden wie Fachkräften und Arbeitgebern ergibt sich transparent aus dem Gesetz das Verfahren, ohne dass spezielle Kenntnisse einer weiteren Rechtsquelle in Form einer Verordnung erforderlich sind. Lokal erforderliche Abweichungen sind hierdurch nicht ausgeschlossen, sondern können aufgrund der Formulierung „insbesondere" in § 81a Abs. 2 AufenthG ausdrücklich Berücksichtigung finden.

---

[103] Vgl. *Hammer/Klaus*, Fachkräfteeinwanderungsgesetz (FEG): Signal mit Fragezeichen oder echter Quantensprung?, ZAR 2019, 145, zur Vereinbarung mit dem Arbeitgeber.

[104] Vgl. Studie „Einfacher Beschäftigen – Beschäftigung ausländischer Fachkräfte/Optimierung der Einreise zur Arbeitsaufnahme" des Statistischen Bundesamts, April 2018.

2. Beschleunigtes Fachkräfteverfahren

Die **Zuständigkeit der Ausländerbehörde** richtet sich nach § 71 Abs. 1 AufenthG; bei Einrichtung einer **zentralen Ausländerbehörde** durch die Länder nach § 71 Abs. 1 Satz 5 AufenthG ist diese für das beschleunigte Fachkräfteverfahren nach § 81a AufenthG zuständig. Diese Ausländerbehörde fungiert dabei organisatorisch als Schnittstelle der verschiedenen im Verfahren beteiligten Stellen.

2.3 Beschleunigtes Verfahren

2.3.1 Regelungsinhalt

Durch die detaillierte Darstellung des beschleunigten Fachkräfteverfahrens im Gesetz[105] werden die Neuerungen des beschleunigten Fachkräfteverfahrens und der damit einhergehende Servicegedanke herausgestellt. Beteiligten Behörden wie Fachkräften und Arbeitgebern ergibt sich so transparent aus dem Gesetz das Verfahren, ohne dass spezielle Kenntnisse einer weiteren Rechtsquelle in Form einer Verordnung erforderlich sind. Lokal erforderliche Abweichungen sind hierdurch nicht ausgeschlossen, sondern können aufgrund der Formulierung „insbesondere" in § 81a Abs. 2 AufenthG ausdrücklich Berücksichtigung finden.

Das Verfahren umfasst nach § 81a Abs. 4 AufenthG auch den **Familiennachzug** bei zeitgleicher Einreise und gilt nach § 81a Abs. 5 AufenthG auch für **sonstige qualifizierte Beschäftigte** i. S. v. § 2 Abs. 12b AufenthG (insbesondere IT-Spezialisten, Forscher und Führungskräfte; nicht jedoch niedrig Qualifizierte).

2.3.2 Zulässigkeitsvoraussetzung

Das beschleunigte Fachkräfteverfahren nach § 81a Abs. 1 AufenthG setzt einen **Antrag des** (künftigen) **Arbeitgebers in Vollmacht des Ausländers** bei der Ausländerbehörde, deren (Vorab-)Zustimmung nach § 31 Abs. 1 und 3 AufenthV im Visumverfahren erforderlich ist, voraus. In diesen Fällen stellt das beschleunigte Fachkräfteverfahren eine Möglichkeit für Arbeitgeber dar, dringend benötigte Arbeits-

---

[105] Vgl. *Hammer/Klaus*, Fachkräfteeinwanderungsgesetz (FEG): Signal mit Fragezeichen oder echter Quantensprung?, ZAR 2019, 144, zum Ablauf des beschleunigten Fachkräfteverfahrens in sechs Schritten.

V. Zentrale Ausländerbehörden – Verfahrensbeschleunigung

kräfte **aus dem Ausland** zügig im Unternehmen in Deutschland einsetzen zu können.[106]

2.3.3 Zuständige Ausländerbehörde

Das beschleunigte Fachkräfteverfahren nach § 81a Abs. 1 AufenthG wird in den im Anwendungsbereich des § 31 Abs. 1, § 31a AufenthV angesiedelten Einreisefällen zum Zweck der Beschäftigung nach §§ 16a, 16d, 18a, 18b und 18c Abs. 3 AufenthG bei der zuständigen Ausländerbehörde unter der Voraussetzung, dass ein Antrag des (künftigen) Arbeitgebers in Vollmacht des Ausländers vorliegt, durchgeführt. Dafür zuständig können auch – mit Ausnahme der Fälle des § 17 Abs. 1, §§ 18b, 18d, 18f, 19, 19b, 19c und 20 AufenthG – die in den Ländern nach § 71 Abs. 1 Satz 5 AufenthG eingerichteten **zentralen Ausländerbehörden** sein. Das beschleunigte Verfahren findet nach § 81a Abs. 5 AufenthG auch bei **sonstigen qualifizierten Beschäftigten** Anwendung.

---

[106] Es ist zu erwarten, dass mittelfristig für zunehmend mehr Einreiseverfahren ausländischer Fachkräfte das beschleunigte Verfahren gewählt wird, um eine deutliche Verkürzung der Verfahrensdauer herbeizuführen. Aus diesem Grund wird die Gesamtzahl der geschätzten jährlichen Einreisen qualifizierter Fachkräfte aus Drittstaaten mit dem Zweck der Erwerbstätigkeit in Höhe von circa 53.000 Fällen in Ansatz gebracht. Die Beantragung des beschleunigten Fachkräfteverfahrens für eine ausländische Fachkraft nimmt annahmegemäß durchschnittlich 52,5 Minuten pro Fall in Anspruch. Dabei entsteht dem Unternehmen Zeitaufwand durch die Interaktion mit der ausländischen Fachkraft (Beschaffung der einzureichenden Nachweise, Vollständigkeitsprüfung und ggf. Nachforderung fehlender Unterlagen und Ähnliches) sowie durch die Einreichung (Nachreichung) von (fehlenden) Unterlagen bei der zuständigen Ausländerbehörde. Hierfür wird ein durchschnittlicher Zeitaufwand von 30 Minuten pro Fall veranschlagt. Zusätzlich ist davon auszugehen, dass in schätzungsweise 50 Prozent der Fälle weiterer Abstimmungsbedarf entsteht: Das deutsche duale Berufsausbildungssystem ist im internationalen Vergleich eine Besonderheit, welche die Anerkennung ausländischer Berufsabschlüsse erschwert. In der Folge ist zu erwarten, dass oftmals die Feststellung der Gleichwertigkeit im „ersten Anlauf" auf der Grundlage der eingereichten Nachweise nicht gelingen wird. In derartigen Fällen entsteht den Unternehmen ein weiterer Zeitaufwand für die Abstimmung mit der zuständigen Ausländerbehörde, inwieweit zusätzliche Nachweise von der ausländischen Fachkraft beigebracht werden können und ob das Verfahren weiter betrieben werden soll. Für diesen Abstimmungsprozess zwischen Ausländerbehörde, Unternehmen und ausländischer Fachkraft werden zusätzliche 45 Minuten Zeitaufwand pro Fall benötigt. Die Gesamtzeit für komplexe Fälle beträgt demnach 75 Minuten pro Fall (vgl. BT-Drucks. 19/8285 v. 13.3.2019, S. 78).

2. Beschleunigtes Fachkräfteverfahren

Die Aufgabenstellung der zuständigen Ausländerbehörde **im beschleunigten Fachkräfteverfahren** einschließlich ihrer **Beratungsfunktion** nach § 81a Abs. 3 AufenthG und ihrer **Mittlerfunktion** nach § 14a Abs. 1 und 2 BQFG stellt im Wesentlichen auf das Vorliegen der allgemeinen Voraussetzungen nach § 18 Abs. 2 Nr. 1 bis 5 AufenthG samt Vorlage der entsprechenden Unterlagen (z. B. Zustimmung der BA, Gleichwertigkeitsnachweis, Berufsausübungserlaubnis) sowie auf eine **Koordinierung und Beschleunigung der Verfahrensabläufe** zwischen den beteiligten Stellen ab.

§ 81a Abs. 1 AufenthG lässt § 71 Abs. 2 AufenthG hinsichtlich der Zuständigkeit der deutschen Auslandsvertretungen in Pass- und Visaangelegenheiten unberührt und begründet daher keine eigene sachliche Zuständigkeit der Ausländerbehörde für die Entscheidung über einen Visumantrag zum Zweck der Erwerbsmigration. Bei der nach § 81a Abs. 1 AufenthG **für die Durchführung des beschleunigten Fachkräfteverfahrens zuständigen Ausländerbehörde** handelt es sich um die Ausländerbehörde, die bei Visumanträgen für die nach § 31 Abs. 1 Satz 1 Nr. 2 AufenthV erforderliche Zustimmung im Visumverfahren zuständig ist. Dies ist nach § 31 Abs. 1 Satz 1 AufenthV die für den vorgesehenen Aufenthaltsort zuständige Ausländerbehörde, was sich hinsichtlich der örtlichen Zuständigkeit nach landesrechtlichen Zuständigkeitsregelungen[107] richtet.

2.3.4 Vorabzustimmung – Visumantragstellung

Aus § 31a Abs. 1 AufenthV ist zu schließen, dass es in dem beschleunigten Fachkräfteverfahren um die Frage geht, ob eine nach § 31 Abs. 1 Satz 1 Nr. 2 AufenthV erforderliche Vorabzustimmung durch die bei Visumanträgen zuständige Ausländerbehörde nach der Sach- und Rechtslage im Einzelfall erteilt wird. Das beschleunigte Fachkräfteverfahren nach § 81a AufenthG, das die Vorabzustimmung der Ausländerbehörde nach § 31 Abs. 3 AufenthV zum Ziel hat, wird nach § 31a Abs. 1 AufenthV vor der Visumantragstellung bei der nach § 71 Abs. 2 AufenthG zuständigen deutschen Auslandsvertretung durchgeführt.

Legt die Fachkraft die Vorabzustimmung der Ausländerbehörde bei der für die Visumerteilung nach § 71 Abs. 2 AufenthG zuständigen deutschen Auslandsvertretung vor, vergibt die Auslandsvertretung einen Termin für die **Visumantragstellung** innerhalb von drei Wo-

---
[107] Z. B. § 3 Abs. 1 Nr. 3 (L)VwVfG; AAZuVO Baden-Württemberg bzw. Sachsen.

V. Zentrale Ausländerbehörden – Verfahrensbeschleunigung

chen. Die Entscheidung über den Visumantrag erfolgt nach § 31a Abs. 2 AufenthV in der Regel innerhalb von drei Wochen ab vollständiger Antragstellung.

2.3.5 Voraussetzungen für die Vorabzustimmung

Nach Vorliegen aller erforderlichen Voraussetzungen nach Beibringung der entsprechenden Nachweise (z. B. konkretes Arbeitsplatzangebot) stimmt die (zentrale) Ausländerbehörde der Visumerteilung vorab zu (§ 31 Abs. 3 AufenthV). Zu den erforderlichen **Voraussetzungen** zählen insbesondere

- die **Zustimmung der BA** nach § 39 AufenthG, sofern diese erforderlich ist (§ 18 Abs. 2 Nr. 2 AufenthG),
- die **Feststellung der Gleichwertigkeit** oder Vergleichbarkeit der ausländischen Berufsqualifikation (§ 18 Abs. 2 Nr. 3 und 4 AufenthG).

Im Rahmen des beschleunigten Verfahrens nach § 81a AufenthG erfolgt die **Feststellung der Gleichwertigkeit** nach den §§ 4 und 9 des Berufsqualifikationsgesetzes (BQFG) auf Antrag bei der dafür zuständigen Stelle in einem ebenfalls **beschleunigten Verfahren nach § 14a BQFG**. Stellt die zuständige Stelle durch Bescheid fest, dass die im Ausland erworbene Berufsqualifikation nicht gleichwertig ist, die Gleichwertigkeit aber durch eine Qualifizierungsmaßnahme erreicht werden kann, kann das beschleunigte Verfahren nach § 81a AufenthG mit dem Ziel der Einreise zum Zweck des § 16d AufenthG – Maßnahmen zur Anerkennung ausländischer Berufsqualifikationen – fortgeführt werden (§ 81a Abs. 3 Satz 2 AufenthG).

Nach § 421b SGB III **berät die BA** im Rahmen eines bis zum 31.12.2023 befristeten Modellvorhabens Personen, die sich nicht nur vorübergehend im Ausland aufhalten, **zu den Möglichkeiten der Anerkennung ausländischer Berufsabschlüsse** und damit im Zusammenhang stehenden aufenthaltsrechtlichen Fragen und begleitet sie bei der Durchführung der entsprechenden Verfahren.

2.3.6 Verfahrensschritte im beschleunigten Fachkräfteverfahren

- Antrag des Arbeitgebers in Vollmacht des Ausländers auf Einleitung des beschleunigten Fachkräfteverfahrens
- antragsgemäße Vereinbarung i. S. d. § 81a Abs. 2 AufenthG gemäß den gesetzlichen Mindestinhalten

2. Beschleunigtes Fachkräfteverfahren

- je nach Lage des Einzelfalls nach § 81a Abs. 3 Nr. 2 AufenthG die Einleitung des Verfahrens in Bezug auf eine erforderliche
  - Feststellung der Gleichwertigkeit oder Vergleichbarkeit
    - der ausländischen Berufsqualifikation oder
    - eines ausländischen Hochschulabschlusses
  - Einholung der Berufsausübungserlaubnis
- Weiterleitung der Eingangs- und Vollständigkeitsbestätigung an den bevollmächtigen Arbeitgeber. Bei mangelnder oder fehlender Vollständigkeitsbestätigung ergeht Einladung an den Arbeitgeber zur weiteren Besprechung binnen drei Werktagen (§ 81a Abs. 3 Nr. 3 AufenthG).
- Einholung einer erforderlichen Zustimmung der BA nach dem Zustimmungsverfahren des § 39 AufenthG (§ 81a Abs. 3 Nr. 4 AufenthG)
- Mitteilung an die für die Visumerteilung zuständige deutsche Auslandsvertretung über die Einleitung des beschleunigten Fachkräfteverfahrens und die dafür erforderliche Stellung eines entsprechenden Visumantrags (§ 81a Abs. 3 Nr. 5 AufenthG)
- Entscheidung nach Sach- und Rechtslage, ob Vorabzustimmung gegenüber der deutschen Auslandsvertretung für die Erteilung des beantragten Visums gegeben wird. Zu Prüfungskriterien gehört, ob die im Einzelfall erforderliche Zustimmung der BA und die erforderliche Berufsausübungserlaubnis vorliegen sowie die Gleichwertigkeit einwandfrei festgestellt wurde (§ 81a Abs. 3 Nr. 6 AufenthG)

2.3.7 Erteilung der Vorabzustimmung

Durch die Erteilung der Vorabzustimmung wird bestätigt, dass nach Prüfung des entscheidungserheblichen Sachverhalts im Inland aus Sicht der Ausländerbehörde der Erteilung des Visums nichts mehr entgegensteht (z. B. Lebensunterhaltssicherung). Das weitere Verfahren bis zur Entscheidung über den Visumantrag durch die zuständige deutsche Auslandsvertretung richtet sich nach § 31a AufenthV.

2.3.8 Qualität der Vorabzustimmung

Bei der Vorabzustimmung handelt es sich **nicht um einen Verwaltungsakt** nach § 35 Satz 1 (L)VwVfG, sondern um ein reines und nicht

V. Zentrale Ausländerbehörden – Verfahrensbeschleunigung

selbstständig angreifbares Verwaltungsinternum (Mitwirkungsakt); Rechtsmittel sind nur gegen die Versagung des Visums gegeben.

Das beschleunigte Fachkräfteverfahren ist interner Bestandteil eines Verwaltungsverfahrens i. S. v. § 9 Alt. 1 (L)VwVfG in der Gestalt des Visumsverfahrens (§§ 31 ff. AufenthV), in dem eine Entscheidung durch die nach § 72 Abs. 2 AufenthG zuständige deutsche Auslandsvertretung getroffen wird.

VI. Literaturverzeichnis

Literaturverzeichnis

Asensio, Die >Blue Card<-Richtlinie – eine Maßnahme der politischen Inkohärenz der EU im Interesse der Erreichung ihrer Ziele im Rahmen der EU-Entwicklungspolitik, ZAR 2010, 175

Bauer, Zum Grundrechtsschutz für die berufliche Betätigung von Ausländern, NVwZ 1990, 1152

Berlit, Migration und ihre Folgen – Wie kann das Recht Zuwanderung und Integration in Gesellschaft, Arbeitsmarkt und Sozialordnung steuern? (Teil 1), ZAR 2018, 229

Breitkreuz/Franßen-de la Cerda/Hübner, Das Richtlinienumsetzungsgesetz und die Fortentwicklung des deutschen Aufenthaltsrechts ZAR 2007, 341, 344

Bünte/Knödler, Einwanderungsgesetz: Plädoyer für weitere Ausdifferenzierung, ZRP 2018, 102

Crépeau zum Thema menschenrechtliche Perspektiven für die Entwicklung des Migrationsrechts http://kluth.jura.uni-halle.de/

Diest, Neue Regelungen zur regulären Migration – das Gesetz zur Umsetzung aufenthaltsrechtlicher Richtlinien der EU zur Arbeitsmigration im Überblick, ZAR 2017, 251–257

Dörig, Spurhalten bei der Einwanderung von Fachkräften, ZRP 2018, 251

ECKPUNKTE der Bundesregierung zur Fachkräfteeinwanderung aus Drittstaaten v. 2.10.2018

Eichenhofer/Hörich/Pichl, Ist Deutschland noch ein Einwanderungsland?, ZAR 2011, 183, 184, zum Einwanderungszweck Erwerbstätigkeit

Feldgen, Zugang zum Arbeitsmarkt nach dem Zuwanderungsgesetz, ZAR 2003, 132

Hammer/Klaus, Fachkräfteeinwanderungsgesetz (FEG): Signal mit Fragezeichen oder echter Quantensprung?, ZAR 2019, 137, 138, 144, 145

VI. Literaturverzeichnis

Klaus, Fachkräfteeinwanderung – mit Einspruchs- oder Zustimmungsgesetz? NJOZ 2019, 753

Klaus/Mävers/Offer, „So geht Einwanderungsland": Zentralisierung, Automatisierung, Konsolidierung und Harmonisierung, ZRP 2018, 197

Kluth, Der Migrationspakt und seine Leitlinien für die bessere Ordnung und Ermöglichung der Fachkräftemigration, ZAR 2019, 125; Einwanderungsgesetz – Entwürfe – Chancen – Kritik, NVwZ 2018, 1437

Koehler/Rosenstein, Die neue Ausbildungsduldung – eine notwendige Überarbeitung, InfAuslR 2019, 266

Kolb, Das Fachkräfteeinwanderungsgesetz und der Gleichwertigkeitsnachweis: Drei Optionen in Theorie und Praxis, ZAR 2019, 169

Kolb/Fellmer, Vom „Bremser" zum „Heizer"? Deutschlands europäische Arbeitsmigrationspolitik, ZAR 2015, 105

Kolb/Lehner, Aus der Zeit gefallen: Warum ein Punktesystem kaum mehr Platz im deutschen Erwerbsmigrationsrecht hat, NVwZ 2018, 1181

Offer, Ausländerbeschäftigungsrecht: Der migrationsrechtliche Entgeltbegriff in § 39 AufenthG, ZAR 2019, 147 150; Öffnen, Fördern & Fordern – Der Referentenentwurf zum neuen Fachkräfteeinwanderungsgesetz, jM 2019, 59

Papier, VerwArch 1993, 417, zur Berufsfreiheit

Ritgen, Vorschläge zur Optimierung des Migrations- und Integrationsmanagements, ZAR 2019, 7

Rosenstein/Koehler, Beschäftigungsduldung – eine Bewertung aus der Sicht der Praxis, ZAR 2019, 222

Solka, Zugang zum deutschen Arbeitsmarkt für Staatsangehörige aus den neuen Mitgliedstaaten der Europäischen Union, ZAR 2008, 87

Südwest Presse v. 7.6.2019, 12.6.2019 und 13.6.2019, S. 1

Statistisches Bundesamt, „Einfacher Beschäftigen – Beschäftigung ausländischer Fachkräfte/Optimierung der Einreise zur Arbeitsaufnahme", April 2018

Steller, Deutschland auf dem Weg zu einem Willkommensrecht? Zur Umsetzung der EU-Hochqualifiziertenrichtlinie in deutsches Recht zum 1.8.2012, ZAR 2013, 1

Strunden/Pasenow, Fachkräfte gesucht! – Ausländerrecht fit?, ZAR 2011, 121

Thym, Migrationssteuerung im Einklang mit den Menschenrechten – Anmerkungen zu den migrationspolitischen Diskursen der Gegenwart, ZAR 2018, 193

Walter, Hohenheimer Tage zum Ausländerrecht – „Arbeitsmarkt und Zuwanderung", ZAR 2009, 131

Welte, Das neue Fachkräfteeinwanderungsgesetz – Überblick, InfAuslR 2019, 365

VII. Stichwortverzeichnis

Abbruch der Berufsausbildung 67
Ablehnung der Einreise und des Aufenthalts 139
– Rechtsfolge 141, 152
Ablehnung des erlaubnisfreien Aufenthalts
– Studium 80
Ablehnungsentscheidung
– Bekanntgabe 141
– Form 141
Ablehnungsentscheidung – ICT-Fälle
– Bekanntgabe 152
Ablehnungsgrund
– anspruchsvernichtend 165
– Prüfung 164
Ablehnungsgrund des Promotionsstudiums 163
Ablehnungsgründe 38, 69, 81, 139, 163
– ICT-Fälle 151
Abweichung vom gesetzlichen Verbot 49
Akademische Ausbildung 39
Allgemeine Erklärung der Menschenrechte 107
Alterssicherungssystem 111
Änderung einer Beschränkung 51
Änderungen 156
Änderungsanzeige 156
Anerkennung ausländischer Berufsabschlüsse 180
Anerkennung ausländischer Berufsqualifikationen 83
Anerkennungsverfahren 37
Anhörung des Ausländers 81

Ankunftsnachweis 53
Anpassungs- und Ausgleichsmaßnahmen 84
Arbeitgeberwechsel 51, 127
Arbeitserlaubnis bei Saisonbeschäftigung 52
Arbeitsplatzangebot 91
– Nachweis 135
Arbeitsplatzsuche 29, 49, 67, 135
– Ausschluss 167
– Fachkräfte 166
– nach Studium 73
Arbeitsplatzsuche einer Fachkraft mit akademischer Ausbildung 168
Arbeitsplatzsuche für Fachkräfte 36
Arbeitssuche 91
Arbeitsvertragliche Zusicherung 88
Arbeitszeugnisse 145
Asylantrag
– nach erfolgloser Arbeitsplatzsuche 169
Aufenthaltserlaubnis
– Widerruf, Rücknahme, Verkürzung 67
Aufenthaltsgestattung 44
Aufenthaltsrechtliche Maßnahmen 81
Aufenthaltstitel zum Zweck der Beschäftigung 43
Aufenthaltszweckwechsel 93
Auflage 49
Aufnehmende Bildungseinrichtung
– Mitteilungspflicht 78
Ausbildungskosten 93

VII. Stichwortverzeichnis

Ausbildungsplatzsuche 67
Ausbildung und Studium 58
– Grundsatznorm 58
Auskunftspflicht
– Arbeitgeber 121
Ausländerbehörde 155
Ausländerbehörden 172
Ausland erworbene Berufsqualifikationen 89
Ausländerzentralregister 82
Ausländischer Hochschulabschluss 115
Ausreichende deutsche Sprachkenntnisse 66
Ausübung einer Beschäftigung 113
Ausübung einer Erwerbstätigkeit
– bei Arbeitsplatzsuche 168

BAMF
– Mittlerfunktion 155
Beamte
– Aufenthaltserlaubnis 158
Beamtenstatusgesetz 159
Begriff der Beschäftigung 109
Beratungsfunktion
– Ausländerbehörde 123, 179
Berechtigungsinhalt eines Aufenthaltstitels 45
Berufliche Betätigung 106
Berufliche Fertigkeiten 89
Berufsausbildung 36, 61, 64
Berufsausbildungsvertrag 65
Berufsausübungserlaubnis 84, 114, 149
Berufsqualifikation 180
– im Ausland 87
Berufsqualifikationsgesetz 180
Berufswahl 106

Beschäftigung im akademischen Bereich 123
Beschäftigung im qualifizierten Beruf 124
Beschäftigung in einem Engpassberuf 127
Beschäftigungsverbot
– Studienvorbereitung 70
Beschäftigungsverhältnis 109
Beschäftigungsverordnung 119
Beschäftigung von Spitzenkräften 132
Bescheinigung über die Berechtigung zu Einreise und Aufenthalt 80
Beschleunigtes Fachkräfteverfahren 175
– Verfahrensschritte 180
Besuch allgemeinbildender Schulen 92
Betriebliche Berufsaus- und -weiterbildung 62
– Ermessensbereich 62
Bildungseinrichtung 40
– Wechsel 73
Blaue Karte EU 51, 125, 130
– angemessene Beschäftigung 125
– Niederlassungserlaubnis 130
Bundesausbildungsförderungsgesetz 60
Bundesbeamtengesetz 158

Demografischer Wandel 33
Deutsche Sprachkenntnisse 36
– bei Arbeitsplatzsuche 167
Deutschsprachkurs 64
Drittstaatsangehöriger 43
Duldung 44, 53

VII. Stichwortverzeichnis

Eckpunkte zur Einwanderung von Fachkräften 31
Einzelerlaubnis nach § 4a Abs. 1 Satz 3 AufenthG 43
Elektronischer Aufenthaltstitel 146
Engpassberuf 127
Entwicklungshilfe 111
Erlaubnisfiktion 143
– ICT-Fälle 155
Erlaubnis mit Verbotsvorbehalt 42, 45
Erlaubnisvorbehalt 43, 47
Ermessenslenkende Aspekte 58, 110
Ermessenslenkende Regelung 158
Ermessensweg 74
Erwerbsmigration 104
– Begriff 104
Erwerbstätigkeit
– Beschränkung 48
Erwerbstätigkeit i. S. v. § 2 Abs. 2 AufenthG 109
Erwerbstätigkeit ohne Aufenthaltstitel 52
Erwerbstätigkeit während der Arbeitsplatzsuche 135
Europäischer Freiwilligendienst 161

Fachkraft
– Begriff 117
Fachkräftebegriff 35
Fachkräfteeinwanderung 110
Fachkräfteeinwanderungsgesetz
– Inkrafttreten 28
Fachkräftemangel 32
Fachkräfte mit akademischer Ausbildung 117, 123
– Niederlassungserlaubnis 129

Fachkräfte mit ausgeprägten berufspraktischen Kenntnissen 157
Fachkräfte mit Berufsausbildung 117, 122
Fachkräfte mit qualifizierter Berufsausbildung 128
Fachkräftesicherung 59
Fachkräfteverfahren 29
Fachkraft mit Berufsausbildung 122
Familiennachzug
– im beschleunigten Verfahren 177
Feststellung der Gleichwertigkeit 83, 87, 180
Fluchtursachenbekämpfung 111
Forschung 134
Forschungstätigkeit 143
Frist
– für die Ablehnung der Einreise und des Aufenthalts 140
Führungskräfte 144

Geduldete Ausländer
– Beschäftigung 159
Geltungsdauer der Aufenthaltserlaubnis
– Studium 70
Geltungsdauer der Blauen Karte EU 125
Generalklausel 110
Genfer Konvention 107
Gesetzesziele 28, 38
Gesetzlicher Aufenthaltszweck 108
Gesundheits- und Pflegebereich 90
Gesundheits- und Pflegeberufe 120
Gleichwertigkeit 37

VII. Stichwortverzeichnis

Gleichwertigkeit der Qualifikation 114
Grenzgänger 33
Gründe der öffentlichen Sicherheit und Ordnung 134
Grundständiges Studium 72
Gute deutsche Sprachkenntnisse 95

Hinweis „Erwerbstätigkeit nicht gestattet" 51
Hoch qualifizierte Fachkräfte
– mit akademischer Ausbildung 132
Hochschulabschluss 35
Hochschule 68
Hungersnot 111

ICT-Karte 144
– Einhaltung der Visumpflicht 147
ICT-Richtlinie 145
Informations- und Kommunikationstechnologie 157, 158
Inhalt des Aufenthaltstitels 51
Inländergleichbehandlung 107
Integrationsaspekte 108
Internationaler Schutz 75
intra-corporate-transfer 145
IT-Spezialisten 37

Klimawandel 111
Kompetenzzentren 173
Konkretes Arbeitsplatzangebot 113
Kontrollmöglichkeit 55
Krankenversicherungsschutz 105
Kurzfristige Mobilität
– Forscher 137
– nach ICT-Richtlinie 147

Landesregierung 134
– Zustimmung 134
Langfristige Mobilität 145
Lebensunterhalt 105
Lebensunterhaltssicherung 36, 38, 94, 136
– bei Arbeitsplatzsuche 169
– Studierende 59
Lehrpersonen 132

Mangelberufe 36
Medizinische Berufe
– Sprachkenntnisse 167
Meistbegünstigung 107
Mindestgehaltsgrenze 127
Mitteilungsverfahren
– bei mobilem Studium 76
– in ICT-Fällen 149
– (keine) Zuständigkeit der Ausländerbehörde 139
Mitteilungsverfahren zur kurzfristigen Mobilität 138
Mittlerfunktion
– Ausländerbehörde 123, 179
Mitwirkungsakt 118
Mitwirkungsobliegenheiten 165
Mobile Forscher 142
Mobiler-ICT-Karte 145, 153
– Gültigkeitsdauer 156
Mobilität von Studenten 76

Nationales Visum 112
Nebenbeschäftigung 66, 70
Neuerungen 34
Neue Strukturen 176
Niederlassungserlaubnis 128, 131
Niederlassungserlaubnis für Fachkräfte 128
Niederlassungserlaubnis für hoch qualifizierte Fachkräfte 131

VII. Stichwortverzeichnis

Notsituation 98

Öffentliche Sicherheit 111
Öffentliches Interesse 158
Öffnungsklausel 45
Ohne erforderlichen Aufenthaltstitel 52
Ordnungsgemäße Beschäftigung 52

Parallel-Anträge 155
Pflegebereich 32
Pflichtpraktikum 69
Praktikum 71, 162
Probebeschäftigung 49, 167
Prüf- und Sorgfaltspflichten 53
– Arbeitgeber 53
Prüfungsrecht der BA 121
Punktesystem 31

Qualifizierte Berufsausbildung 35, 39
– Sprachkenntnisse 66
Qualifizierte Beschäftigung 39, 159
Qualifizierungsmaßnahmen 37, 85

Rechtliche Verfestigung
– Ausschluss 72
Rechtsänderungen/Neuregelungen 38
Rechtsbehelfsbelehrung 82
Referenzberuf 89
REST-Richtlinie 67, 77, 142
Rückkehrverpflichtung 112

Saisonbeschäftigung 36, 44, 118
Sanktionen wegen illegaler Beschäftigung 128

Schengen-Staat 83
– Durchreise 152
Schengen-Visum 48
Schüleraustausch 92
Schulische Berufsausbildung 65
Selbstständige Tätigkeit 110
Servicegedanke
– Transparenz 177
Sicherheitsbehörden 165
– Datenübermittlung 165
Sicherstellung des Lebensunterhalts 162
Sicherung des Fachkräftebedarfs 176
Sicherung des Lebensunterhalts 134
Spezialisten 144
Sprachkenntnisse 66
Sprachkurs 71
Sprachkurse 84
Sprachkurse und Schulbesuch 92
Sprachnachweise 69
– Studium 69
Sprachniveau 95
Sprachtests 69
Spurwechsel 115
Staatenlosen-Übereinkommen 107
Stellungnahme der BA 114
Straftatbestand des § 95 Abs. 3 Nr. 2 AufenthG 52
Studenten mit internationalem Schutz 75
Studienbewerbung 67, 96
Studienbezogenes Praktikum 91
Studiengang- oder Studienortwechsel 71
Studienvorbereitende Maßnahmen 68
Studium im Ermessensbereich 74

VII. Stichwortverzeichnis

Suche eines Ausbildungs- oder Studienplatzes 93
Synergieeffekt 172

Trainees 144
Türkische Staatsangehörige 49

Unionsrecht 105
Unternehmensinterner Transfer
– Dauer 154
Unternehmensintern transferierte Arbeitnehmer 147
Unterrichtungspflicht 82

Vander-Elst-Fälle 105
Verbot der Erwerbstätigkeit 97
Verkürzung des Aufenthaltstitels 53
Vermittlungsabsprachen 90
Verordnungsermächtigung 121
Verpflichtungsklage 51
Versagungsgründe
– ICT-Karte 146
Versagungsgründe der BA 118
Verwaltungsakt
– begünstigender 48
Verwaltungsinternum 118
Verwaltungsverfahren 34
Visumantragstellung 180
Völkerrechtliche Verträge 107
Vollmacht eines Ausländers 175
Vollzeitstudium 74
Vollziehbare Ausreisepflicht 83
Vorabzustimmung 181

Vorbereitungskurse 84
Vordruckmuster 146, 154
Vorläufiger Rechtsschutz 51
Vorrangprüfung 63, 120
Vorrangprüfung, Wegfall 35

Wechsel des Studiengangs 71
Wissenschaftler 132
Wissenschaftliche Mitarbeiter 132
Wohnraum 105

Zentrale Ausländerbehörde 173
Zertifikate 145
Zulassung zum Vollzeitstudium 74
Zuständigkeit auf die Ausländerbehörde
– nach Mitteilungsverfahren 150
Zuständigkeitskonzentration 175
Zustimmung der BA 89, 113, 118, 119, 157
– Fachkräfte 119
Zustimmungspflicht der BA 38
Zustimmungsverfahren der Arbeitsverwaltung 118
Zustimmung zu einer betrieblichen Berufsausbildung 122
Zuwanderung von Fachkräften 30
Zweckwechsel 63, 91
Zwischenstaatliche Vereinbarung 44